Malte Buhse

Ökonomen retten die Welt

Malte Buhse

Ökonomen
retten die Welt

Wie Volkswirte
Verbrecher jagen,
den Klimawandel
bekämpfen und
Leben retten

FBV

Bibliografische Information der Deutschen Nationalbibliothek
Die Deutsche Nationalbibliothek verzeichnet diese Publikation in der Deutschen Nationalbibliografie;
detaillierte bibliografische Daten sind im Internet über **http://d-nb.de** abrufbar.

Für Fragen und Anregungen:
buhse@finanzbuchverlag.de

1. Auflage 2014

© 2014 by FinanzBuch Verlag, ein Imprint der Münchner Verlagsgruppe GmbH,
Nymphenburger Straße 86
D-80636 München
Tel.: 089 651285-0
Fax: 089 652096

Redaktion: Werner Wahls
Lektorat: Bärbel Knill
Umschlaggestaltung: Meike Jannike
Umschlagabbildung: unter Verwendung von istock-Bildern
Satz: Georg Stadler, München
Druck: Konrad Triltsch GmbH, Ochsenfurt
Printed in Germany

ISBN Print 978-3-89879-822-8
ISBN E-Book (PDF) 978-3-86248-476-8
ISBN E-Book (EPUB, Mobi) 978-3-86248-477-5

Weitere Informationen zum Verlag finden Sie unter

www.finanzbuchverlag.de
Beachten Sie auch unsere weiteren Verlage unter
www.muenchner-verlagsgruppe.de

INHALT

DANKSAGUNG

Auch wenn auf dem Titel nur der Name des Autors steht, ist dieses Buch ein Gemeinschaftswerk. Ich möchte daher einer Reihe von Menschen für ihre Hilfe danken. Vor allem Georg Hodolitsch vom FinanzBuch Verlag für die hervorragende Betreuung, das kritische Lesen der Manuskripte und die wertvollen Vorschläge.

Ein ganz besonderer Dank geht an Ekaterina Kushnir und Marc Reuter, die mit ihren klugen Gedanken und ihrem kritischen Blick eine große Hilfe waren. Ohne sie wäre es nicht möglich gewesen, ein solches Buch zu schreiben.

Und nicht zuletzt danke ich zahlreichen Journalistenkollegen, vor allem bei ZEIT Online, der ZEIT und dem Handelsblatt, mit denen ich in den vergangenen Jahren zusammengearbeitet habe, und deren Ideen und Begeisterung meine Arbeit unterstützt haben.

Alle Fehler, die trotz der sorgfältigen Recherche und Überarbeitung noch im Text zu finden sind, sind einzig und allein dem Autor anzulasten.

Malte Buhse, im Oktober 2013

Einleitung

Die Welt könnte mal wieder ein paar Helden gebrauchen.

842 Millionen Menschen haben nicht genug zu essen. Fast sieben Millionen Kinder sterben vor ihrem fünften Geburtstag. Die Erde wird wärmer und ganze Landstriche drohen unbewohnbar zu werden. Zahlreiche Tierarten, die seit Tausenden Jahren auf der Erde leben, sind fast ausgestorben. Und auf der ganzen Welt müssen Patienten sterben, obwohl ihre Ärzte genau wissen, wie man sie retten könnte.

Höchste Zeit also für Heldentaten. Doch wo sind sie, die Retter der Welt mit ihren übernatürlichen Kräften?

Dort, wo man sie nicht vermutet. In Professorenzimmern, Bibliotheken, Hörsälen und Forschungsinstituten. Gebeugt sitzen sie über langen Formelsammlungen und starren auf Computerbildschirme. Sie haben keine flatternden Umhänge und können auch nicht fliegen, aber ihre Kräfte sind trotzdem heldenhaft. Denn sie erforschen seit mehr als 2000 Jahren, wie man die Probleme der Menschheit löst. Wer die Welt retten will, muss Ökonomen fragen.

Ökonomen? Sind das nicht diese realitätsfremden Pseudowissenschaftler, die nur an die Kraft des freien Marktes glauben und mit ihren Prognosen über das Wirtschaftswachstum immer so peinlich daneben liegen? Und die sollen die Welt retten?

Zugegeben: Ökonomen haben momentan nicht gerade den besten Ruf. Und das auch nicht ganz zu Unrecht, wie wir gleich sehen werden. Aber Ökonomik ist viel mehr als Wachstumsprognosen und naiver Glaube an selbstheilende Marktkräfte. Sie ist eine Wissenschaft, die Gutes tun will. In Ökonomen schlummern wahre Heldenkräfte. Jeden Tag kämpfen mutige Ökonomen für eine bessere Welt. Sie helfen den Armen, jagen Verbrecher und legen korrupten Politikern das Handwerk. Ökonomen wissen, wie man den Klimawandel bremsen, den Hunger auf der Welt besiegen und bedrohte Tierarten retten kann. Und dafür brauchen sie nur ein paar Formeln, Tabellen und eine Handvoll scharfer Gedanken.

Wir werden uns in diesem Buch auf eine wahre Heldenodyssee um die ganze Welt begeben. Dabei werden wir Ökonomen treffen, die in Mexiko mit mathematischen Modellen Drogenkartelle bekämpfen und wissen, warum in Indonesien Regionalwahlen den Regenwald zerstören. Wir werden mit Wirtschaftsforschern an der Börse Jagd auf korrupte Politiker machen und in Südafrika und Kenia beobachten, wie Ökonomen versuchen, Nashörner und andere seltene Tiere vor Wilderern zu retten. In Indien und auf den Philippinen werden wir Ökonomen besuchen, die den Armen helfen, mehr Geld zu verdienen und weniger Kinder zu bekommen. Und in den USA einen Nobelpreisträger kennenlernen, der Märkte erschafft, wo es eigentlich keine geben darf, und damit todkranken Patienten das Leben rettet.

Um zu verstehen, wie Ökonomen all diese Heldentaten vollbringen können, müssen wir sie und ihre mysteriöse Wissenschaft aber zunächst etwas näher kennenlernen. Und vor allem die Frage klären, wie es passieren konnte, dass Ökonomen einen dermaßen schlechten Ruf bekommen haben, obwohl sie doch so viel Gutes tun.

Hohe Erwartungen und fatale Fehler

Ökonomen haben einen sehr wichtigen Job, da sind sich alle einig. Sie sollen die Wirtschaft verstehen und vor allem beherrschbar machen. Politiker wollen von ihnen zum Beispiel wissen, was sie tun müssen, damit die Wirtschaft wächst und alle Menschen einen Arbeitsplatz haben. Oder wie die Menschen reagieren würden, wenn die Steuern steigen würden. Vor allem aber sollen Ökonomen herausfinden, wie man Wirtschaftskrisen verhindern kann.

Denn die Wirtschaft macht vielen Menschen Angst. Immer wieder kommt es zu großen Krisen, platzenden Finanzmarktblasen und spektakulären Unternehmenspleiten. In den Wirtschaftsteilen der Zeitungen stehen jeden Tag schlechte Nachrichten: Unternehmen bauen Arbeitsplätze ab, Investmentfonds verlieren die Altersvorsorge ihrer Anleger und Banken werden mit Steuergeldern gerettet.

Wie schön wäre es da, wenn es jemanden gäbe, der die Wirtschaft zähmen könnte? Oder zumindest ein wenig in die Zukunft blicken. Deswegen sind Ökonomen so gefragte Gesprächspartner. Ständig werden sie in Talkshows eingeladen, wo sie dann mehr oder weniger weise Ratschläge erteilen dürfen. Oder sie werden in seitenlangen Zeitungsinterviews gefragt, wie es weitergehen soll mit der Welt. Auch die Bundesregierung hört auf Ökonomen: Viele arbeiten als Berater für Politiker, und einmal im Jahr bekommt die Bundeskanzlerin ein voluminöses Buch mit neuen Vorschlägen für die Wirtschaftspolitik überreicht, das ein Team aus Ökonomen zusammengeschrieben hat, das Jahresgutachten der sogenannten fünf Wirtschaftsweisen. Der tschechische Ökonom Tomáš Sedláček bezeichnet Ökonomen als moderne Propheten. Sie seien für uns so etwas wie das Orakel von Delphi, das den Menschen im antiken Griechenland die Zukunft vorhersagte.

Doch während die Priester in Delphi nahezu vergöttert wurden und ein sehr hohes Ansehen genossen, haben unsere modernen Propheten, die Ökonomen, inzwischen einen ziemlich miesen Ruf. Ein Grund dafür: Mit ihren Zukunftsprognosen liegen sie regelmäßig gehörig daneben. 2009 setzten sich zwei Forscher des Deutschen Instituts für Wirtschaftsforschung (DIW) an eine sehr selbstkritische Studie. Sie untersuchten, wie gut die wichtigsten deutschen ökonomischen Forschungsinstitute zwischen 1996 und 2006 die Entwicklung der Wirtschaft vorausgesagt hatten. Jedes Jahr geben mehrere Institute eine gemeinsame Prognose ab, an der sich Politiker und Unternehmen orientieren. Die Institute sind stolz auf ihre komplizierten ökonomischen Modelle und Berechnungsmethoden, mit denen sie versuchen, wissenschaftlich exakt in die Zukunft zu schauen. Das Ergebnis der Auswertung der DIW-Forscher war daher ein kleiner Schock. Im Durchschnitt hatten die Ökonomen das Wirtschaftswachstum in den zehn Jahren um 50 Prozent überschätzt. Die Wirtschaft war also immer nur halb so stark gewachsen wie von den Ökonomen vorhergesagt.

Wie können sich angebliche Wirtschaftsexperten so krass irren, fragen sich viele. Politiker begannen an den Gutachten der Ökonomen zu zweifeln. Der SPD-Politiker Peter Struck schlug 2008 sogar vor, den Sachverständigenrat, der die vom DIW untersuchten Gutachten erstellt, kurzerhand aufzulösen. Die Ökonomen würden mit ihren Prognosen ja ohnehin nur heiße Luft produzieren, so Struck damals. Die schlechte Trefferquote bei der Prognose des Wirtschaftswachstums ist ein entscheidender Grund für die massiven Imageprobleme, die Ökonomen bis heute haben. Zum endgültigen Desaster für die Wirtschaftswissenschaften wurde aber etwas anderes: der Zusammenbruch einer US-Investmentbank.

Als im Herbst 2008 Lehman Brothers pleite ging, begann für die Weltwirtschaft eine harte Zeit. Das internationale Finanzsystem fiel in eine Schockstarre, weil sich Banken untereinander kein Geld mehr leihen wollten. Plötzlich kamen auch große Banken und Versicherungskonzerne wie der US-Konzern AIG in Zahlungsschwierigkeiten. Und obwohl zahlreiche Staaten panisch begannen, ihre Banken mit Steuergeldern zu retten, und die Zentralbanken in den USA, Europa und Japan unvorstellbare Mengen Geld in den Wirtschaftskreislauf pumpten, wurde aus der Finanzkrise bald ein globaler wirtschaftlicher Flächenbrand. Selbst Länder wie China und Russland, deren Wirtschaft zuvor jahrelang sehr stark gewachsen war, erlebten einen schmerzhaften Einbruch. Besonders hart traf es Europa, wo die Wirtschaftskrise bald eine Staatsschuldenkrise auslöste, die bis heute andauert und dafür gesorgt hat, dass Millionen Menschen ihre Arbeitsplätze und Ersparnisse verloren haben.

An dem ganzen Unheil haben Ökonomen leider einen großen Anteil. Die große Wirtschaftskrise ist auch eine Krise der Ökonomik. Die meisten Wirtschaftsforscher haben den Absturz der Wirtschaft erst nicht kommen sehen und dann auch noch extrem unterschätzt. Und sie haben einen großen Anteil daran, dass die Katastrophe überhaupt passieren konnte.

In den Jahren vor der Finanzkrise hatten sich viele Ökonomen ausgiebig auf die Schulter geklopft. Sie glaubten, die Wirtschaft endlich im Griff zu haben. Seit den Achtzigerjahren hatte es keine schlimmen Einbrüche mehr gegeben und auch die Inflation hielt sich seit einiger Zeit in Grenzen. Besonders stolz waren die Wirtschaftswissenschaftler darauf, wie gut sie mit der geplatzten Spekulationsblase am Markt für Technologiekonzerne umgegangen waren. Obwohl zahlreiche Investoren dabei viel Geld verloren hatten und damals eine Massenpanik am Finanzmarkt drohte, hatte sich das Wirtschaftssystem relativ schnell wieder erholt. Verantwortlich dafür war vor allem die Zentralbank der USA, die Federal Reserve, die die Märkte nach dem Platzen der Blase mit billigem Geld versorgt hatte. Dabei hatte sie auch auf den Rat von Ökonomen gehört, die sich den Erfolg daher groß auf die Fahne schrieben. Die Modelle der Ökonomen, mit denen sie den Finanzmarkt erklärten, schienen tatsächlich zu funktionieren. Die US-Amerikaner nennen diese erfolgreiche Zeit die »Great Moderation«, die Große Mäßigung. Viele Ökonomen ließen sich aufgrund dieser Erfahrungen zu gewagten Aussagen hinreißen. Ben Bernanke, der aktuelle Präsident der Federal Reserve und ein hoch dekorierter Ökonom, rief 2004 das Ende der Wirtschaftskrisen aus. Weil Ökonomen wüssten, wie sie die Wirtschaft steuern können, würde es in Zukunft nur noch kleinere Einbrüche und keine großen Krisen mehr geben. Das fand bald Einzug in die Modelle. Krisen kamen darin nicht mehr vor, die Wirtschaft befand sich vorgeblich in einem harmonischen Gleichgewicht.

Die Realität sah bekanntlich anders aus. Durch den Kollaps von Lehman Brothers und die folgende schwere Krise fielen auch die Modelle der Ökonomen in sich zusammen. Aussagen wie die von Ben Bernanke erscheinen heute wie ein schlechter Scherz. Dass Ökonomen eine der größten Wirtschaftskrisen der Geschichte nicht kommen sahen, haben ihnen viele Menschen sehr übel genommen. Denn genau das war doch ihre Aufgabe gewesen: Das Unheil vorauszusehen und etwas dagegen zu unternehmen.

Was aber noch viel schlimmer ist: Ökonomen haben aktiv dazu beigetragen, dass die Wirtschaft überhaupt so krisenanfällig geworden ist. In den Jahren vor der Krise waren es vor allem Ökonomen, die Politiker auf der ganzen Welt dazu gedrängt haben, die Regeln auf den Finanzmärkten immer weiter zu lockern. Dahinter steckte ein blinder Glaube an die Kräfte des freien Marktes. Viele Ökonomen waren damals überzeugt, dass sich Finanzmärkte sehr gut selbst organisieren können und daher keine allzu strengen Regeln brauchen. Im Gegenteil: Je weniger reguliert würde, desto besser würde diese Selbstorganisation des Marktes funktionieren. Dieser Glaube ging so weit, dass einige Ökonomen den Finanzsektor komplett ausblendeten, wenn sie über Wirtschaft nachdachten. Dass Banken eine globale Krise auslösen könnten, war in den Denkmodellen einiger Wirtschaftswissenschaftler schlicht nicht vorgesehen.

Das war ein fataler Irrtum, wahrscheinlich der größte, den Ökonomen je begangen haben. Banken, Versicherungen und Hedgefonds nutzten die plötzliche Freiheit unter anderem, um neue Finanzprodukte zu entwerfen, bei denen niemand mehr so richtig wusste, wie groß das Risiko war. Oft drehten sich diese exotischen Wertpapierpakete um verbriefte Häuserkredite, die US-Banken an Menschen vergeben hatten, die sich ein Haus eigentlich nicht leisten und den Kredit daher wahrscheinlich nicht zurückzahlen konnten. Die Banken selbst nahmen ebenfalls hohe Kredite auf, um mit dem fremden Geld zu spekulieren. Das bescherte ihnen auf der einen Seite zwar riesige Gewinne, machte sie aber auch sehr zerbrechlich. Selbst eine große Bank konnte innerhalb weniger Tage vor dem Bankrott stehen, wenn ihr niemand mehr neues Geld leihen wollte oder ein Großteil ihrer Kreditkunden seine Darlehen nicht mehr zurückzahlen konnte. So entstand diese riesige und hochgefährliche Finanzmarktblase, deren Platzen 2008 die Weltwirtschaft ins Chaos stürzte.

Die Krise war für Ökonomen also ziemlich peinlich. Trotzdem war ihr Rat auch nach dem großen Knall gefragt, als es darum ging, die Scherben zu beseitigen und die Wirtschaft neu zu starten. Ökonomen wurden wieder in Talkshows eingeladen, trafen Präsidenten und Bundeskanzlerinnen und schrieben dicke Bücher mit Tipps, was nun zu tun sei. Ihr Image konnten sie aber nicht wirklich retten. Auch weil ihre Aussagen und Rezepte oft sehr widersprüchlich waren. In Deutschland stritten sich mehrere Hundert Ökonomie-Professoren monatelang in der Öffentlichkeit über die richtigen Strategien zur Lösung der europäischen Schuldenkrise. Ständig veröffentlichten sie neue Aufrufe für oder gegen Rettungspakete und Anleihenkäufe der Europäischen Zentralbank. Politiker, Unternehmer und Bürger wandten sich verwirrt und genervt ab.

Bei all den falschen Prognosen, fatalen Ratschlägen und internen Streitereien, ist es also wenig verwunderlich, dass Ökonomen keinen besonders guten Ruf genießen. Wofür braucht man noch Ökonomen, wenn sie Krisen weder vorhersehen noch verhindern können und sie manchmal sogar noch mit auslösen? Viele Politiker vertrauen zum Beispiel inzwischen lieber Juristen und erfahrenen Beamten, wenn sie über Wirtschaftspolitik entscheiden.

Doch diese Kritik wird den Wirtschaftswissenschaften und vielen ihrer Vertretern nicht gerecht. Ökonomen haben vor und während der Krise Fehler gemacht. Einige ließen sich sogar von Lobbyisten der Finanzbranche bewusst oder unbewusst beeinflussen, als sie Politiker davon überzeugten, die Regeln auf den Finanzmärkten zu lockern. Aber viele Ökonomen haben mit diesen fatalen Fehltritten nichts zu tun. Ganz im Gegenteil: Sie benutzen ihren scharfen Verstand und ihr Wissen über die Wirtschaft, um Menschen zu helfen.

Diese Ökonomen tun genauso viel Gutes für die Menschheit wie Mediziner, Physiker oder Entwicklungshelfer. Sie retten Menschenleben, bekämpfen den Klimawandel und decken Verbrechen auf. Professorenzimmer und Forschungsinstitute sind in Wirklichkeit Einsatzzentralen zur Rettung der Welt, hinter dicken Hornbrillen und dunklen Jacketts schlummern wahre Superheldenkräfte.

Diese Ökonomen kehren eigentlich nur zu den Ursprüngen ihrer Wissenschaft zurück. Denn die Ökonomik war in ihren Anfängen die Wissenschaft vom guten Leben. Die ersten Ökonomen hatten es sich zur Aufgabe gemacht, den Menschen zu zeigen, wie sie ein möglichst glückliches Leben führen können.

Wie konnte es passieren, dass Ökonomen diese Bestimmung vergessen haben und sich statt die Welt zu retten in ihre Modellwelten zurückgezogen haben? Um diese Frage zu klären, werden wir im nächsten Kapitel einen kurzen Streifzug durch die Geschichte der Wirtschaftswissenschaften unternehmen. Wir werden feststellen, dass schon griechische Philosophen ökonomische Lehrsätze aufstellten und es nicht Adam Smith war, der das erste Mal den Mechanismus von der berühmten unsichtbaren Hand beschrieben hat. Und wir werden sehen, wie die Mathematik Ökonomen blind für das echte Leben gemacht hat.

Eine kleine Geschichte der Ökonomik

Ökonomik ist eine uralte Wissenschaft. Ihre Ursprünge reichen über 2000 Jahre zurück. Sie ist keineswegs ein Produkt des Kapitalismus oder der ideologische Unterbau der Industriegesellschaft. Ökonomische Fragen und Theorien beschäftigen den Menschen seit er sesshaft wurde und darüber nachzudenken begann, wie die Arbeit produktiver und der gemeinsame Handel gerechter werden konnte.

Die Wiege der Ökonomik als Wissenschaft stand in Griechenland. Wie für zahlreiche andere wissenschaftliche Disziplinen legten griechische Philosophen auch für die Wirtschaftswissenschaften die entscheidenden Grundsteine und schrieben die ersten ökonomischen Texte.

Neben dem herausragenden Intellekt der griechischen Philosophen, deren Gedanken bis heute viele Wissenschaften prägen, war dafür vor allem der enorme organisatorische und gesellschaftliche Fortschritt verantwortlich, den Griechenland zu dieser Zeit erlebte. Stadtstaaten wie Athen boten den Menschen vor allem im 5. Jahrhundert vor Christus einen nie gewesenen Lebensstandard und entwickelten eines der fortschrittlichsten Wirtschaftssysteme der damaligen Zeit. Im antiken Griechenland gab es bereits eine ausgefeilte Arbeitsteilung mit unterschiedlichen Berufsgruppen, die auf Märkten rege miteinander handelten. Die griechische Demokratie, die zumindest einigen Einwohnern der griechischen Stadtstaaten Mitspracherechte einräumte, wurde zur Keimzelle des Wettbewerbsgedankens und regte die Griechen dazu an, über politische und eben auch ökonomische Fragen nachzudenken.

Aristoteles und die ersten ökonomischen Texte

Einige der ersten bekannten ökonomischen Abhandlungen stammen von dem Dichter Xenophon, der rund 400 Jahre vor Christus in Athen lebte. Er schrieb zwei Bücher über Wirtschaftsthemen: »Ökonomikus« und »De vectigalibus«. Aus der Blütezeit des antiken Griechenlands stammt auch das Wort »Ökonomik« als Bezeichnung für die Wirtschaftswissenschaft. Der Begriff Ökonomik leitet sich vom griechischen Wort oikos ab, das übersetzt Haus bedeutet. Der Haushalt galt damals als kleinste ökonomische Einheit, eine Einteilung, die sich zum Teil bis heute in der Ökonomik gehalten hat. Auch moderne Mikroökonomen betrachten neben Unternehmen vor allem das Verhalten von Haushalten. In Xenophons »Ökonomikus« ging es daher auch nicht um Handel oder das Finanzwesen, sondern um die richtige Haushaltsführung. Auch der berühmte griechische Philosoph Aristoteles beschäftigte sich später ausgiebig mit dem Haushalt als kleinste ökonomische Einheit und widmete dem Thema ein ganzes Buch.

Xenophon war aber nicht nur Mikroökonom. In seinem Buch »De vectigalibus« machte er sich auch über makroökonomische Fragen Gedanken, etwa wie der Staat seine Einnahmen erhöhen konnte, und forderte, dass Athen mehr mit anderen Stadtstaaten und Ländern handeln solle. Und Xenophon erkannte, wie wichtig die Gefühle und Motivationen von Menschen für die Wirtschaft sind. Damit war er vielen modernen Ökonomen bereits deutlich voraus.

Trotz seiner zahlreichen, zum Teil revolutionären Gedanken über das Funktionieren der Wirtschaft gilt Xenophon trotzdem nicht als der »erste Ökonom der Menschheit«, denn er entwarf keine grundlegende Theorie, sondern beschäftige sich eher mit praxisnahen Einzelfragen.

Dieser Titel geht daher an einen seiner Zeitgenossen: Aristoteles. Er war es, der das erste Mal systematisch erforschte, wie die Wirtschaft funktioniert, und damit die Ökonomik als Wissenschaft begründete. Trotzdem war Aristoteles natürlich kein reiner Ökonom. Er war ein Multitalent, dem die Ökonomik alleine wohl viel zu langweilig gewesen wäre. Aristoteles beschäftigte sich mit einer Vielzahl von Bereichen: Politik, Astronomie, Mathematik, Biologie, Philosophie und eben auch der Ökonomik. Er war einer der bedeutendsten griechischen Philosophen und seine Thesen und Erklärungen werden auch heute noch, über 2000 Jahre nach seinem Tod, gelesen und angewendet.

Aristoteles erkannte, dass die Wirtschaft für das Leben der Menschen eine große Rolle spielt, und wollte daher ihre Gesetze ergründen. Vor allem ging es ihm um die Frage, wie sich Menschen im Wirtschaftsleben verhalten sollten. Aristoteles stellte die Wirtschaftswissenschaft von Anfang an in einen moralischen Kontext. Er machte aus ihr im Grunde eine Unterkategorie der Philosophie. Damit gab er Ökonomen ein klares Ziel vor: Sie sollten bestimmen, was aus wirtschaftlicher Perspektive ein gutes Leben ist, und wie man es erreicht.

Laut Aristoteles entsteht ein gutes Leben vor allem aus guten Taten. Jeder Mensch kann demnach ein gutes Leben führen, indem er sich richtig verhält. Die Wirtschaft war für Aristoteles dabei ein wichtiger Faktor, denn sie gibt die materiellen Rahmenbedingungen für jeden Menschen vor. Reiche Menschen müssen in ihrem Leben andere Entscheidungen treffen als arme. Wer viel besitzt, muss zum Beispiel entscheiden, ob er davon etwas abgeben sollte. Wer wenig besitzt, will wissen, ob er im Notfall von jemandem stehlen darf, um zu überleben. Aristoteles stellte diese Fragen das erste Mal im Rahmen einer geordneten ökonomischen Theorie und versuchte, eine Antwort zu geben.

Meistens ging es bei diesen Fragen am Ende ums Geld, das in Aristoteles' ökonomischer Theorie eine Hauptrolle spielt. Er war im Grunde der erste Geldtheoretiker. So entwickelte Aristoteles zum Beispiel ein Konzept über den Nutzen des Geldes, das bis heute in der ökonomischen Forschung verwendet wird. Demnach hat Geld drei Funktionen: die Tauschmittelfunktion (Geld als Zahlungsmittel), die Wertmaßstabsfunktion (Geld als Einheit, um Preise auszudrücken) und die Wertaufbewahrungsfunktion (das Geld im Sparstrumpf).

Es sind vor allem die Funktionen als Tauschmittel und Wertmaßstab, die Geld zu so einer wertvollen Erfindung gemacht haben, erkannte Aristoteles. Denn erst das Tauschmittel Geld ermöglichte das komplexe System der Arbeitsteilung, das im antiken Griechenland eine erste Blütezeit erlebte. Ohne Geld hätte man bei jedem Kauf mühselig verhandeln müssen, ob drei Krüge Wein nun genauso viel wert waren wie ein Korb Oliven. In Geld ausgedrückte Preise vereinfachten die Verhandlungen und den Warenaustausch. Die dritte Funktion des Geldes jedoch, die Wertaufbewahrungsfunktion, machte aus dem Tauschmittel ein handfestes Problem.

Geld sei das einzige Gut auf der Welt, von dem man nicht zu viel haben kann, erkannte Aristoteles. Weil Geld für ganz unterschiedliche Waren eingelöst werden kann, macht es nicht satt. Wenn man sich von seinem Geld keine Oliven mehr kaufen will, kauft man sich halt ein Paar neue Schuhe. Außerdem wird Geld nicht schlecht. Man kann es auch in einem Jahr noch für etwas anderes eintauschen, es verspricht Konsum in der Zukunft. Was man aber in einem Jahr haben will, weiß man jetzt noch nicht. Es lohnt sich daher, Geld anzuhäufen, damit man auf jeden Fall seine Bedürfnisse erfüllen kann.

Deswegen versuchen Menschen oft mehr Geld zu verdienen, als sie für ihre täglichen Einkäufe eigentlich benötigen. Eine auf den ersten Blick simple Erkenntnis, und doch zugleich ein geniales Konzept, das bis heute hilft, gesellschaftliche Probleme besser zu verstehen. Aristoteles' Theorie vom unersättlichen Hunger nach Geld wurde in der Finanzkrise einmal mehr eindrucksvoll bewiesen. Schon mit ihrem Grundgehalt können sich viele Banker einen luxuriösen Lebensstil leisten, und trotzdem wollten sie mehr. Für Bonusschecks riskierten sie nicht nur ihren eigenen Job, sondern trieben mit ihrer Jagd nach Profiten Banken und ganze Staaten an den Rand der Zahlungsunfähigkeit.

Mit seiner Theorie über die unersättliche Gier nach Geld zeigte Aristoteles aber noch etwas: Wie wertvoll eine ökonomische Perspektive ist, um gesellschaftliche Probleme zu analysieren und zu lösen. Damit legte er den Grundstein für die Modelle und Methoden, mit denen Ökonomen heute ihre Heldentaten vollbringen. Wer mit einer ökonomischen Brille auf die großen Probleme der Menschheit schaut, findet oft clevere und erstaunliche Lösungen, wie wir später sehen werden.

Die Geldtheorie von Aristoteles ist eng mit dem zentralen Ziel seiner ökonomischen Analyse verknüpft: Herauszufinden, wie sich Menschen im Wirtschaftsleben verhalten sollten. Das Geld dient bei Aristoteles auch als Maßstab für die Frage, wie viel der Mensch arbeiten sollte. Eine Grenze sei erreicht, wenn jemand nur noch für Geld arbeite, das er nicht mehr in Güter umtauschen wolle. Der Banker, der den Bonusscheck nur haben will, um sich über die Zahlen auf seinem Kontoauszug zu freuen, macht demnach etwas falsch.

Neben dem Thema Geld beschäftigte sich Aristoteles auch ausgiebig mit Themen wie Eigentumsrechten, dem Funktionieren von Märkten und Gerechtigkeit beim Handeln. Fragen, an denen Wirtschaftswissenschaftler bis heute arbeiten. Aristoteles, dieses Genie und Multitalent, schuf in seinen Werken die Grundlagen für die Ökonomik als Wissenschaft, indem er sich das erste Mal theoretisch mit wirtschaftlichen Zusammenhängen beschäftigte. Vor allem aber legte er den Blickwinkel fest, aus dem Ökonomen die Welt betrachten sollten. Es ging ihm um Moral und darum, dass Menschen ein gutes Leben führen. In ihren Anfängen im Griechenland der Antike war die Ökonomik also die Wissenschaft vom guten Leben. Ökonomen hatten die Aufgabe, das Leben der Menschen zu verbessern. Leider sollten die Nachfolger von Aristoteles, die rund 2000 Jahre später über Wirtschaft nachdachten, diese Grundlagen ihrer Wissenschaft fast vollständig vergessen haben.

Adam Smith, der Missverstandene

Die Wurzeln der Wirtschaftswissenschaft reichen also bis in die griechische Antike zurück. Und auch im Mittelalter gab es Ökonomen. Der berühmte Theologe Thomas von Aquin schrieb in seinem Werk »Summa Theologica« auch ausgiebig über Wirtschaft. Zu seinen Lieblingsthemen gehörten zum Beispiel Preise und Löhne. Er forderte unter anderem, dass jeder Arbeiter einen Lohn bekommen müsse, von dem er leben könne, und war damit im Grunde einer der ersten Befürworter eines Mindestlohns.

Es ist daher ziemlich verwunderlich, dass heute ein Mann als Gründervater der Ökonomik gilt, der erst im 18. Jahrhundert die Bühne der Wissenschaft betrat: Adam Smith. Sein Buch »Der Wohlstand der Nationen« (1776) gilt als Meilenstein der Wirtschaftswissenschaften und als Startschuss für das, was man heute Mainstreamökonomik nennt.

Ganz so spektakulär neu und innovativ wie oft behauptet waren Smiths Thesen zwar nicht – er griff vieles auf, was vor ihm schon Aristoteles oder Philosophen wie David Hume oder Thomas Hobbes entwickelt hatten –, doch Smith entwickelte die Ideen und Konzepte weiter und ergänzte sie mit einigen in der Tat genialen Erkenntnissen. »Der Wohlstand der Nationen« wurde zu einem ökonomischen Grundlagenwerk und ist bis heute eines der wichtigsten Bücher der Wirtschaftswissenschaften. Dass das Buch schon zu Smiths Lebzeiten ein derart riesiger Verkaufserfolg war und in zahlreiche Sprachen übersetzt wurde, lag auch daran, dass er mit seinen Thesen den Zeitgeist der damaligen Epoche traf. Smith trat für den Freihandel, für eine möglichst ausgefeilte Arbeitsteilung und für einen schwachen Staat ein. »Der Wohlstand der Nationen« fiel damit in den damaligen Debatten unter Politikern und Wissenschaftlern auf sehr fruchtbaren Boden.

In den Wirtschaftswissenschaften hat der liberale Zeitgeist im England des 18. Jahrhunderts in vielen Bereichen bis heute überlebt. Auch deswegen werden die Theorien von Adam Smith weiterhin von vielen Ökonomen gelesen und angewendet. Smith hat Generationen von Wirtschaftsforschern geprägt. Das Problem ist nur: Viele haben ihn gründlich missverstanden.

Heute gilt Adam Smith als beinharter Marktliberaler, der daran glaubte, dass Menschen nur den eigenen Vorteil im Kopf haben, und dass das auch gut so sei. Schuld an dieser Fehlinterpretation ist die wohl berühmteste Metapher der Wirtschaftswissenschaften: die unsichtbare Hand. In seinem Buch »Der Wohlstand der Nationen« erklärt Smith, wie das Handeln auf einem Markt dafür sorgt, dass Menschen, die eigentlich egoistisch sind und nur an sich denken, automatisch für die Gesellschaft etwas Gutes tun. Er beschreibt das unter anderem am Beispiel von Metzgern und Bäckern, die nicht schlachten oder backen, weil sie ihre Mitbürger aus Nächstenliebe mit Essen versorgen wollen, sondern weil sie damit Geld verdienen möchten. Für die Kunden ist das praktisch: Wenn jemand ein Brot kaufen möchte, muss er nicht hoffen, dass der Bäcker ihm aus Sympathie etwas bäckt. Er kann darauf vertrauen, dass der Bäcker sich aus reinem Egoismus und Gewinninteresse in die Backstube stellt. Der Markt, auf dem die Güter getauscht werden können, koordiniert laut Smith die Eigeninteressen der einzelnen Menschen und sorgt so dafür, dass alle gut versorgt sind. Die Preise, die auf dem Markt ausgehandelt werden, sind dabei die unsichtbare Hand. Wenn es wenig Brot gibt, steigt der Brotpreis, und der Bäcker backt mehr, weil er damit mehr verdienen kann. So bringt der Markt den egoistischen Bäcker mit unsichtbarer Hand dazu, der Gesellschaft zu helfen und mehr Brot zu backen.

Smith war nicht der Erste, der auf die Idee kam, dass Menschen mit egoistischen Taten am Ende etwas Gutes für die Gesellschaft tun. Die Ursprünge der unsichtbaren Hand reichen zurück bis zu Aristoteles. Und auch die Philosophen und Sozialwissenschaftler Thomas Hobbes und Bernard Mandeville beschrieben einen ähnlichen Mechanismus. Sie erkannten, dass selbst Straftaten für die Gesellschaft einen Sinn haben, denn sie schaffen zum Beispiel Arbeitsplätze bei der Polizei. Bernard Mandeville ging sogar so weit, zu behaupten, dass eine Gesellschaft ohne Verbrechen, Betrug und andere menschliche Schwächen gar nicht funktionieren könne, eine extreme Form der unsichtbaren Hand, die etwas Schlechtes in einen Vorteil für die Gesellschaft verwandelt.

Für Adam Smith war die Metapher von der unsichtbaren Hand aber gar nicht so wichtig. Er erwähnt den Begriff auf den rund 1000 Seiten seines Werkes nur dreimal. Es war für ihn lediglich ein kleines Denkmodell, mit dem er eine von vielen Charaktereigenschaften des Menschen deutlich machen wollte. Dass dieses Modell so berühmt werden sollte, hätte ihn sicher überrascht.

Vor allem aber hätte ihn wohl sehr geärgert, was andere Ökonomen später aus seinen Ideen gemacht haben. Sie haben Smiths Modell auf die Spitze getrieben und dabei völlig falsch interpretiert. Theoretisch zeigt Smith mit der Geschichte von der unsichtbaren Hand des Marktes, dass eine Gesellschaft auch funktionieren kann, wenn alle Menschen Egoisten sind und stets nur an sich denken. Niemand muss den anderen mögen und ihm aus Nächstenliebe helfen, denn der Markt sorgt durch Preise und den Handel dafür, dass auch Egoisten bestens versorgt werden. Das verleitete Ökonomen zu einer fatalen Fehlinterpretation. Sie kümmerten sich fortan nicht mehr um so schwammige Begriffe wie Moral und zwischenmenschliche Sympathie, wie es noch Aristoteles und Thomas von Aquin getan hatten. Unter Berufung auf die Thesen von Smith ging es bald nur noch um die Gesetze des Marktes. Ökonomen machten es sich nun zur Aufgabe, den Markt von allen Fesseln zu befreien, denn nur dann könne die unsichtbare Hand ungestört arbeiten und für Gerechtigkeit sorgen.

Dass für diesen Richtungsschwenk in der Ökonomik ausgerechnet Adam Smith verantwortlich sein soll, ist überraschend. Denn er beschäftigte sich keinesfalls nur mit den Vorteilen von entfesselten Marktkräften. Seine Lieblingsthemen waren Moral und menschliche Empathie, schließlich war er Professor am Lehrstuhl für Moralphilosophie der Universität Glasgow. Für ihn waren Menschen alles andere als emotionslose Maschinen, die immer nur auf den eigenen Vorteil schauen. Egoismus und Selbstliebe waren in seiner Vorstellung zwar durchaus grundlegende menschliche Eigenschaften, aber nicht unbedingt besonders wünschenswerte. Moral, Tugendhaftigkeit und Empathie waren Smith viel wichtiger. Sie sollten den Egoismus der Menschen im Zaum halten.

In seinem früheren Werk »Theorie der ethischen Gefühle« (1759) empfiehlt Smith zum Beispiel, dass Menschen ihr eigenes Verhalten stets kritisch hinterfragen sollten. Man solle sich quasi von außen selbst beobachten und überprüfen, ob die eigenen Taten moralisch gut sind und den Mitmenschen nicht schaden. Um die Metapher von der unsichtbaren Hand richtig zu verstehen, muss man auch diese Seite von Adam Smith kennen. Leider wird darüber in den meisten ökonomischen Lehrbüchern kein Wort verloren, viele Ökonomen lernen daher einen falschen Adam Smith kennen.

Für Adam Smith war die Ökonomik noch ein Teil der Philosophie und damit eine moralische Wissenschaft. Er stand damit eigentlich in direkter Nachfolge von Aristoteles. Weil er jedoch im »Wohlstand der Nationen« so brillant beschreibt, welche Vorteile ein freier Markt hat, wurden seine Theorien trotzdem zu einem Wendepunkt der Wirtschaftswissenschaften, die sich fortan immer mehr von moralischen Fragen abwandten. Smith wurde sehr einseitig interpretiert, und das führte dazu, dass Ökonomen nur noch wenig darüber nachdachten, was ein gutes Leben ist, und die Steuerung der Gesellschaft immer stärker dem Markt überließen.

Adam Smith schuf aber nicht nur zahlreiche Grundlagen für einige der wichtigsten Theorien und Konzepte der modernen Ökonomik. Er begründete auch eines der zentralen Motive der Wirtschaftswissenschaft: das Streben nach Wachstum. Politik, Gesellschaft und Wirtschaft sollten immer besser werden, forderte er. Daraus ist heute fast so etwas wie eine Religion geworden. In der Wirtschaft geht es ständig um Steigerungen des Bruttoinlandsprodukts (BIP), Produktivitätsgewinne und Exportrekorde. Das wird inzwischen durchaus kritisch gesehen und es ist eine heiße Diskussion darüber entbrannt, ob ewiges Wachstum wirklich ein gutes Ziel für die Menschheit ist. Adam Smith verstand unter Wachstum aber nicht nur steigende

BIP-Zahlen, sondern eher Fortschritt im Allgemeinen. Den Menschen sollte es ganz einfach besser gehen als früher. Damit gab er Ökonomen eine ganz konkrete und wichtige Arbeitsanweisung: Helft euren Mitmenschen und macht ihnen ihr Leben leichter. Die Superhelden-Ökonomen, die wir im weiteren Verlauf des Buches kennenlernen werden, machen genau das. Sie sind daher die wahren Erben von Adam Smith. Die, die ihn richtig verstanden haben.

Smiths Erben oder wie Mathematik die Ökonomen blind für das echte Leben gemacht hat

Nachdem Adam Smith mit seiner Parabel von der unsichtbaren Hand eine brillante Beschreibung der Marktkräfte geliefert hatte, machten sich Ende des 19. Jahrhunderts andere Ökonomen daran, seine Theorie auszuarbeiten und zu verfeinern. Sie konzentrierten sich dabei vor allem auf einzelne Märkte, wie zum Beispiel den Arbeitsmarkt. Hier versuchten sie etwa zu verstehen, welche Faktoren darüber entscheiden, wie viele Arbeitskräfte ein Unternehmen einstellt. Oder sie untersuchten auf dem Markt für Waren, wie sich die Nachfrage nach einem Produkt ändert, wenn dessen Preis steigt. Einer der Pioniere auf diesem Gebiet war der britische Ökonom Alfred Marshall.

Marshall war im Grunde einer der ersten Helden-Ökonomen. Er wollte Menschen helfen, denen es schlecht geht. Ihn beschäftigten vor allem die miserablen Lebensbedingungen eines Großteils der Industriearbeiter. Er unternahm ausgedehnte Reisen in die englischen Industriezentren, um das Leben der Arbeiter besser kennenzulernen. Dabei kam er zu dem Schluss, dass Ökonomen verstehen müssten, warum Löhne manchmal so niedrig sind und so viele Menschen keine Arbeit haben.

Seine Motivation war also ähnlich wie die der modernen Helden-Ökonomen, die wir später kennenlernen werden. Doch in seinen Methoden unterschied sich Marshall deutlich von ihnen. Er wollte eine grundlegende Theorie über das Wirtschaftsleben entwerfen, statt mit Vor-Ort-Maßnahmen das Leben der Menschen zu verbessern. Das war auch nötig, denn obwohl die Ökonomik damals schon einige Jahre auf dem Buckel hatte, fehlte es in vielen Bereichen noch immer an den Grundlagen. Nahezu jedes Lehrbuch, das damals geschrieben wurde, trug daher das Wort »Grundsätze« im Titel. Es war die große Gründerzeit der Ökonomik, die sich immer mehr als eigenständige Wissenschaft etablierte.

Marshalls Grundsätze haben bis heute überlebt. Noch immer lernen Ökonomikstudenten seine Theorien. In ihren Klausuren müssen sie dann Nachfrage- und Angebotskurven in ein Diagramm zeichnen und den Preis berechnen, an dem sich die beiden Kurven schneiden. Das nennt man Gleichgewichtsanalyse, denn ein Markt ist im Gleichgewicht, wenn sich Nachfrage und Angebot ausgleichen.

Solche Diagramme hatte es zu Adam Smiths Zeiten noch nicht gegeben. Er hatte ähnliche Gedanken formuliert, doch Alfred Marshall untersuchte als Erster Prozesse des Wirtschaftslebens mit mathematischen Methoden. Er zeigte, wie sich das Verhalten von Menschen und Unternehmen berechnen lässt. Das hatte Charme, denn so wurden exakte Vorhersagen möglich, und die Ökonomik sah plötzlich fast so aus wie eine Naturwissenschaft, in der es klare und eindeutige Ergebnisse gibt, und weniger wie eine philosophische Unterdisziplin, bei der vor allem viel geredet wird.

Auch wenn Marshall ohne Zweifel einer der Pioniere der mathematischen Ökonomik war, stand er der Mathematik eher skeptisch gegenüber. Er verbannte seine Schaubilder und Formeln komplett in den Anhang seines Buches »Grundsätze der Ökonomik«. Im Hauptteil argumentiert er ausschließlich mit Worten. Denn Marshall erkannte die Grenzen und die Gefahren der Mathematik. Weil sie klare und schön berechnete Ergebnisse liefert, verleitet sie zu vorschnellen Schlüssen. Man kann mit einem Modell zum Beispiel berechnen, wie hoch der Lohn sein müsste, damit alle Menschen Arbeit haben. Doch mit der Zahl, die dabei herauskommt, kann man in der Realität wenig anfangen. Selbst wenn sich Gewerkschaften und Arbeitgeber auf diesen Lohn einigen würden, gäbe es vermutlich noch immer Menschen ohne Arbeit. Denn ein solches Modell kann nie die Realität abbilden, es werden nämlich immer Annahmen aufgestellt, zum Beispiel über die Reaktion der Unternehmen auf sinkende Löhne. Grundsätzlich wird jedes Unternehmen mehr Arbeitskräfte einstellen, wenn die Löhne sinken. Doch wie viele neue Stellen geschaffen werden, wird von Unternehmen zu Unternehmen unterschiedlich sein. Außerdem beeinflussen noch anderen Faktoren, wie zum Beispiel der Bildungsgrad der Bevölkerung, wie viele Menschen am Ende wirklich einen neuen Job finden. Man kann mit einem mathematischen Modell also sehr gut einen grundsätzlichen Zusammenhang veranschaulichen, zum Beispiel, dass bei sinkenden Löhnen die Unternehmen mehr Arbeitsplätze anbieten. Aber die konkreten Zahlen sollte man nicht zu ernst nehmen. Marshall erkannte das. Und er zeigte noch eine viel wichtigere Grenze der Mathematik auf: Sie verengt das Blickfeld von Wissenschaftlern. Mathematische Ökonomen können nur das erforschen, was sich berechnen lässt.

Alles, was sich in Zahlen ausdrücken lässt, wie zum Beispiel Löhne und Preise, lässt sich mit ökonomischen Modellen wenigstens grob berechnen. Bei Dingen wie Moral, Nächstenliebe und Altruismus kommt man mit Mathematik aber nicht weiter. Leider verliebten sich Ökonomen in der Zeit nach Marshall dermaßen in die Mathematik, dass sie diese menschlichen Charaktereigenschaften immer stärker ausblendeten. So entstand der emotionslose und kühl berechnende Homo oeconomicus, das berühmte Menschenmodell der Ökonomen, das wir uns im nächsten Kapitel noch genauer anschauen werden.

Die Eleganz ihrer mathematischen Modelle verleitete Ökonomen zu so manch kühner Aussage. So formulierte der französische Ökonom Jean-Baptiste Say 1803 sein berühmtes Say'sches Gesetz, wonach sich jedes Angebot immer seine eigene Naehfrage schafft. Alle Märkte sind demnach stets ausgeglichen. Das gilt laut Say auch auf dem Arbeitsmarkt. Dass Menschen, die arbeiten wollen, keinen Job finden, ist nicht möglich. Schuld an unfreiwilliger Arbeitslosigkeit kann nur der Staat sein, der mit falschen Eingriffen in die Wirtschaft die freien Marktkräfte stört.

Das Say'sche Gesetz baute auch auf Adam Smith und seiner Metapher von der unsichtbaren Hand auf, die dafür sorgt, dass auf freien Märkten Nachfrage und Angebot in die richtigen Bahnen gelenkt werden. Das Modell wurde bald von vielen anderen Ökonomen aufgegriffen und so zur ideologischen Grundlage des ökonomischen Mainstreams. Der Idealzustand für Ökonomen war fortan eine liberale Laisser-faire-Wirtschaft, aus der sich der Staat so weit wie möglich heraushalten sollte. Diese Idee ist bis heute sehr populär. Sie stand etwa auch hinter der fatalen Deregulierung des Finanzmarkts, die viele Ökonomen Anfang des 21. Jahrhunderts so vehement unterstützten.

Am Umgang mit dem Say'schen Gesetz sieht man einen Fehler, den Ökonomen oft begehen. Sie treiben ein Konzept gerne auf die Spitze. Aus einer interessanten Theorie wird so ein lebensfremdes Modell, das manchmal sogar gefährlich wird. Das ist leider nicht nur bei der Metapher der unsichtbaren Hand von Adam Smith passiert, sondern auch bei den Theorien von Jean-Baptiste Say. Der französische Ökonom hatte mit seinem Gesetz ja einen wichtigen Mechanismus beschrieben: Dass Angebot und Nachfrage über den Preis ins Gleichgewicht gebracht werden, und dass das theoretisch auf jedem Mark so sein müsste. Leider trifft das Gesetz im echten Leben aber nur an sehr wenigen Stellen zu, denn es gibt sehr viele Faktoren, die die freien Marktkräfte entscheidend stören. Vor allem auf dem Arbeitsmarkt, wo es oft beides gleichzeitig gibt: Offene Stellen und Arbeitslose, die verzweifelt einen neuen Job suchen. Das Angebot passt dann einfach nicht zur Nachfrage, weil zum Beispiel die Arbeitslosen nicht die richtige Ausbildung für die offenen Stellen haben. Zwar könnten die Arbeitslosen eine neue Ausbildung machen, aber das dauert. Das Angebot passt sich daher nur sehr langsam an die Nachfrage an. Der Mechanismus, den Say beschrieben hat, funktioniert auf einem echten Arbeitsmarkt eher schlecht. Politiker, die gegen eine hohe Arbeitslosigkeit kämpfen, können mit seinem Gesetz daher nur wenig anfangen.

Das erkannte Anfang des 20. Jahrhunderts auch ein Mann, der mit einem einzigen Buch die Wirtschaftswissenschaften gehörig umpflügen sollte. Er war Professor, Börsenspekulant und Politiker. Sein Name: John Maynard Keynes. Er war so etwas wie der erste Krisenökonom. Als Keynes seine »Allgemeine Theorie« schrieb, litt die Welt unter den Folgen einer schweren Wirtschaftskrise. Angefangen hatte alles mit dem Börsencrash vom 24. Oktober 1929 in New York, dem schwarzen Donnerstag. In der Folge gingen Banken und Unternehmen auf der ganzen Welt bankrott und Millionen Menschen verloren ihre Arbeitsplätze. Für Ökonomen war die Weltwirtschaftskrise ein besonders großer Schock. Die geheimnisvolle Macht des Marktes, die unsichtbare Hand, die doch alles zum Guten lenken sollte, hatte spektakulär versagt. Trotzdem hielten viele Wirtschaftsforscher an ihrem Glauben an die Marktkräfte fest und machten damit alles noch viel schlimmer. Viele Staaten und ihre Notenbanken ließen die Wirtschaft auch nach dem großen Knall auf Anraten von Ökonomen größtenteils in Ruhe schickten damit reihenweise Banken in die Insolvenz. Der Markt würde sich schon wieder selbst regulieren, lautete damals das Credo. Die Folge war eine schlimme Wirtschaftskrise auf der ganzen Welt, in der Millionen Menschen ihre Arbeitsplätze und Existenzen verloren. Inzwischen haben Ökonomen gezeigt, dass man die schlimmsten Folgen der Weltwirtschaftskrise hätte verhindern können, wenn der Staat und die Notenbanken beherzter eingegriffen hätten.

Keynes wusste das schon in den Dreißigerjahren. Er widerlegte in seiner »Allgemeinen Theorie« das Say'sche Gesetz und zeigte, dass Angebot und Nachfrage nicht immer im Gleichgewicht sind. Für ihn war der Staat nicht, wie für viele Ökonomen damals, das Problem, sondern die Lösung. Wenn zum Beispiel nach einer Krise die Unternehmen verunsichert sind und nicht genügend investieren, sollte der Staat einspringen und mit Konjunkturpaketen die Wirtschaft neu starten.

Auch dass sich Ökonomen immer weniger um die irrationalen Charaktereigenschaften von Menschen kümmerten, kritisierte Keynes scharf. Für ihn

waren Menschen keine emotionslosen Nutzenoptimierungsmaschinen, sondern stark von Instinkten und Gefühlen getrieben. Er erfand dafür den Begriff »animal spirits«, die seiner Meinung nach das Verhalten von Unternehmern und Börsenhändlern und die Kaufentscheidung von Konsumenten
prägen. Auch die Moral spielte für Keynes eine wichtige Rolle. Er kritisierte
die pseudonaturwissenschaftliche Richtung der Ökonomik und warb dafür,
dass sich Ökonomen wieder mehr auf die moralphilosophischen Ursprünge ihrer Disziplin konzentrieren.

Die »Allgemeine Theorie« wurde schon zu Keynes' Lebzeiten ein Bestsel-
ler und seine Rezepte prägten die Wirtschaftspolitik viele Jahrzehnte lang.
Vor allem in der Nachkriegszeit legten Politiker mit Blick auf Keynes große
Konjunkturpakete auf. Leider vergaßen sie dabei, in guten Zeiten zu sparen,
so wie es Keynes empfohlen hatte. Als daher die Staatsschulden immer weiter stiegen, kam die Politik der Konjunkturpakete und damit auch Keynes
als ihr ideologischer Vater in Verruf. Unter Ökonomen formierte sich eine
Gegenbewegung, die wieder stärker an die Kräfte des freien Marktes glaubte
und den Einfluss des Staates zurückdrängen wollte. Gleichzeitig setzte auch
die Mathematik zu einem neuen Siegeszug in der Wirtschaftswissenschaft
an. Die Entwicklung der Computertechnologie machte es möglich, auch
hochkomplexe Formelsysteme schnell zu berechnen. Immer mehr Ökonomen arbeiteten nun daran, komplizierte mathematische Modelle zu entwickeln, die die Entwicklung von ganzen Volkswirtschaften simulieren sollten.

Die Modelle und computergestüzten Berechnungen brachten viele interes-
sante Erkenntnisse, aber wieder einmal übertrieben es die Ökonomen. Sie
bauten immer schönere und elegantere Modellwelten, in denen sich alles so
verhielt, wie ihre Theorie vorhersagte. Ihre Ergebnisse benutzten sie dann,
um Politikern Ratschläge für die Wirtschaftspolitik zu geben. Die Folgen
waren fatal, denn mit dem echten Leben hatten die Modelle so wenig zu tun
wie das Say'sche Gesetz. Banken kamen zum Beispiel meistens gar nicht vor.
Eine Finanzkrise konnte es in der Modellwelt daher nicht geben. In der Realität aber leider schon, wie man spätestens 2008 sehen konnte.

Die Finanz- und Wirtschaftskrise hat die modellverliebten Ökonomen daher gehörig entzaubert. Wie in den Zwanzigerjahren, als das erste Mal eine globale Wirtschaftskrise ausbrach, müssen Wirtschaftswissenschaftler eingestehen, dass viele ihrer Theorien und Methoden nicht funktionieren. Doch damals wie heute ist das große Scheitern gleichzeitig eine Chance für einen Neustart. Vielleicht brauchte es genau so einen Knall, damit Ökonomen ihre alten Theorien überdenken und neue Wege gehen. Ohne die Große Depression hätten die Ideen von John Maynard Keynes wohl nicht so viel Aufmerksamkeit bekommen. Und genauso bekommen durch die aktuelle Krise nun Ökonomen eine Bühne, die vorher jahrelang im Schatten der Mainstreamökonomen unbeachtet vor sich hingeforscht haben. In diesem Buch werden wir einige von ihnen kennenlernen und sehen, wie sie mit den Mitteln der Wirtschaftswissenschaft wahre Heldentaten vollbringen. Diese Ökonomen erfinden gerade ihre Disziplin neu und kehren zu den Wurzeln der Ökonomik zurück. Sie machen aus ihr wieder das, was sie bei Aristoteles und Adam Smith war: Die Wissenschaft vom guten Leben.

DIE WAFFENKAMMER DER HELDEN-ÖKONOMEN

Ob fliegende Autos, ein Anzug aus Stahl oder explodierende Kugelschreiber – um die Welt zu retten, braucht jeder Superheld eine vernünftige Ausrüstung. Auch Ökonomen können nicht mit leeren Händen Heldentaten vollbringen. Zwar haben die meisten von ihnen keine übernatürlichen Spezialkräfte und fliegende Autos stehen auch eher selten in ihren Garagen. Doch ihre Werkzeuge müssen sich trotzdem nicht vor der Ausrüstung anderer Superhelden verstecken. Bevor wir mit den Helden-Ökonomen losziehen, um die Welt zu retten, wollen wir daher einen kurzen Blick in die gut gefüllte Waffenkammer der Wirtschaftswissenschaften werfen.

Warum weltfremde Modelle eine mächtige Waffe sind

Ökonomen haben ein großes Problem: Sie forschen über eine sehr komplizierte Spezies. Alles, was in der Wirtschaft passiert, hat mit Menschen zu tun. Schon ein einzelner Mensch ist ein undankbares Forschungsobjekt, denn Menschen sind von Natur aus ziemlich unberechenbar. Fangen sie jetzt auch noch an, miteinander zu kommunizieren und auf das Verhalten des anderen zu reagieren, wird es erst recht schwierig. Trotzdem versuchen Ökonomen seit Jahrzehnten, Menschen im wahrsten Sinne des Wortes zu berechnen. Wir haben ja bereits gesehen, dass im 19. Jahrhundert immer mehr Ökonomen anfingen, komplizierte mathematische Gleichungen aufzustellen und aus diesen Gleichungen später riesige Modelle formten, mit denen sie das Wirtschaftsleben simulieren wollten. Bis heute ist dieser modelltheoretische Ansatz in der Wirtschaftswissenschaft weit verbreitet. Viele Ökonomen tun also so, als ob sich Menschen wie mathematische Formeln verhalten. Das hat den großen Vorteil, dass man mit solchen Modellen Menschen und sogar ganze Volkswirtschaften sozusagen im Labor züchten und beobachten kann. In einer Modellwirtschaft können Ökonomen nach Belieben herumspielen, hier mal einen Zinssatz erhöhen, dort mal das Arbeitslosengeld abschaffen, und anschließend in Ruhe schauen, was passiert. So frei kann man im realen Wirtschaftsleben selten herumexperimentieren, denn an echten Zinssätzen und Arbeitslosengeldern hängen die Schicksale von echten Menschen, die man nicht einfach zu Versuchskaninchen machen kann. Leider haben die Modelle aber auch einen entscheidenden Nachteil. Die Mathematik und vor allem die Rechenkraft der Computer reicht nicht aus, um ein auch nur annähernd realitätsnahes Modell der Wirtschaft zu bauen. Ökonomen müssen in ihren kleinen Laborwirtschaften daher viele Dinge vereinfachen. Manchmal gehen sie zum Beispiel davon aus, dass es in dieser Wirtschaft nur ein einziges Unternehmen gibt, das auch nur einen einzigen Kunden hat. Damit unterstellen sie, dass sich alle Unternehmen und alle Kunden irgendwie gleich verhalten. Das ist eine ziemlich gewagte und realitätsfremde Annahme. Deswegen müssen sich Ökonomen immer wieder anhören, dass ihre Forschung mit dem wahren Leben nur wenig zu tun hat. Was bringt es schließlich, wenn ich weiß, wie sich ein Unternehmen mit nur einem Kunden in einer mathematischen Modellwelt verhält, wenn es so etwas im echten Leben nur sehr selten gibt? Zum Teil ist diese Kritik durchaus berechtigt, denn einige Ökonomen haben es mit den Modellen wirklich übertrieben und nur darauf geachtet, dass ein Modell mathematisch elegant zu lösen ist, ohne sich dafür zu interessieren, ob es noch etwas mit der Wirklichkeit zu tun hat. Banken und den gesamten Finanzmarkt nicht in die großen makroökonomischen Modelle einzubauen, war zum Beispiel ein fataler Fehler, wie die Finanzkrise gezeigt hat. Doch die Fehler und Exzesse von einigen Ökonomen bedeuten nicht, dass Modelle automatisch immer nutzlos sind. Formeln, Gleichungen und all die unrealistischen Annahmen sind bis heute sehr wertvolle Werkzeuge für Ökonomen.

Das lässt sich besonders gut an einem der berühmtesten Modelle der Ökonomik zeigen: dem Homo oeconomicus. Der Homo oeconomicus ist ein Paradebeispiel für ein ökonomisches Modell: Es ist einfach unmöglich, das Verhalten eines echten Menschen zuverlässig vorherzusagen. Deswegen mussten sich Ökonomen ihren eigenen Menschen basteln. Einen, der etwas weniger sprunghaft ist, und sich daher leichter untersuchen lässt. Herausgekommen ist dabei der Homo oeconomicus, dieser komische Zeitgenosse, der alles weiß, immer nur an sich denkt und bei jeder Entscheidung rational Vor- und Nachteile gegeneinander abwägt, um so seinen Nutzen zu maximieren. Von Anfang an hat kein vernünftiger Ökonom daran geglaubt, dass Menschen wirklich so sind wie der Homo oeconomics. Es war immer klar, dass dieser Wirtschaftsmensch nur in der Fantasie von Ökonomen existierte. Schon 1936 schrieb zum Beispiel Keynes, wie bereits erwähnt, in seiner berühmten »Allgemeinen Theorie« ausführlich über das irrationale Verhalten von Menschen, die oft mehr ihren animalischen Trieben als ihrem klaren Verstand folgen würden. Der Homo oeconomicus war immer nur ein reines Denkmodell, das mit der Realität wenig zu tun hatte. Doch als Denkmodell ist er bis heute extrem nützlich.

Denn ein bisschen Homo oeconomicus steckt in jedem von uns. Manchmal lassen wir uns zwar tatsächlich ziemlich gehen und treffen völlig abwegige Entscheidungen, die mit einer rationalen Kosten-Nutzen-Kalkulation rein gar nichts mehr zu tun haben. Und manchmal nehmen wir sogar eigene Kosten in Kauf, um anderen zu helfen, vielleicht sogar Menschen, die wir noch nicht einmal kennen. Ein solches irrationales Handeln läge dem Homo oeconomicus fern. Doch in vielen Fällen handeln wir tatsächlich mehr oder weniger rational und wägen mit den Informationen, die wir haben, Vor- und Nachteile einer Entscheidung sorgfältig gegeneinander ab. Der Homo oeconomicus erklärt zwar nicht das gesamte Verhalten eines Menschen, aber er hilft, wenigstens einen Teil davon besser zu verstehen. Mit einem ökonomischen Modell, das auf dem Homo oeconomicus aufbaut, kann man zwar nicht exakt vorhersagen, wie die Bürger in einem Staat auf eine Steuererhöhung reagieren werden. Aber man kann zumindest bestimmen, welche Reaktionen möglich sind. Das ist schon mal deutlich besser, als überhaupt nichts über die Effekte der Steuererhöhung sagen zu können.

Vor allem aber verdeutlicht der Homo oeconomicus eine der Grundideen der Ökonomik: Menschen reagieren auf Anreize. Der Homo oeconomicus überlegt bei jeder Handlung, was für ihn dabei am Ende herausspringt. Wenn es sich für ihn lohnt, im Regenwald ein paar Bäume abzuholzen, wird er, ohne mit der Wimper zu zucken, zur Säge greifen. Und wenn er in einem Staat lebt, in dem es keine Polizei gibt, wird er skrupellos eine Bank überfallen, weil das deutlich einfacher ist, als arbeiten zu gehen, und es kein Risiko gibt, am Ende im Gefängnis zu landen. Einen Anreiz, etwas zu tun, hat der Homo oeconomicus immer dann, wenn der Nutzen bei einer Handlung größer ist als die Kosten. Natürlich ist der Homo oeconomicus auch hier wieder kein perfektes Abbild eines echten Menschen. Auch Ökonomen glauben nicht, dass Menschen stupide Anreiz-Reaktionsmaschinen sind, die keine Moral, keine immateriellen Ziele und keine Werte haben. Sie benutzen die Idee von den Anreizen wieder nur als Denkmodell, um die rationale Seite des menschlichen Verhaltens zu erklären. Und das funktioniert überraschend gut, wie wir später noch sehen werden. Anreize sind zwar nicht das einzige, aber zumindest ein sehr starkes Motiv für das Handeln von Menschen. Und wenn man Anreize versteht, kann man Menschen manchmal sogar steuern. Deshalb ist die Analyse von Anreizen so etwas wie die goldene Denkmethode der Ökonomik geworden.

Die Idee, dass Menschen vor allem auf Anreize reagieren, hat Ökonomen derart begeistert, dass sie sie inzwischen auf alles Mögliche anwenden. Der Ökonomie-Nobelpreisträger Gary Becker, der an der Universität Chicago arbeitet, hat mit dem Modell von den Anreizen und der rationalen Nutzenmaximierung zum Beispiel untersucht, warum Menschen Verbrechen begehen oder Drogen nehmen. Becker hat sogar eine ökonomische Theorie der Ehe aufgestellt, in der Kinder als Investition gesehen werden, die sich auszahlen müssen. Er und andere Ökonomen haben sich Themen vorgenommen, die sonst eigentlich in den Aufgabenbereich von Psychologen, Soziologen und Politikwissenschaftlern fallen, und sie mit der ökonomischen Denkmethode über die Wirkung von Anreizen analysiert. Für diesen Eroberungsfeldzug auf fremdem Boden wird die Ökonomik von anderen Wissenschaftlern immer wieder kritisiert. Doch wie wir sehen werden, kann ein Blick durch die Brille der ökonomischen Denkmethode bei vielen großen Problemen tatsächlich sehr erhellend sein und neue Lösungswege aufzeigen. Modelle, und seien sie so unrealistisch wie der Homo oeconomicus, sind daher eine mächtige und wichtige Waffe für Helden-Ökonomen.

Ökonomik aus dem Labor und die Kraft des Zufalls

Manchmal sind Ökonomen ein bisschen neidisch auf ihre Kollegen aus den Naturwissenschaften. Vor allem auf Mediziner. Wenn die einen interessanten neuen Wirkstoff gefunden haben, aus dem vielleicht mal ein Medikament werden könnte, gehen sie einfach ins Labor und probieren die neue Arznei aus. Entweder sie beobachten, wie Zellen auf den Wirkstoff reagieren, oder sie behandeln damit Tiere, meistens Mäuse, die sie vorher mit der Krankheit infiziert haben, gegen die das neue Medikament helfen soll. Zwar haben Menschen einen viel komplexeren Organismus als Mäuse und Mediziner können sich daher nie sicher sein, ob ein Medikament, das bei Mäusen wirkt, auch Menschen helfen würde. Doch die Laborexperimente bringen Medizinern viele wichtige Erkenntnisse und ermöglichen ihnen, unterschiedliche Varianten eines Wirkstoffs in Ruhe auszuprobieren. Ökonomen haben diesen Luxus nicht, denn an Labormäusen und Zellen lässt sich nun mal nur schwer beobachten, wie eine Zinssenkung der Zentralbank oder ein neues Arbeitsmarktprogramm wirkt. Deswegen sind Ökonomen vor allem auf mathematische Modelle ausgewichen – mit den ganzen Vor- und Nachteilen, die Formeln und Tabellen, wie wir gesehen haben, mit sich bringen. In den vergangenen Jahren haben einige Ökonomen jedoch damit begonnen, den Medizinern immer mehr nachzueifern. Sie haben Wege gefunden, wie man auch ökonomische Ideen mit Experimenten testen kann.

Manchmal gehen Ökonomen dafür genau wie Mediziner ins Labor. Weil sie mit Mäusen aber nicht weit kommen würden, brauchen sie menschliche Versuchspersonen. Zum Glück sind ökonomische Experimente nicht so gefährlich wie Medikamententests, deshalb finden Experimentalökonomen meistens genügend willige Probanden. Oft sind es Studenten, die die Forscher aus ihren Universitätsseminaren rekrutieren mit dem Versprechen, ihnen ein paar Euro oder Dollar als Belohnung zahlen. Die Forscher lassen dann ihre Probanden kleine Wirtschaftsspiele machen. Dabei müssen die Studenten zum Beispiel so tun, als ob sie im Supermarkt einkaufen gehen und sich zwischen verschiedenen Produkten entscheiden, oder an einer fiktiven Börse in Aktien investieren. Manchmal legen die Ökonomen ihre Versuchspersonen sogar in einen Magnetresonanztomografen. Diese Geräte zeigen, welche Teile des Gehirns gerade besonders aktiv sind. Ökonomen können damit ihren Probanden förmlich ins Gehirn schauen, während sie wirtschaftliche Entscheidungen treffen. Bei solchen Experimenten arbeiten Ökonomen häufig mit Neurowissenschaftlern und Psychologen zusammen und nutzen deren Ideen und Forschungsergebnisse.

Die Laborökonomik ist ein Teil der Verhaltensökonomik. Diese Forschungsrichtung ist eine der spannendsten Unterdisziplinen der Wirtschaftswissenschaften und hat in den vergangenen Jahren eine ganze Reihe wichtiger Erkenntnisse geliefert. Die Laborexperimente helfen Ökonomen, besser zu verstehen, welche Motive das Handeln von Menschen bestimmen. Sie können so die wilde und irrationale Seite des Menschen ergründen, das, was John Maynard Keynes als »animal spirits« bezeichnete. Diese Charaktereigenschaften sind es, die Menschen aus Fleisch und Blut vom Homo oeconomicus unterscheiden. Weil Verhaltensökonomen echte Menschen beobachten, können sie das unrealistische Menschenmodell des Homo oeconomicus mit neuen Bausteinen ergänzen, und es so näher an die Wirklichkeit heranbringen. Ihre Erkenntnisse helfen aber nicht nur, die ökonomische Theorie zu verbessern. Sie können auch direkt angewendet werden und manchmal sogar Leben retten. Doch dazu später mehr.

Trotz dieser Verdienste gibt es auch Kritik an der Verhaltensökonomik. Oft ist nicht klar, wie aussagekräftig die Erkenntnisse aus den Experimenten letztendlich wirklich sind. Es kann sein, dass sich die Probanden im Labor ganz anders verhalten als im echten Leben. Schließlich geht es bei den Wirtschaftsspielen meistens nur um ein paar Euro. Außerdem müssen Probanden nicht mit möglichen Fehlentscheidungen leben. Vielleicht geben sie sich deswegen im Labor einfach weniger Mühe und handeln nur deshalb plötzlich irrationaler als der Homo oeconomicus. Im echten Leben würden sie sich vielleicht doch wieder mehr Zeit für eine Entscheidung nehmen. Dieser Effekt kann die Ergebnisse von Laborexperimenten sehr stark verzerren und bereitet Ökonomen daher immer wieder Kopfzerbrechen. Einige Wirtschaftswissenschaftler wollen daher möglichst oft ihre Labore verlassen und im echten Leben forschen. Denn auch dort lassen sich Experimente machen.

Experimente in freier Wildbahn sind seit ein paar Jahren der letzte Schrei unter Ökonomen. Dabei haben sie sich wieder stark von Medizinern inspirieren lassen und sich sehr bemüht, deren Methoden zu kopieren. Wenn zum Beispiel neue Medikamente an Mäusen getestet werden, teilen Wissenschaftler die Tiere in zwei Gruppen ein. Die eine Gruppe Mäuse bekommt eine Spritze mit dem neuen Wirkstoff, die andere nicht. Wenn man später die beiden Gruppen miteinander vergleicht, kann man genau sehen, ob das Medikament wirkt. Diese Technik nennt man ein kontrolliertes Experiment und die Mäuse, die keine Spritze bekommen haben, sind die sogenannte Kontrollgruppe. Kontrollierte Experimente funktionieren aber nicht nur mit Labormäusen und neuen Medikamenten. Man kann mit ihnen zum Beispiel auch herausfinden, ob Kinder in Entwicklungsländern wirklich mehr lernen, wenn man ihnen kostenlose Schulbücher schenkt. Genau das haben drei Ökonomen um Harvardprofessor Michael Kremer bei einem kontrollierten Experiment in Kenia gemacht. Wie Mediziner teilten sie 100 Schulen in mehrere Gruppen auf. In einigen Schulen verteilten sie anschließend kostenlose Schulbücher, in den anderen nicht. Anschließend beobachteten sie, wie die Schüler bei landesweiten Tests abschnitten. Das Besondere an dem Experiment: Die Ökonomen ließen den Zufall entscheiden, wer in welcher Gruppe landete. Ein computergesteuerter Zufallsmechanismus wählte die Schulen aus, die später kostenlose Schulbücher bekamen. Ob ein Schüler also ein Buch bekam, hing ausschließlich davon ab, ob der Computer seine Schule mit in die Liste nahm. Der Zufall ist für Ökonomen eine sehr große Hilfe bei ihren Experimenten. Ohne ihn könnten sie mit den Ergebnissen solcher Studien am Ende nur wenig anfangen. Sie könnten zum Beispiel nie wirklich ausschließen, dass die Schüler, denen sie neue Schulbücher geschenkt hatten, nicht auch ohne die Bücher gute Noten gehabt hätten. Ob eine Schule bei einem solchen Experiment mitmacht, hängt zum Beispiel stark davon ab, wie offen die Lehrer für neue Methoden sind. Bessere Lehrer lassen sich vielleicht eher auf eine Gruppe Ökonomen ein, die Schulbücher verteilen will. Wenn ihre Schüler dann nachher gute Noten schreiben, liegt das aber nicht unbedingt an den neuen Schulbüchern, sondern vielleicht eher an den pädagogischen Fähigkeiten der Lehrer. Solche Effekte, die das Ergebnis von ökonomischen Experimenten stark verzerren würden, kann man mit einem Zufallsmechanismus weitgehend ausschließen.

Die Ökonomen um Michael Kremer fanden übrigens heraus, dass kostenlose Schulbücher erstaunlich wenig bringen. Die Schüler, denen sie Bücher geschenkt hatten, hatten nicht viel mehr gelernt als die Schüler aus der Kontrollgruppe.

Wir werden bei unserer Reise mit den Superhelden-Ökonomen zahlreiche solcher kontrollierter Zufallsexperimente beobachten. Vor allem Ökonomen, die sich dem Kampf gegen die Armut verschrieben haben, benutzen diese Technik gerne. Denn damit lässt sich sehr gut herausfinden, welche Hilfsprojekte den Menschen in Entwicklungsländern wirklich helfen, und welche, wie die Schulbücher in Kenia, größtenteils rausgeschmissenes Geld sind. Feldexperimente, die mit der Kraft des Zufalls arbeiten, sind deshalb ein sehr wichtiger Teil des ökonomischen Waffenarsenals. Um sie richtig einzusetzen, muss man aber auch ihre Grenzen kennen. Mit einem Experiment kann man immer auch nur ein einzelnes Projekt untersuchen. Die Forscher um Michael Kremer haben mit ihrem Experiment lediglich gezeigt, dass kostenlose Schulbücher in Kenia nicht viel bringen. Das sagt noch nichts darüber aus, ob die Schüler in Vietnam mit kostenlosen Schulbüchern besser lernen würden. Denn in Vietnam sehen Schulen vielleicht völlig anders aus als in Kenia und die Bücher werden im Unterricht anders eingesetzt. Ökonomen nennen dieses Problem mangelnde externe Validität. Die Ergebnisse eines Experiments lassen sich nicht so einfach auf eine ähnliche Situation in einem anderen Land übertragen. Um die externe Validität ihrer Experimente zu verbessern, müssen Ökonomen zahlreiche ähnliche Studien in unterschiedlichen Ländern machen. Dann allerdings können sie tatsächlich ziemlich gut beurteilen, wann kostenlose Schulbücher Schülern helfen und wann nicht.

Bei den ökonomischen Feldexperimenten gibt es allerdings auch ein moralisches Problem. Um zuverlässig herauszufinden, ob eine Intervention wirkt oder nicht, muss man eine Kontrollgruppe haben. In einem berühmten Feldexperiment haben Forscher zum Beispiel gemessen, ob Kinder, die kostenlose Medikamente gegen Darmparasiten bekommen, seltener krank sind, und damit häufiger zur Schule gehen können. Dafür mussten sie einer Gruppe Schülern die Medikamente vorenthalten. Sie ließen also Kinder, denen sie hätten helfen können, weiter leiden, nur um ein sauberes Experiment machen zu können. Es gibt Ökonomen und andere Sozialwissenschaftler, die aus diesem Grund keine Feldexperimente machen wollen. Allerdings muss man sich auch klarmachen, was passiert, wenn es gar keine solchen Experimente gibt: Dann bekommt niemand die Medikamente. Und wenn das Experiment am Ende zeigt, dass die Medikamente wirken, wird das Hilfsprogramm wahrscheinlich bald ausgeweitet, und alle bekommen die Mittel gegen Darmparasiten.

Mit Formeln auf Schatzsuche

Früher musste man um die halbe Welt segeln oder dichte Urwälder durchkämmen, um einen Schatz zu finden. Inzwischen braucht man dafür nur noch den Computer anzuschalten. Denn die wertvollsten Schätze der Welt schlummern nicht mehr in Mayagräbern oder versunkenen Piratenschiffen. Sie sind vergraben in riesigen Datenbanken. Dort findet man Antworten auf die großen Probleme der Menschheit. Hinweise, wie man den Hunger auf der Welt besiegen und den Klimawandel bremsen kann. Oder Spuren von skrupellosen Verbrechern und korrupten Politikern.

Zusammengetragen werden diese wertvollen Daten von Wissenschaftlern, die für ihre Studien zahlreiche Menschen penibel ausfragen. Wie viel verdienen Sie? Was haben Sie für eine Schulausbildung? Wie glücklich sind Sie mit Ihrem Leben? Aus solchen Befragungen erstellen Ökonomen, Soziologen, Politikwissenschaftler oder Psychologen dann Datensätze. Auch Regierungen schicken manchmal Interviewer von Haus zu Haus, um herauszufinden, wie viele Menschen in ihrem Land leben, und was sie so den ganzen Tag treiben. Diese Daten werden anschließend in großen Statistiken veröffentlicht, wie beispielsweise dem Zensus. Und auch Computerprogramme füllen die Datenbanken, indem sie automatisch alle Informationen einsammeln, die sie in die Finger bekommen – egal ob Börsenkurse, Geburtenraten oder Wetterdaten. Inzwischen kann man von fast überall auf solche Daten aus Studien, Befragungen und staatlichen Statistiken zugreifen und in ihnen nach Antworten suchen. Die Schatzsuche in diesen riesigen Datenbanken ist aber oft ähnlich mühsam, wie sich mit einer Machete durch den Dschungel zu schlagen. Deshalb braucht man vor allem gutes Werkzeug.

Ökonomen benutzen für ihre Suche in den Datenbanken eine Reihe von mathematischen Formeln, sogenannte Regressionen. Einer der Erfinder von Regressionen war der berühmte deutsche Mathematiker Carl Friedrich Gauß, der diese Methode schon Anfang des 19. Jahrhunderts anwendete. Inzwischen sind Regressionen in vielen wissenschaftlichen Disziplinen ein sehr beliebtes Werkzeug. Auch Psychologen und Soziologen benutzen sie häufig. Denn mithilfe von Regressionen kann man sehr gut Zusammenhänge zwischen verschiedenen Variablen finden und so Muster in den unübersichtlichen Zahlenbergen der Datensätze aufdecken. Ökonomen können so etwa untersuchen, ob es vielleicht einen Zusammenhang zwischen der Körpergröße und dem Einkommen gibt. Dafür würden sie sich einen Datensatz suchen, in dem die Körpergröße und das Einkommen von mehreren Menschen zusammengefasst sind. Mithilfe einer Regression könnten sie dann die Daten über Größe und Einkommen gegeneinander stellen und überprüfen, ob es eine Verbindung zwischen den beiden Variablen gibt.

Einen solchen Zusammenhang nennen Wissenschaftler Abhängigkeit. Wenn eine Variable eine andere beeinflusst, spricht man davon, dass die zweite Variable abhängig von der ersten ist. Im Beispiel mit der Körpergröße wäre daher das Einkommen von der Körpergröße abhängig, wenn große Menschen im Durchschnitt wirklich immer mehr verdienen würden als kleine – oder umgekehrt. Allerdings reicht es nicht, nur einen Zusammenhang aufzudecken. Dass sich das Einkommen mit der Körpergröße verändert, heißt noch nicht, dass es wirklich von der Größe abhängt, wie viel jemand verdient. Das Gehalt wird schließlich von sehr vielen Faktoren beeinflusst. Es kann zum Beispiel sein, dass große Menschen überdurchschnittlich oft in gut bezahlten Berufen arbeiten, zum Beispiel als Profisportler. Dann hätte der Gehaltsunterschied zwar auch etwas mit der Größe zu tun, weil große Menschen zum Beispiel eine bessere Chance haben, Basketballprofis zu werden. Doch die Größe wäre nicht der entscheidende Einflussfaktor, etwa weil es innerhalb der Gruppe der Basketballprofis für das Gehalt keine Rolle mehr spielt, ob jemand 2,05 oder 2,15 Meter groß ist. Diese Effekte können Ökonomen aber bei der Regressionsanalyse herausrechnen. Sie vergleichen dann zum Beispiel nur Menschen in der gleichen Berufsgruppe. Also große mit kleinen Wirtschaftsprüfern und große Köche mit kleinen Köchen. Wenn in mehreren Gruppen die Großen immer mehr verdienen als die Kleinen, ist das ein starkes Indiz, dass die Körpergröße tatsächlich eine Rolle für das Gehalt spielt.

Mehrere Studien haben übrigens genau das gezeigt: Große Menschen verdienen wirklich häufig mehr als kleine. Und zwar auch dann, wenn man mithilfe von Regressionen ausschließt, dass die Gehaltsunterschiede etwas mit der Berufsgruppe, der Intelligenz oder der Erziehung zu tun haben. Einige Ökonomen vermuten daher zum Beispiel, dass große Menschen von anderen unbewusst als besonders gesund und leistungsfähig wahrgenommen und deswegen häufiger in gut bezahlte Jobs befördert werden.

Regressionen sind ein mächtiges Werkzeug für Ökonomen, weil man mit ihnen nicht nur Zusammenhänge zwischen Variablen findet, sondern gleichzeitig auch geschickt ausschließen kann, dass andere Faktoren die Ergebnisse verzerren. Mit den ausgefeilten Suchgeräten der Regressionsanalyse können Ökonomen die riesigen Datensätze, die in den vergangenen Jahren zusammengetragen wurden, durchkämmen und in ihnen nach Antworten suchen. Dabei finden sie oft überraschende Zusammenhänge, an die vorher niemand gedacht hat, und zeigen so neue Lösungswege auf.

ÖKONOMEN AUF VERBRECHERJAGD

Gegen die geballte Macht der Armee hatte am Ende auch Z-40 keine Chance. Am 15. Juli 2013 stoppte ein Militärhubschrauber auf einer Landstraße die Limousine von Miguel Trevino Morales und Elitesoldaten nahmen den gefürchteten mexikanischen Drogenboss fest. Die Verhaftung des Schwerverbrechers, der innerhalb seines Kartells Z-40 genannt wurde, war ein großer Erfolg für den mexikanischen Staat im Kampf gegen die Drogenkartelle und wurde dementsprechend zelebriert. Auf einer Pressekonferenz musste sich Morales den Fotografen präsentieren. Immer an seiner Seite: schwerbewaffnete, vermummte Soldaten, die ihre Maschinengewehre in die Kamera hielten.

Derart martialische Pressekonferenzen gibt es in Mexiko inzwischen häufig. Der Kampf gegen die Drogenkriminalität wird in dem mittelamerikanischen Land mit schweren Waffen geführt. Die Armee schickt Panzerwagen und Elitesoldaten durch das Land, um die mächtigen Drogenkartelle zu zerschlagen. Aus dem Drogenproblem ist ein Krieg geworden, in dem allein zwischen 2007 und 2011 über 40 000 Menschen gestorben sind. Mexiko ist längst eines der gefährlichsten Länder der Welt. Zartbesaitete Wissenschaftler haben in diesem brutalen Großkampf wenig zu melden, möchte man meinen. Doch der Schein trügt. Ökonomen spielen im mexikanischen Drogenkrieg eine wichtige Rolle.

Wirtschaftswissenschaftler sind in den vergangenen Jahren bei Polizisten, Staatsanwälten und Armeegenerälen zu sehr gefragten Beratern geworden. Der Grund: Sie haben einzigartige Methoden entwickelt, Verbrechen aufzudecken. Eine ganze Fachrichtung innerhalb der Wirtschaftswissenschaften beschäftigt sich inzwischen mit dem Kampf gegen die Kriminalität. »Forensische Ökonomik« heißt diese Disziplin. Wie die forensische Medizin, die medizinisches Wissen nutzt, um Verbrechen aufzuklären, benutzen forensische Ökonomen die Waffen der Wirtschaftswissenschaft, um Kriminelle zu stoppen. Statt Maschinengewehre und Elitesoldaten schicken sie Modelle und mathematische Formeln ins Feld.

Zahlreiche Ökonomen haben sich dabei in den vergangenen Jahren als echte Meisterdetektive entpuppt. Eigentlich kein Wunder, denn das Verbrechen ist in den meisten Fällen ein ökonomisches Problem. Vielen Kriminellen geht es schließlich vor allem ums Geld, und deswegen hinterlassen sie bei ihren Verbrechen oft ökonomische Spuren. Wirtschaftswissenschaftler können diese Spuren lesen. So können sie herausfinden, wie Schmuggler ihre heiße Ware tarnen. Oder Waffenhersteller entlarven, die sich nicht an Handelsembargos halten und weiterhin Gewehre in Bürgerkriegsländer liefern. Und einige Ökonomen können sogar mexikanischen Drogenhändlern in den Kopf schauen.

Die Rauschgift-GmbH

Aus rein ökonomischer Sicht ist der Drogenhandel eine spektakuläre Erfolgsgeschichte. Allein in den USA erwirtschaften mexikanische Drogenhändler jedes Jahr einen Umsatz von bis zu 50 Milliarden Euro, schätzt das US State Department. Das schaffen sonst nur Weltkonzerne wie Microsoft oder Pepsi. Wäre er nicht in einer so tödlichen Branche tätig, hätte es Miguel Trevino Morales alias Z-40 wohl in die berühmten Bestenlisten des US-Wirtschaftsmagazins Fortune geschafft, statt im Gefängnis zu landen. Der Drogenhandel spielt aber nicht nur beim Umsatz in einer ähnlichen Liga wie Microsoft oder Pepsi. Die Rauschgiftverkäufer haben bei ihrer Arbeit auch mit ähnlichen Problemen zu kämpfen wie legale Unternehmen dieser Größenordnung. Zum Beispiel brauchen sie eine ausgeklügelte Logistik, um das Heroin von den Mohnfarmen und Drogenlaboren in Mexiko zu den Kunden in die USA zu bringen. Dabei nutzen die Kartelle sogar die gleichen Transportwege wie Autohersteller, Spielzeugexporteure oder Weizenproduzenten. Drogen werden per Flugzeug, auf Schiffen oder in Lastwagen geschmuggelt und kommen meistens über die gleichen Häfen und Grenzübergänge ins Zielland wie harmlose Waren. Weil sich die Drogenkartelle in vielen Bereichen ähnlich wie normale Unternehmen verhalten, sind Ökonomen so gefragte Ratgeber im Kampf gegen den Drogenhandel. Schließlich haben sie jahrzehntelang geforscht, um das Handeln von Unternehmen zu verstehen und vorherzusagen.

Besonders wertvoll für Polizei und Drogenfahnder sind die Erkenntnisse von Ökonomen, die sich mit Logistikforschung beschäftigen. Sie versuchen mit Modellen zu berechnen, wie Unternehmen ihre Waren möglichst günstig und schnell zu den Kunden bringen können. Diese Modelle müssten doch eigentlich auch für Drogenhändler gelten, dachte sich die Ökonomin Melissa Dell, die an der Harvard Universität in den USA forscht. Sie machte sich folglich daran, die Theorien der Transportforschung im mexikanischen Drogendschungel zu testen. Zunächst trug sie alle Daten zusammen, die sie über die Aktivitäten der Drogenbanden finden konnte. Sie las Polizeiakten, um herauszufinden, wo die Polizisten die meisten Drogen konfiszierten, und untersuchte anhand von Kriminalitätsstatistiken, wo der Drogenkrieg am heftigsten wütete. Schnell stellte sie fest: Die mexikanischen Drogenkartelle organisieren ihre Logistik tatsächlich wie andere Großkonzerne, die ihre Waren über große Distanzen transportieren müssen. Mit einem Logistikmodell, das auf den Erkenntnissen von Transportforschern aufbaut, berechnete Dell die günstigsten Schmuggelrouten für mexikanische Drogenhändler. Sie konnte exakt sagen, welche Straßen und Grenzübergänge die Schmuggler benutzen müssen, um ihre Ware möglichst günstig in die USA zu bringen. Anschließend verglich sie die Ergebnisse des Modells mit den Berichten der Polizei. Und tatsächlich schienen die Drogenkuriere vor allem auf den Routen unterwegs zu sein, die das Modell der Transportforscher vorgeschlagen hatte.

Die Logistikabteilungen der Drogenkartelle machen also offenbar einen guten Job und halten sich an die neuesten Erkenntnisse der Transportforschung. Doch damit machen sich die Rauschgifthändler auch berechenbar. Das Modell, mit dem Dell die Routen der Drogenkuriere untersucht hat, lässt sich auch als mächtige Waffe einsetzen. Denn es zeigt nicht nur, wie man Drogen am besten durch Mexiko in die USA schmuggelt, sondern auch, wo die Polizei den Drogenkartellen besonders wehtun kann. Derartige Modelle werden in der Transportforschung zum Beispiel eingesetzt, um herauszufinden, wie Unternehmen auf Hindernisse reagieren können, die ihre normalen Routen blockieren. Wenn eine Autobahnbrücke gesperrt ist oder ein Hafen nicht mehr angefahren werden kann, berechnen die Modelle die optimalen Ausweichrouten. Auch Drogenkuriere müssen ständig Hindernisse umgehen. Wenn Polizei und Armee in einem Gebiet besonders viele Kontrollpunkte aufbauen und die Verstecke der Drogenkartelle durchsuchen, können die Kuriere ihre normale Route nicht mehr benutzen und müssen das Gebiet umgehen. Ökonomin Dell konnte zeigen, dass die Drogenkuriere auf die Razzien von Polizei und Armee oft exakt so reagierten wie vom Modell der Transportforscher vorausgesagt. Um die Kontrollen zu umgehen, wählten sie genau die Ausweichrouten, die nach dem Logistikmodell am schnellsten und günstigsten waren.

Melissa Dell kennt also nicht nur die Routen, auf denen die Drogenhändler ihren Stoff normalerweise schmuggeln. Sie weiß auch, wohin die Kuriere ausweichen, wenn die Polizei in einem Gebiet ihre Kontrollen verschärft, sodass die Behörden wissen, welche Gebiete in diesem Fall kontrolliert werden müssen, um die Arbeit der Drogenhändler zu erschweren. Am besten wäre es natürlich, alle Straßen rund um die Uhr zu überwachen, doch dafür fehlt es in Mexiko an Polizisten und Soldaten, die deswegen möglichst effektiv eingesetzt werden müssen. Sie sollen vor allem zentrale Knotenpunkte kontrollieren, die für den Transport des Rauschgiftes besonders wichtig sind. Um diese Punkte zu finden, drehte Dell das Transportmodell um: Statt die günstigste Route zu berechnen, analysierte sie nun, welche Straßen man blockieren muss, um den Transport so stark wie möglich zu verteuern.

Im Prinzip lässt sich die optimale Verteilung von Polizisten und Soldaten auf die mexikanischen Schmuggelrouten mit dem Modell exakt berechnen. Doch das Modell ist dermaßen komplex, dass selbst extrem schnelle Computer für diese Rechnung sehr lange brauchen würden. Melissa Dell konnte mit einigen vereinfachenden Annahmen jedoch eine Lösung finden, die dem optimalen Ergebnis schon recht nahe kommt. So konnte sie mehrere Punkte in den Schmuggelrouten identifizieren, die für die Drogenkartelle besonders wichtig und nur schwer zu umgehen sind. Damit hat sie den Drogenfahndern in Mexiko einen Einsatzplan geliefert, mit dem sie die Kosten der Drogenkartelle stark steigen lassen können. Und wenn die Transportkosten steigen, lohnt sich so mancher Schmuggel nicht mehr. Darauf reagieren Drogenhändler dann genau wie andere Unternehmen: Sie müssen unrentable Geschäftszweige schließen und es werden weniger Drogen verkauft. Die Kosten einer Straftat steigen zu lassen, ist eine sehr elegante Art der Verbrechensbekämpfung. Man schlägt dabei die Kriminellen, die oft wie Unternehmen handeln, mit den Waffen der Wirtschaft. Wie man diese Waffen richtig anwendet, können Ökonomen wie Melissa Dell der Polizei beibringen.

Ökonomen sind aber nicht nur im mexikanischen Drogenkrieg wertvolle Berater. Auch kriminelle Waffenhändler müssen sich vor ihnen in Acht nehmen. Denn Ökonomen haben eine Methode entwickelt, um deren todbringenden Geschäften auf die Spur zu kommen.

Die Rendite des Bürgerkriegs

Waffen zu bauen und zu verkaufen ist ein sehr profitables Geschäft. Vor allem deutsche und US-amerikanische Waffenhersteller erwirtschaften jedes Jahr hohe Gewinne mit dem Verkauf von Panzern, Flugabwehrraketen, Kampfflugzeugen und Sturmgewehren. Seit einigen Jahren drängen auch zahlreiche russische und chinesische Waffenschmieden auf den lukrativen Markt. Einen großen Teil ihrer gefährlichen Waren liefern Waffenfirmen ins

Ausland. Irgendwo ist immer Krieg und deshalb braucht auch immer irgendeine Armee oder Rebellengruppe neue Panzer, Raketenwerfer oder Maschinengewehre. Meistens sind diese Waffenlieferungen vollkommen legal und die Unternehmen müssen lediglich eine Ausfuhrgenehmigung der Regierung einholen, um ihre Gewehre und Panzer an ausländische Kunden zu verkaufen.

Doch nicht jedes lukrative Geschäft im internationalen Waffenhandel ist erlaubt. Die Vereinten Nationen können gegen einzelne Länder Handelsembargos für Waffenlieferungen verhängen. In diese Länder dürfen Unternehmen dann keine Waffen mehr exportieren. Tun sie es doch, drohen hohe Strafen. Mit derartigen Waffenembargos sollen Bürgerkriege, wie sie seit Jahrzehnten vor allem in Afrika immer wieder ausbrechen, ausgetrocknet werden. Wenn Rebellengruppen, die gegen die Armee um die Macht streiten, keine Waffen und Munition mehr bekommen, können sie irgendwann nicht mehr weiterkämpfen. Oft geht dieser Plan aber nicht auf, weil meistens trotz eines Waffenembargos munter weitergekämpft wird. Sowohl die Rebellengruppen als auch die Armee scheinen in vielen Fällen weiterhin problemlos an Waffen zu kommen. Ein Grund dafür: Waffenhersteller, die sich nicht an die Handelsverbote halten.

Diese schwarzen Schafe zu finden, ist schwierig. Sie verschicken ihre Gewehre schließlich nicht einfach per Paket mit Absender, sondern lassen die Waffen von Mittelsmännern und Waffenhändlern über die Grenze schmuggeln. Doch selbst wenn es gelingt, die Ware unbeobachtet in ein Bürgerkriegsland zu bringen, hinterlassen die Waffenhersteller einige verräterische Spuren bei ihren kriminellen Geschäften.

Um diese Spuren zu finden, haben sich Ökonomen mächtige Verbündete an die Seite geholt: Börsenhändler. Die Börse ist für Ökonomen ein faszinierender Ort. Denn hier braucht man manchmal nicht mehr als ein paar gute Informationen, um eine Menge Geld zu verdienen. Wer zum Beispiel 2006 wusste, dass der Computerkonzern Apple an einem Handy mit Touchscreen arbeitet, ist heute wahrscheinlich reich. Damals kosteten Apple-Aktien um die 70 Euro. Fünf Jahre später stand der Aktienkurs von Apple nahezu zehnmal so hoch. iPhone und iPad hatten Apple in kürzester Zeit zu einem der wertvollsten Unternehmen der Welt gemacht. Wie viel Geld Investoren an der Börse verdienen, hängt also vor allem davon ab, wie sich das Unternehmen, dessen Aktien sie kaufen, in Zukunft entwickeln wird. Forscht die Entwicklungsabteilung gerade an einem neuen vielversprechenden Produkt oder hat das Unternehmen gute Chancen, einen lukrativen Großauftrag an Land zu ziehen, sollten Investoren einsteigen und Aktien kaufen. Börsenhändler versuchen daher so viele Informationen wie möglich in die Hände zu bekommen. Wie Detektive forschen sie auf ihrer Suche nach Rendite Unternehmen und Märkte aus. Und dabei fördern sie manchmal auch Informationen zutage, die eigentlich verborgen bleiben sollten.

Besonders wichtig für Investoren sind gute Quellen. Manchmal kennen sie vielleicht jemanden, der in der Forschungsabteilung eines großen Unternehmens arbeitet, und wissen daher, mit welchem Produkt das Unternehmen demnächst auf den Markt kommen wird. Diesen Informationsvorsprung können sie ausnutzen, in dem sie schneller als andere Anleger Aktien des Unternehmens kaufen und sie damit noch relativ billig bekommen. Das ist eine schlaue Strategie, um an der Börse viel Geld zu verdienen, nur leider ist sie verboten. Der sogenannte Insiderhandel ist in vielen Ländern eine Straftat. Trotzdem versuchen Investoren natürlich immer wieder an Insiderinformationen zu gelangen, vor allem in Ländern, in denen die Finanzmarktaufsichtsbehörden nicht so genau hinsehen. Für Ökonomen auf der Jagd nach kriminellen Waffenhändlern ist das ein Vorteil, denn auch Waffenschmuggel ist eine Insiderinformation, mit der an der Börse Geld verdient wird.

Für eine Studie, die 2010 in der renommierten Fachzeitschrift »American Economic Journal« erschienen ist und wohl auch von den Embargowächtern bei den Vereinten Nationen mit großem Interesse gelesen wurde, haben die beiden Wirtschaftswissenschaftler Stefano DellaVigna und Eliana La Ferrara die Aktienkurse von 153 Waffenherstellern untersucht. In den

Kursdiagrammen suchten die Forscher nach auffälligen Mustern. Wie das Geschäft für Waffenhersteller läuft, hängt vor allem davon ab, wie sich die Kriege auf der Welt entwickeln. Frieden ist in dieser Branche eher schlecht für das Geschäft. Wenn es nirgendwo Menschen gibt, die aufeinander schießen, verdienen Rüstungsunternehmen nur wenig Geld. Viele Börsenhändler werden daher in friedlichen Zeiten Aktien von Rüstungsunternehmen verkaufen und damit den Aktienkurs sinken lassen. Wenn jedoch irgendwo ein neuer bewaffneter Konflikt ausbricht oder ein Waffenstillstand gebrochen wird, sind das für Waffenhersteller gute Nachrichten. Denn dadurch steigt plötzlich die Nachfrage nach Gewehren, Panzern und Munition. Die Händler an der Börse werden in einem solchen Fall schnell Aktien von Unternehmen kaufen wollen, die Waffen produzieren, und damit deren Kurse nach oben treiben.

An den Aktienkursen von Rüstungsunternehmen lässt sich daher der Verlauf von Kriegen auf der ganzen Welt ablesen. Das ist für Unternehmen, die versuchen, ein Waffenembargo zu umgehen, ein großes Problem. Um diese Firmen zu finden, recherchierten die beiden Ökonomen Stefano DellaVigna und Eliana La Ferrara ausführlich den Verlauf von Bürgerkriegen in acht Ländern. Für die Konflikte in Angola, Äthiopien, Liberia, Ruanda, Sierra Leone, Somalia, dem Sudan und dem ehemaligen Jugoslawien stellten die Forscher eine Liste mit den wichtigsten Kriegsereignissen zusammen. Sie konzentrierten sich auf Ereignisse, die den Konflikt weiter angeheizt hatten. Zum Beispiel die Gründung einer neuen Rebellengruppe oder der Sturz eines Präsidenten. In diesen Fällen konnte die Waffenindustrie auf gute Geschäfte hoffen, denn Rebellen und Armee benötigten für die neue Phase des Krieges neue Waffen und Munition. Doch von der Verschärfung eines Bürgerkrieges in den untersuchten Ländern konnten eben nur Firmen profitieren, die es mit Waffenembargos nicht so genau nahmen, denn die Vereinten Nationen hatten die Lieferung von Waffen in die Krisengebiete verboten. Um Waffenschmuggler zu enttarnen, mussten die beiden Ökonomen daher lediglich beobachten, bei welchen Firmen die Aktienkurse auf wichtige Kriegsereignisse in den acht Krisenländern verdächtig stark reagierten.

Viele der großen Waffenfirmen aus den USA und Europa schienen sich an das Embargo zu halten, stellten die Ökonomen fest. Bei einigen sank der Aktienkurs sogar, als die Kämpfe in den Bürgerkriegsstaaten stärker wurden, denn für gesetzestreue Waffenhersteller waren das schlechte Nachrichten. Durch die neuen Kämpfe stieg die Wahrscheinlichkeit, dass das Waffenembargo noch lange in Kraft bleiben würde und die Firmen auch weiterhin keine Waffen in diese Staaten liefern durften. Bei anderen Firmen fanden Stefano DellaVigna und Eliana La Ferrara jedoch sehr auffällige Muster in den Aktienkursen. Vor allem einige kleinere Waffenhersteller waren an den Tagen, als in einem der Länder ein Bürgerkrieg eskalierte, plötzlich an der Börse sehr beliebt. Insbesondere die Kämpfe in Angola 1998 und in Liberia 2003 beflügelten die Aktienkurse einiger Firmen geradezu. Anscheinend wussten die Börsenhändler, dass diese Unternehmen Wege gefunden hatten, das Waffenembargo zu umgehen, und daher in den Bürgerkriegsländern gute Geschäfte machen würden. Die beiden Ökonomen vermuteten, dass viele Unternehmen dafür wahrscheinlich Zöllner bestochen hatten und so ihre illegalen Waffenexporte über die Grenze bekommen konnten. In Ländern, in denen Korruption weit verbreitet ist, wie etwa in Russland oder Brasilien, reagierten die Aktienkurse von Waffenherstellern deutlich stärker auf den Verlauf von Bürgerkriegen als zum Beispiel die Kurse von ähnlichen Firmen in Deutschland oder den USA.

Natürlich liefert die Aktienkursanalyse von Stefano DellaVigna und Eliana La Ferrara noch keine endgültigen Beweise für illegalen Waffenhandel. Die Aktienkurse von Rüstungsunternehmen können schließlich auch aus anderen Gründen steigen. Vielleicht hat ein Unternehmen zufällig gerade eine neue Waffe entwickelt und die Börsenhändler kaufen nur deswegen plötzlich wie verrückt Aktien, weil sie glauben, dass die neue Waffe ein Verkaufsschlager wird. Mit den Ereignissen in einem Bürgerkrieg und verbotenem Waffenhandel hätte der steigende Aktienkurs dann nichts zu tun. Wenn aber der Aktienkurs eines Waffenherstellers gleich mehrfach auf die Ereignisse in einem Bürgerkrieg reagiert, ist das zumindest ein starkes Indiz, dass die Firma illegale Geschäfte macht. Die Methode der Ökonomen funktioniert daher wie ein Frühwarnsystem. Sie liefert den Embargowächtern bei den Vereinten Nationen und Zollbehörden in der ganzen Welt wertvolle Hinweise, bei welchen Waffenherstellern sie genauer hinschauen sollten. Weil sie oft nicht genügend Mitarbeiter haben, um sämtliche Exporte der Waffenhersteller detailliert überwachen zu können, sind solche Hinweise sehr wertvoll. Börsenkurse lassen sich schnell und ohne allzu großen Aufwand analysieren. Daher kann man mit dieser Methode viele Firmen gleichzeitig beobachten.

Die Börse ist für die Verbrechensbekämpfung eine wahre Wunderwaffe. Mit der Schwarmintelligenz der Börsenhändler und dem Wissen von gut informierten Insidern lassen sich auch bestens gehütete Geheimnisse aufdecken. Der große Vorteil bei dieser Methode ist, dass die Detektivökonomen die Indizien, mit denen sie Verbrecher überführen, quasi frei Haus geliefert bekommen. Sie müssen nicht im Grenzgebiet eines Bürgerkriegslandes auf der Lauer liegen, um herauszufinden, wer Waffen in das Land schmuggelt, sondern können die kriminellen Waffenhändler bequem am Computer überführen. Jede Kursbewegung an den Börsen wird dauerhaft gespeichert und kann auch Jahre später noch abgerufen werden. Mit ihren statistischen Werkzeugen können Ökonomen in diesen Daten die Spuren des Verbrechens finden und aufdecken. Und nicht nur an der Börse finden Ökonomen detailliertes Datenmaterial. Auch staatliche Behörden wie der Zoll führen ganz genau Buch über die Waren, die die Grenzen eines Landes überqueren. Diese Zollstatistiken sind für Ökonomen auf der Jagd nach Verbrechern ebenfalls eine sehr ergiebige Quelle, denn dort passieren manchmal wundersame Dinge. Es finden sich Spuren von jahrtausendealten Schätzen und Hühnchen verwandeln sich urplötzlich in Puten.

Verwirrendes Geflügel und alte Schätze

Nicht immer wollen Schmuggler gleich internationale Sanktionen brechen, wie die Waffenhersteller, die Stefano DellaVigna und Eliana La Ferrara überführt haben. Manchmal geht es ihnen einfach darum, ein bisschen Geld zu sparen. Die Welt hat zwar in den vergangenen Jahrzehnten eine wahre Revolution des Freihandels erlebt, doch Unternehmen, die ihre Waren ins Ausland verkaufen, müssen noch immer viel Geld für Zölle ausgeben. Viele Staaten erheben weiterhin Abgaben auf ausländische Produkte – entweder um die Staatskasse zu füllen oder um die einheimische Industrie zu schützen, denn Zölle machen Importprodukte zu einem teuren Vergnügen. Wenn es Unternehmen gelingen würde, sich um die Zahlungen an der Grenze zu drücken, könnten sie ihre Gewinne zum Teil deutlich steigern. Was die Sache noch verlockender macht: Zollkontrollen sind oft äußerst löchrig. Wie schwer es für die Beamten ist, zu überwachen, ob jeder seine Zollgebühren bezahlt, kann man am Flughafen beobachten. Wenn Urlauber nach einem Auslandsflug durch die Zollkontrolle gehen, suchen sich die Zöllner lediglich einzelne Passagiere heraus, die ihnen verdächtig erscheinen. Sie haben nicht genug Zeit und Personal, um bei jedem Passagier die Koffer zu durchwühlen. Vielen Urlaubern gelingt es so, eine teure Uhr oder einen neuen Laptop durch die Kontrollen zu schmuggeln und sich die teuren Zölle zu sparen.

Bei Unternehmen, die ihre Waren in ein anderes Land liefern, schauen die Zöllner zwar meistens etwas genauer hin als bei Urlaubern, schließlich geht es um deutlich höhere Gebühren. Aber auch hier schaffen sie es nicht, jeden Container zu öffnen und zu überprüfen, ob die Waren korrekt verzollt wurden. Die Zollbeamten müssen sich ebenfalls größtenteils auf Stichproben verlassen. Viele Container kommen daher völlig unbehelligt ins Land und niemand weiß, was sich wirklich darin befindet. Für Unternehmen sind die löchrigen Kontrollen ein großer Anreiz, den wahren Inhalt der Container zu verschweigen. Wenn zum Beispiel der Zoll auf Kaffee höher ist als der auf Tee, könnte ein Unternehmen in den Zollpapieren einfach schreiben, dass in seinen Containern Tee- statt Kaffeesäcke liegen. Wenn niemand den Container aufmacht, kommt das Unternehmen mit dem Schmuggel durch und hat viel Geld gespart.

Unternehmen, die ihre Waren ins Ausland exportieren, müssen aber nicht nur bei der Zollbehörde des Ziellandes angeben, was sich in ihren Containern befindet. Auch bei der Ausreise aus dem Herkunftsland werden die Waren vom Zoll erfasst. Hier haben Unternehmen wenig Grund über den Inhalt der Container zu lügen, denn auf Waren, die ein Land verlassen, werden keine Zölle erhoben. Sie füllen die Zollpapiere also meistens ehrlich aus, schließlich wollen sie nicht grundlos Ärger mit den Beamten an der Grenze. Der Kaffee- und Tee-Exporteur schreibt daher, dass in seinen Containern tatsächlich Kaffee liegt. Erst im Zielland lügt er den Zoll an und behauptet, dass er Tee verkaufen will. Dadurch kommt es zu einer wundersamen Lücke in den internationalen Zollstatistiken. Im Zielland kommt viel mehr Tee an, als im Herkunftsland ausgeführt wurde. Dafür verschwinden auf dem Papier plötzlich riesige Mengen Kaffee.

Die Ökonomen Raymond Fisman und Edward Miguel haben sich darauf spezialisiert, diese Lücken in den Zollstatistiken auszuwerten. Damit wollen sie die Methoden der Schmuggler entschlüsseln und Zollbehörden Hinweise geben, an welchen Häfen und Grenzübergängen besonders viele Waren falsch deklariert werden. Um ihre Methode zu testen, werteten sie Daten aus dem Handel zwischen China und der Sonderwirtschaftszone Hongkong aus. Die ehemalige britische Kolonie Hongkong gehört zwar inzwischen wieder zu China, hat aber weiterhin einen Sonderstatus. Unternehmen aus Hongkong müssen daher Zölle zahlen, wenn sie Waren auf das chinesische Festland exportieren wollen. Fisman und Miguel verglichen die Statistiken der Zollbehörden in Hongkong mit denen in China und fanden bemerkenswerte Unterschiede. Vor allem Geflügelexporteure und Hersteller von industriellen Bohrmaschinen schienen es mit den Zollzahlungen nicht so ernst zu nehmen.

Kaffee für Tee auszugeben, ist ein ziemlich plumper und riskanter Versuch, sich um Zölle zu drücken. Denn sollte ein Zöllner doch mal einen Container aufmachen, wird er den Schmuggelversuch schnell durchschauen. Weil Unternehmen, die beim Schmuggeln erwischt werden, hohe Strafen bis hin zu einem Importverbot drohen, ist das Risiko bei Kaffee und Tee vielen zu groß. Anders sieht das bei Gütern aus, die sich auf den ersten Blick nur schwer voneinander unterscheiden lassen. Zum Beispiel Hühner und Puten.

Geflügel sind für Schmuggler eine perfekte Ware, wie Fisman und Miguel mit ihrer Analyse der Zolldatenbanken in Hongkong und China zeigen konnten. Geschlachtet und ohne Federn sehen sich Hühner und Puten zumindest auf den ersten Blick durchaus ähnlich, vor allem wenn sie zu Tausenden in einem Container liegen. Der chinesische Zoll behandelte die beiden Geflügelarten aber völlig unterschiedlich: Der Zoll auf Hühner war 1998, dem Jahr, aus dem die Daten der Ökonomen stammen, höher als der auf Puten. Die Ökonomen konnten zeigen, dass viele Geflügelexporteure diesen Unterschied ausnutzten und beim chinesischen Zoll behaupteten, Puten zu verkaufen, obwohl in ihren Containern Hühner lagen. In der Exportstatistik des Zolls in Hongkong tauchten viel mehr Hühner auf, die angeblich nach China verkauft worden waren, als in den chinesischen Zollstatistiken am Ende wirklich ankamen. Dafür importierte China laut den Dokumenten des Zolls viel mehr Puten aus Hongkong, als dort überhaupt exportiert wurden. Auf dem kurzen Weg von Hongkong nach China verwandelten sich offenbar zahlreiche Hühner wundersam in Puten. Eine solche Verwandlung ist ein klares Zeichen, dass Schmuggler am Werk sind.

Geflügelhändler waren aber nicht die einzigen Unternehmen, die Unterschiede bei den Zollraten ausnutzten, um Gebühren zu sparen. Fisman und Miguel konnten mit den Daten der Zollbehörden in Hongkong und China zeigen, dass auch viele Hersteller von industriellen Bohrmaschinen offenbar den Zoll betrogen. Sie gaben bei der Einreise nach China an, computergesteuerte Bohrmaschinen verkaufen zu wollen, obwohl sie eigentlich eine andere Art der Maschinen geladen hatten. Denn auch bei den unterschiedlichen Varianten von Bohrmaschinen gab es deutliche Unterschiede bei den Zolltarifen. Für computergesteuerte Maschinen verlangten die chinesischen Behörden zum Beispiel niedrigere Zölle. Zollbeamte ohne technisches Wissen können bei einer kurzen Stichprobe aber nur schwer unterscheiden, um welche Art von Bohrmaschine es sich handelt. Daher kam es zu einem ähnlichen Szenario wie bei den Hühnern, die für Puten ausgegeben wurden: Ähnliche Produkte, aber unterschiedliche Zolltarife – eine Steilvorlage für Schmuggler.

Mit dem Vergleich von Zollstatistiken konnten die beiden Ökonomen aufdecken, wie Schmuggler arbeiten, und Zöllnern hilfreiche Tipps geben. In ihrer Studie konnten sie jedoch lediglich einen Blick in die Vergangenheit werfen, denn ihre Daten stammen aus den 1990er-Jahren. Aktuellere Statistiken wollten die chinesischen Zollbehörden den Ökonomen leider nicht zur Verfügung stellen. Aber die Methode der Ökonomen würde auch in Echtzeit funktionieren. Wenn Zollbehörden ihre Statistiken direkt veröffentlichen würden, könnten die Forscher die weltweiten Handelsströme zeitnah überwachen und Schmuggler schnell enttarnen. Aus den Statistiken könnten sie sogar herauslesen, an welchen Häfen Schmuggler besonders aktiv sind, und wo Zollgesetze zum Betrug einladen. Vor allem für die chinesischen Zollbehörden würde sich die Methode eignen, denn der Schmuggel zwischen China und Hongkong ist weiterhin ein großes Problem. Inzwischen versuchen zum Beispiel viele Weinimporteure, sich um die hohen Zölle auf Luxusgüter zu drücken, indem sie teure Edelweine als billigen Fusel ausgeben. Wenn die chinesischen Zöllner nicht gerade Weinprofis sind, können sie diesen Trick bei ihren Stichproben nur schwer aufdecken.

Um solche Schlupflöcher für Schmuggler zu schließen, haben die Ökonomen zahlreiche Vorschläge ausgearbeitet: Für Produkte, die überforderte Zöllner auf den ersten Blick nur schwer voneinander unterscheiden können, wie Hühner und Puten, unterschiedliche Arten von Industriemaschinen oder Weine, sollten auch die gleichen Zölle gelten. Und wenn die Zollbehörden ihre Statistiken direkt untereinander austauschen würden, würde diese Art des Schmuggels deutlich häufiger auffliegen.

Die umfangreichen Datenbanken der Zollbehörden liefern Ökonomen aber nicht nur Hinweise auf Unternehmen, die sich um hohe Importzölle drücken wollen. Mit den Statistiken lassen sich auch Grabräuber und Kunstschmuggler enttarnen. Denn auch beim Handel mit Kunst und archäologischen Funden spielen die Zollbehörden eine wichtige Rolle, wie so mancher Türkeiurlauber schon schmerzhaft erfahren musste.

Die Türkei ist für Archäologen ein wahres Paradies. Es gibt zahlreiche Ausgrabungsstätten, auf denen Archäologen zum Teil sogar Relikte aus der Steinzeit finden, wie etwa in Göbekli Tepe, einem der bekanntesten Ausgrabungsorte im Osten der Türkei. Um zu verhindern, dass die wertvollen Funde später in ausländischen Museen landen, hat die Türkei strenge Gesetze erlassen. Wer Kunstgegenstände und archäologische Funde exportieren will, braucht eine Ausnahmegenehmigung, und die ist meistens schwer zu bekommen. Auch andere Länder, in denen Archäologen nach Schätzen graben, haben derartige Gesetze. Wie streng die Gesetze sind, merken manchmal auch Urlauber, wenn sie am Zoll herausgewunken werden, weil sie einige Steine vom Strand im Gepäck haben. Wer nicht unbedingt mal eine Nacht in einem türkischen oder ägyptischen Gefängnis verbringen möchte, sollte die schönen Steine lieber liegen lassen.

Für Touristen mit Andenken im Gepäck und professionelle Artefaktschmuggler ist der Zoll aber oft nur bei der Ausreise ein Problem. Wer es unentdeckt durch die Zollkontrollen beim Abflug schafft, hat nur noch wenig zu befürchten. Bei der Ankunft im Heimatland interessieren sich die Zollbeamten meistens wenig für die alten Steine, weil darauf in der Regel keine Zölle erhoben werden. Schmuggler haben daher in vielen Fällen keinen Grund, die Zöllner am Ankunftsflughafen über ihre archäologischen Funde zu belügen. Die Situation ist also ähnlich wie bei den Hühnern, Bohrmaschinen und Weinen, die von Hongkong nach China exportiert werden: Bei einer Zollkontrolle wird die Wahrheit gesagt, bei der anderen gelogen.

Fisman und sein Kollege Shang-Jin Wei, der ebenfalls an der Columbia University in New York arbeitet, verglichen deswegen die Zollerklärungen aus Ländern mit großen archäologischen Ausgrabungsstätten, wie Ägypten und Griechenland, mit denen aus Ländern, die einen großen Markt für Kunstwerke und historische Objekte haben, wie die USA, Deutschland, Großbritannien, Kanada und die Schweiz. Für jedes dieser fünf Zielländer fanden sie in den Zollstatistiken deutliche Spuren von Schmuggel. Es wurden stets deutlich mehr archäologische Funde importiert als aus den Herkunftsländern exportiert. Die Ökonomen konnten mit ihren Daten sogar herausfinden, aus welchen Ländern Schmuggler besonders viele Fundstücke entführten. Ägypten und Mexiko sollten ihre Zollkontrollen an der Grenze deutlich verschärfen, zeigte ihre Analyse. Aber auch aus Griechenland, dem Iran und Russland wurden in den Jahren zwischen 1996 und 2005, aus denen die Daten stammen, viele wertvolle Stücke herausgeschmuggelt. Die Türkei hingegen schaffte es ziemlich gut, die archäologischen Funde im Land zu halten. Die strengen türkischen Zollkontrollen scheinen also zu wirken.

Dass die Unterschiede in den Zollstatistiken eine andere Erklärung haben und nichts mit Schmuggel zu tun haben, konnten die Ökonomen mit einem einfachen Test ausschließen. Sie schauten sich auch die Daten über den internationalen Handel mit Spielzeug an. Wenn zum Beispiel ägyptische Zollbehörden lediglich etwas schlampiger arbeiten als US-amerikanische und nur deswegen viele Güter auf den Zollerklärungen in Ägypten nicht auftauchen, müsste dieser Effekt auch bei harmlosen Gütern wie Spielzeug zu finden sein, die eher selten geschmuggelt werden. Doch bei den Spielzeugimporten stimmten die Zollerklärungen aus dem Herkunftsland oft sehr genau mit denen aus dem Zielland überein, ein starkes Indiz dafür, dass hinter den widersprüchlichen Zollstatistiken für archäologische Fundstücke wirklich Schmuggler steckten.

Drogenkuriere, Waffenhändler und Schmuggler müssen sich also nicht nur vor Polizisten und Zöllnern in Acht nehmen. Auch Ökonomen sind eine große Bedrohung für ihre kriminellen Geschäfte. Denn den ökonomischen Detektiven reichen oft schon kleine Spuren, um Verbrechen aufzudecken. Zum Beispiel verräterische Kursbewegungen an der Börse, an denen sie ablesen können, welche Waffenhersteller ein Handelsembargo brechen und damit Bürgerkriege weiter anheizen. Auch geschickten Schmugglern kommen sie so auf die Spur und unterstützen damit die Arbeit der Zollbehörden in zahlreichen Ländern. Selbst mexikanische Drogenkartelle sind, wie wir gesehen haben, nicht vor Ökonomen sicher: Dank ihrer mathematischen Modelle sind sie den Rauschgiftkurieren immer einen Schritt voraus und können Polizisten wertvolle Tipps geben.

Literatur

Stefano DellaVigna, Eliana La Ferrara (2010). *Detecting Illegal Arms Trade*

Melissa Dell (2011). *Trafficking Networks and the Mexican Drug War*

Raymond Fisman, Shang-Jin Wei (2004). *Tax Rates and Tax Evasion: Evidence from ›Missing Imports‹ in China*

Raymond Fisman, Shang-Jin Wei (2007). *The Smuggling of Art, and the Art of Smuggling: Uncovering the Illicit Trade in Cultural Property and Antiques*

ÖKONOMEN BEKÄMPFEN DIE KORRUPTION

Palmen, Bananenstauden und Zitrusbäume – schon an der Vegetation sieht man, dass Sotschi weit weg vom großen Rest Russlands ist. Selbst der gefürchtete russische Winter verläuft hier eher sanft. Während Moskau und St. Petersburg im Schnee versinken, ist es in Sotschi noch milde zehn Grad warm. Die Stadt liegt auf dem südlichsten Zipfel des riesigen Landes, direkt an der Küste des Schwarzen Meeres, und genießt daher ein für russische Verhältnisse untypisches, subtropisches Klima. Zu Zeiten der Sowjetunion ließ Josef Stalin hier einen Kurort für verdiente Arbeiter des Weltkommunismus errichten und auch heute noch fahren viele Russen gerne an die sonnigen Strände der landeseigenen Schwarzmeerküste. Doch auch wenn das Wetter oft nicht danach aussieht: Sotschi ist Russland, und das merkt man spätestens, wenn man sich die Rechnungen anschaut, die viele Bauunternehmer aus Sotschi in den vergangenen Jahren nach Moskau geschickt haben.

2014 werden in Sotschi die 22. olympischen Winterspiele ausgetragen. Eigentlich ist eine Stadt mit subtropischem Klima nicht gerade ein idealer Ort für Wintersport, doch nur 40 Kilometer von Sotschi entfernt beginnt der Kaukasus, dessen Berge teilweise über 5000 Meter hoch sind. Hier sollen Skifahrer, Snowboarder und Bobfahrer um Medaillen kämpfen. Genauso imposant wie die Bergkulisse des Kaukasus ist allerdings auch die Summe, die das Prestigeprojekt den russischen Staat kostet. Schon jetzt ist klar: Die Winterspiele in Sotschi werden die teuerste Olympiade aller Zeiten werden.

Um aus dem ehemaligen Sowjetkurort einen schillernden Austragungsort für ein internationales Großereignis zu machen, muss die russische Regierung viel Geld in die Hand nehmen. Moderne Stadien, Pressezentren, Hotels, Schnellstraßen – Olympische Spiele sind ein teurer Spaß. Das haben auch schon andere Austragungsländer zu spüren bekommen. Die Sommerolympiade 2008 in Peking soll rund 40 Milliarden Dollar gekostet haben. Dass Sotschi diese Summe noch einmal deutlich übertreffen wird, liegt an einem altbekannten russischen Problem.

Unternehmen, die in Sotschi neue Stadien oder Straßen bauen möchten, brauchen nicht nur gute Ingenieure, sondern auch erstklassige Kontakte in die Politik. Ohne die wird es schwierig, die Ausschreibungen um die lukrativen Staatsaufträge zu gewinnen. Und »gute Kontakte« bedeutet in Russland oft ein prall gefüllter Koffer mit Schmiergeld. Korruption ist seit Jahrzehnten eines der größten gesellschaftlichen Probleme in Russland. Viele Russen bekommen das täglich zu spüren, wenn sie im Auto von Verkehrspolizisten angehalten werden und die Kontrolle nur mit ein paar Rubelscheinen schadlos überstehen. Bei so gewaltigen Projekten wie den olympischen Spielen müssen es natürlich ein paar Scheine mehr sein. Wie viel Geld in den vergangenen Jahren, beim Bau der Straßen und Hotels in Sotschi in den Taschen von korrupten Beamten verschwunden ist, lässt sich nur sehr schwer abschätzen. Die dunklen Geldströme tauchen verständlicherweise nicht in offiziellen Statistiken oder Geschäftsberichten auf. Es dürften bei Gesamtkosten von mehr als 50 Milliarden Dollar aber mindestens mehrere Millionen sein.

Die russische Korruption ist inzwischen weltweit berüchtigt. Aber natürlich ist Russland nicht das einzige Land, in dem Schmiergeld fließt. Regierungsbeamte, die sich von Unternehmen bestechen lassen und diesen im Gegenzug lukrative Aufträge zuschanzen, oder Polizisten, die sich durch Schmiergelder etwas dazuverdienen, gibt es in vielen Staaten. Die beiden Ökonomen Benjamin Olken und Patrick Baron begleiteten zusammen mit einigen Helfern beispielsweise mehrere Lastwagenfahrer in Indonesien. Bei 304 Touren saßen die beiden auf dem Beifahrersitz und notierten, wie oft die Trucker bei ihren Fahrten Polizisten, Soldaten und die Mitarbeiter von

Kontrollstationen bestechen mussten, um durchgelassen zu werden. Insgesamt zählten sie über 6000 Schmiergeldzahlungen. Pro Fahrt mussten die indonesischen Lkw-Fahrer im Durchschnitt 40 Dollar für die zahlreichen kleinen Gefälligkeiten am Wegesrand berappen.

Doch indonesische Spediteure sind längst nicht die Einzigen, die eine schwarze Kasse führen. Auch weltweit erfolgreiche Großunternehmen machen manchmal einflussreichen Regierungsmitarbeitern eine kleine Freude, um an öffentliche Aufträge zu kommen. 2006 deckten Journalisten einen riesigen Korruptionsskandal beim deutschen Technologieunternehmen Siemens auf. Während der Ermittlungen und Gerichtsprozesse kam heraus, dass Siemensmitarbeiter in mehreren Ländern Schmiergelder bezahlt hatten, um an Aufträge zu kommen.

Korruption ist aber nicht nur ein moralisches Problem. Sie schadet auch massiv der Wirtschaft und vernichtet Arbeitsplätze. In Indonesien sind die zahlreichen Schmiergeldzahlungen ein großes Problem für die Logistikunternehmen, wie Olken und Baron zeigen. Sie machen rund 13 Prozent der Gesamtkosten einer Fahrt aus und damit so manches Geschäft unrentabel. In Russland schrecken viele ausländische Unternehmen davor zurück, Geld zu investieren und zum Beispiel eine neue Fabrik zu bauen, weil sie wissen, dass sie dabei wahrscheinlich sehr viel Schmiergeld bezahlen müssten. Korruption ändert die Spielregeln der Wirtschaft und macht sie ineffizient. In korrupten Ländern kommen zum Beispiel nicht die besten Unternehmen an Staatsaufträge, sondern die skrupellosesten. Das ist ein Grund, warum staatliche Bauprojekte so oft so viel teurer werden als eigentlich nötig. In einer ehrlichen Ausschreibung gewinnt das Unternehmen, das das beste Preis-Leistungs-Verhältnis bietet. Die Unternehmen unterbieten sich so lange gegenseitig, bis nur noch das Effiziente übrig ist. So bekommt der Staat sein Bauprojekt immer zum günstigsten Preis. Doch wenn ein Unternehmen einige entscheidende Beamten besticht und sich daher sicher sein kann, den Auftrag zu bekommen, muss es mit dem Preis nicht mehr so weit heruntergehen. Die Folge: Die Baukosten explodieren, so wie in den vergangenen Jahren im russischen Sotschi. Korruption ist damit auch ein ungerechtes Umverteilungsprogramm, bei dem das Geld der Steuerzahler in die Taschen einiger mächtiger Beamter fließt.

Wer die Korruption ausrottet, macht die Wirtschaft also nicht nur effizienter, sondern auch gerechter. Deswegen versuchen Politiker, Wissenschaftler und Nichtregierungsorganisationen seit Jahrzehnten, Mittel und Wege zu finden, Korruption einzudämmen. Leider mit ziemlich überschaubarem Erfolg, wie eine aktuelle Umfrage von Transparency International zeigt. Für die Studie wurden über 100 000 Menschen aus 107 Ländern befragt. Das schockierende Ergebnis: Mehr als jeder Vierte von ihnen hatte im vergangenen Jahr Schmiergeld bezahlt. Bisher war der Kampf gegen Korruption also nicht wirklich erfolgreich. Schmiergeldzahlungen sind noch immer weitverbreitet und gehören in vielen Ländern zum ganz normalen Alltag. Besonders korrupt sind laut der Umfrage die afrikanischen Länder Sierra Leone und Liberia, aber auch in europäischen Ländern, etwa in Griechenland, wird weiterhin häufig bestochen.

Wenn Schmiergeld an der Börse Spuren hinterlässt

Der Kampf gegen die Korruption ist auch deswegen so kompliziert, weil Schmiergeldzahlungen sehr schwierig aufzudecken sind. Um den Betrug wirksam bekämpfen zu können, muss man wissen, wer wo wen bestochen hat. Im Jahresbericht eines Unternehmens wird man diese Informationen vermutlich eher nicht finden. Und Unternehmen sind sehr kreativ, wenn es darum geht, die Spuren der Bestechung zu verwischen. Bei Siemens soll es zum Beispiel einen geheimen Zahlencode gegeben haben, mit dem Führungskräfte ihren Mitarbeitern den Auftrag gegeben haben, Beamte zu bestechen. Auch die Empfänger des Schmiergelds wissen sich vor neugierigen Blicken zu schützen. Oft sind es mächtige Politiker oder Regierungsbeamte, die ihre Kontakte spielen lassen können, um die Herkunft des Geldes zu verschleiern und neugierige Polizisten oder Journalisten abzuschrecken. Und manchmal fließt zwischen korrupten Unternehmen und Politikern überhaupt kein Geld, dessen Spur man verfolgen könnte, und trotzdem geht es bei der Vergabe von Staatsaufträgen alles andere als fair zu.

Ökonomen können der Korruption trotzdem auf die Schliche kommen. Manchmal brauchen sie dafür nur einen Regierungschef mit einem schwachen Herzen und ein paar Börsenkurse. Mit diesen beiden Zutaten haben die Ökonomen Raymond Fisman und Edward Miguel gezeigt, wie verbreitet die Korruption im Indonesien der 1990er-Jahre war. Sie konnten sogar genau sagen, welchen Unternehmen die Regierung lukrative Staatsaufträge zugeschoben hatte, und wie viel die Firmen damit verdient hatten.

Wie die Ökonomen, die mit Börsenkursen Waffenschmuggler enttarnen, nutzten auch Fisman und Miguel das Insiderwissen von Börsenhändlern. Oft sind Investoren auch über die Schmiergeldzahlungen von Unternehmen bestens informiert, denn mit diesen Informationen lässt sich viel Geld verdienen. Wenn ein Anleger weiß, dass ein Bauunternehmen einen einflussreichen Beamten besticht, wird er sofort Aktien des Unternehmens kaufen. Denn die Wahrscheinlichkeit ist groß, dass die Firma bald einen lukrativen Staatsauftrag bekommen wird. Auf der anderen Seite kann es aber auch passieren, dass ein korruptes Unternehmen seine guten Kontakte in Ministerien oder zu Regierungschefs plötzlich verliert. Zum Beispiel, weil der Beamte, den die Firma bestochen hat, plötzlich versetzt wird und nichts mehr für das Unternehmen tun kann. In einem solchen Fall schicken Investoren, die über die Korruption Bescheid wissen, den Aktienkurs schnell auf Talfahrt.

Wie groß dieser Effekt ist, haben Fisman und Miguel am Beispiel des indonesischen Unternehmens Bimantara Citra gezeigt. Der Medienkonzern gehörte lange Zeit Bambang Suharto, dem Sohn des damaligen indonesischen Machthabers General Suharto. Es liegt nahe, dass der Regierungschef dem Unternehmen seines Sohnes einige Staatsaufträge zukommen ließ. Wirklich klar beweisen konnte diese Form der nichtmateriellen Korruption aber lange Zeit niemand. Die Händler an der indonesischen Börse jedoch wussten offenbar sehr gut über das Ausmaß der Korruption Bescheid und richteten ihre Investitionsstrategie entsprechend aus. Als Fisman und Miguel den Verlauf des Börsenkurses von Bimantara Citra aus dem Jahre 1996 analysierten, fanden sie einige verdächtige Kursausschläge. Etwa am 4. Juni, als bekannt wurde, dass General Suharto nach Deutschland geflogen war, um sich von deutschen Ärzten untersuchen zu lassen. Schon länger hatte es Gerüchte gegeben, dass der Präsident Probleme mit seinem Herzen hatte. Deswegen rechneten die Investoren an der indonesischen Börse mit dem Schlimmsten. Wenn Suharto an einem Herzinfarkt sterben sollte, wäre das für die korrupten Unternehmen der indonesischen Wirtschaft, die mit seiner Regierung verbunden waren, eine schlechte Nachricht. Egal ob die Verbindungen auf Schmiergeldzahlungen oder engen Familienbanden beruhten. Und tatsächlich stürzte vor allem der Kurs von Bimantara Citra in den Tagen um den 4. Juni deutlich ab. Als General Suharto nach einer Woche überraschend völlig wohlbehalten wieder aus Deutschland zurückkehrte, erholte sich der Aktienkurs erstaunlich schnell. An den Panikverkäufen der Börsenhändler am 4. Juli und ihrer euphorischen Reaktion auf die Rückkehr Suhartos eine Woche später konnten die beiden Ökonomen erkennen, wie eng die Verbindung zwischen Bimantara Citra und der indonesischen Regierung war. Sie hatten endlich eindeutige Indizien für die lange vermutete Korruption in Indonesien gefunden.

Korruption mit der Analyse von Börsenkursen aufzudecken, ist eine völlig neue Methode im Kampf gegen Schmiergelder und kleine Gefälligkeiten zwischen Politikern und Unternehmen. Die Studie von Raymond Fisman und Edward Miguel kann etwa Strafverfolgungsbehörden und Journalisten helfen, gezielter nach Hinweisen für Korruptionsfälle zu suchen. Dafür müssen sie nur nach Regierungschefs mit einer schwachen Gesundheit, plötzlichen Versetzungen von wichtigen Beamten oder knappen Wahlentscheidungen Ausschau halten, und beobachten, welche Aktienkurse auf diese Nachrichten am stärksten reagieren.

Aus Börsendaten lässt sich aber nicht nur herauslesen, welche Unternehmen gerne mal in Ministerien und Behörden Geschenke verteilen, um neue Aufträge zu bekommen. Die Kurse zeigen auch, mit welchen Mitteln man Bestechung am wirksamsten bekämpfen kann, und wo die korruptesten Beamten sitzen.

Die Rendite des Schmiergelds

Eine der größten Datenbanken über Korruptionsfälle hat der US-Ökonom Raghavendra Rau von der Universität Cambridge zusammengetragen. Zusammen mit seinen Kollegen Aris Stouraitis und Yan Leung Cheung sammelte er Informationen über 166 Bestechungsfälle in 52 Ländern. Die Daten der Forscher deckten einen Zeitraum von 36 Jahren ab und erlaubten damit einen detaillierten Blick in die jüngere Geschichte der Korruption. Die Ökonomen wollten herausfinden, warum so viele Unternehmen das Risiko auf sich nehmen und eine ernste Straftat wie Bestechung begehen. Als sie ihre Daten auswerteten, wurde ihnen schnell klar, warum: Korruption ist einfach ein verdammt gutes Geschäft.

Die Wissenschaftler werteten zunächst Akten aus Gerichtsprozessen aus. Vor dem Richter hatten Manager der korrupten Unternehmen detailliert auflisten müssen, wie viel Schmiergeld sie an wen gezahlt hatten. Die Ökonomen wussten daher, für welchen Vertragsabschluss das Unternehmen wie viel ausgegeben hatte. Anschließend analysierten sie, wie stark der Aktienkurs des Unternehmens in die Höhe geschossen war, nachdem die Nachricht über den erfolgreichen Vertragsabschluss öffentlich wurde. Am steigenden Aktienkurs konnten Rau und seine Kollegen ablesen, wie lukrativ das Projekt war, für das das Unternehmen so tief in die schwarze Kasse gegriffen hatte.

Die Ökonomen konnten so die Rendite des Schmiergelds berechnen. Und die war hoch. Im Durchschnitt erhöhte jeder Dollar Schmiergeld, den ein

Unternehmen an korrupte Beamte zahlte, den Marktwert um rund elf Dollar. Von solchen Renditen können Unternehmen sonst nur träumen. Bestechung ist leider in vielen Fällen eine sehr lohnende Investition, zeigt die Studie der Ökonomen.

Vor allem aber helfen ihre Ergebnisse, wirksame Mittel gegen die Korruption zu finden. Der Ökonom Gary Becker, der eine ökonomische Theorie des Verbrechens entwickelt hat, fordert, dass eine Strafe immer höher sein solle als der Gewinn aus der kriminellen Tätigkeit. Das würde möglichst viele potenzielle Straftäter abschrecken. Um nach diesem Prinzip Korruption bekämpfen zu können, muss man wissen, wie lukrativ das Schmiergeld für die Unternehmen ist. Hier haben die Ökonomen um Raghavendra Rau wichtige Arbeit geleistet.

Ihre Studie liefert aber noch viel mehr wertvolle Hinweise für Polizisten, Staatsanwälte und Politiker, die gegen Bestechung vorgehen wollen. Die Ökonomen konnten mit ihren Daten zeigen, dass es sich für Unternehmen besonders lohnt, rangniedere Beamte zu bestechen, denn sie sind meistens deutlich billiger zu haben und werden nicht so genau beobachtet. Das Risiko, dass die Korruption auffliegt, ist daher geringer, und trotzdem können auch diese Beamten oft schon viel für das Unternehmen tun. Spitzenbeamte oder gar Staatschefs zu bestechen sei meistens zu teuer und vor allem viel gefährlicher. Korruptionsbekämpfer sollten also vor allem die unteren Hierarchieebenen gründlich durchleuchten.

Und nicht nur mit abschreckenden Strafen und guter Ermittlungsarbeit kann man dafür sorgen, dass sich Korruption für Unternehmen nicht mehr so stark lohnt. Auch Transparenz und Pressefreiheit haben einen großen Einfluss. Die Ökonomen um Raghavendra Rau fanden heraus, dass die Rendite des Schmiergelds deutlich geringer ist, wenn es in einem Land Gesetze gibt, die Politiker dazu zwingen, ihre Einkünfte offenzulegen. Zwar wird wohl kein Politiker die Schmiergeldzahlungen freiwillig auf seiner Gehaltsabrechnung angeben. Aber wenn bekannt ist, wie viel ein Politiker verdient, kann man sein Einkommen relativ einfach mit seinem Lebensstil vergleichen. Wer nur ein karges Gehalt bezieht und trotzdem teure Autos fährt und in einer Villa wohnt, gerät schnell in Verdacht, weitere Geldquellen erschlossen zu haben. Diese Transparenz scheint abschreckend zu wirken und dafür zu sorgen, dass weniger Beamte bereit sind, Schmiergeld anzunehmen.

Eine freie und unabhängige Presse ist ebenfalls ein wirksames Gegenmittel, um die Korruption zu bekämpfen, stellten die Ökonomen fest. Je mehr Zeitungen in einem Land verkauft werden, desto weniger Unternehmen trauen sich, Beamte zu bestechen, zeigt ihre Studie. Neugierige Reporter flößen korrupten Unternehmen offenbar große Angst ein und sorgen dafür, dass sie die schwarze Kasse geschlossen halten. Nicht zufällig belegen in den Ranglisten der korruptesten Staaten und der gefährlichsten Orte für Journalisten oft die gleichen Länder die obersten Plätze.

Der umfangreiche Datensatz, den Raghavendra Rau und seine Kollegen zusammengetragen haben, liefert damit gleich eine ganze Reihe vielversprechender Ansatzpunkte für den Kampf gegen die Bestechung. Und um diese Antikorruption-Rezepte zu finden, mussten die Ökonomen noch nicht einmal ihre Büros verlassen. Die Daten, die sie für ihre Studie verwendet haben, waren frei zugänglich. Es hatte sich bisher nur niemand die Mühe gemacht, die Zusammenhänge zwischen den einzelnen Variablen auszuwerten. Genau dafür hat man Ökonomen, denn diese Detektivarbeit in großen Datenbergen ist eine ihrer Spezialitäten.

Schlechte Straßen, volle Taschen

Es gibt aber auch Ökonomen, die ihr warmes Büro verlassen, um die Korruption genau dort zu bekämpfen, wo sie so viel Schaden anrichtet. Einer von ihnen ist der US-Amerikaner Benjamin Olken vom Massachusetts Institute of Technology (MIT) in Cambridge. Olken forscht seit Jahren über die ökonomischen Hintergründe der Korruption. Häufig führt es ihn dabei nach Indonesien, wo er dann zum Beispiel Lastwagenfahrer begleitet und ihre Erfahrungen mit Korruption dokumentiert, wie bereits zu Beginn des Kapitels erwähnt. Das Land hat nach dem Sturz des Diktators Suharto zwar enorme Fortschritte gemacht und ist zu einer funktionierenden Demokratie geworden. Doch vom Fluch der Korruption, der die Wirtschaft des Landes seit Jahren lähmt, haben sich die Indonesier noch immer nicht befreien können. Nicht nur Polizisten und Soldaten nehmen, wie Olken bei seinen Touren mit den Lkw-Fahrern gezeigt hat, gerne Geld an. Auch Lehrer lassen sich von Schülern für gute Noten bezahlen. Und bei öffentlichen Bauprojekten erleichtern Bauunternehmer den Staat regelmäßig um viel Geld. Um herauszufinden, was gegen Korruption und Betrug helfen könnte, schlug Olken der indonesischen Regierung ein Experiment vor.

2003 wollte die Regierung in 608 Dörfern neue Straßen anlegen lassen und beauftrage damit mehrere lokale Bauunternehmer. Bei derartigen Staatsaufträgen ist Korruption immer ein großes Problem. Oft fälschen die Bauunternehmer zum Beispiel die Rechnungen, die sie für den Bau der Straße an den Staat schicken. Sie stellen teure Materialien in Rechnung, die sie gar nicht verwendet haben, oder erfinden Arbeiter, denen sie angeblich hohe Löhne gezahlt haben. Wenn sie dann noch ein paar Freunde in den Ministerien haben, die die Rechnungen abnicken, können sie deutlich mehr Geld kassieren, als sie tatsächlich verbraucht haben. Die Folge: Die Regierung verschwendet massenhaft Steuergelder und die Straßen sind trotzdem schlecht und verfallen schnell, weil die korrupten Baufirmen billige Materialien verwendet und schlecht ausgebildete Arbeiter beschäftigt haben. Die Regierungsbeamten hörten Benjamin Olken deswegen sehr gespannt zu, als er ihnen von seinen Plänen für ein Experiment erzählte, und waren gerne bereit, den Ideen des Ökonomen eine Chance zu geben.

Olken teilte die 608 Dörfer, die neue Straßen bekommen sollten, in mehrere Gruppen ein. In der ersten Gruppe blieb alles beim Alten. Die Regierung beauftragte in diesen Dörfern ein Bauunternehmen und stellte Geld zur Verfügung. In der zweiten Gruppe probierte Olken eine neue Idee aus. Er veranstaltete mehrere Treffen, bei denen die Dorfbewohner über den Fortgang des Straßenbaus diskutieren konnten. Die Idee dahinter: Die Dorfbewohner hatten einen starken Anreiz, die Arbeit der Bauunternehmer genau unter die Lupe zu nehmen. Schließlich waren sie diejenigen, die unter den schlechten Straßen am meisten zu leiden hatten. Olken wollte den Bewohnern daher die Möglichkeit geben, die Korruption der Bauunternehmer öffentlich zu machen, um so auf die korrupten Firmen Druck auszuüben. Am Schluss bildete Olken noch eine dritte Gruppe, bei der er ein klassisches Konzept aus der Korruptionsbekämpfung anwendete. Er kündigte den Bauunternehmern an, dass die von ihnen gebauten Straßen nach Fertigstellung von Mitarbeitern einer staatlichen Aufsichtsbehörde geprüft würden.

Als die Bauunternehmer in allen 608 Dörfern mit den Straßen fertig waren, zog Olken mit einem Team von Ingenieuren und Straßenbauexperten von Dorf zu Dorf. Die Experten bohrten ein kleines Loch in die Straße, um herauszufinden, welche Materialien die Bauunternehmer verwendet hatten, und wie gut die Qualität des Straßenbelags war. So konnte Olken feststellen, in welchen Dörfern die Unternehmen ehrlich gewesen waren und gute Straßen gebaut hatten, und wo sie überhöhte Rechnungen für schlechte Straßen ausgestellt hatten. Die Ergebnisse waren ziemlich überraschend. In den Dörfern, in denen die Dorfbewohner die Bauunternehmen überwachen sollten, waren die Firmen korrupt wie eh und je gewesen. Sie hatten genauso schamlos überhöhte Rechnungen ausgestellt und an den Baumaterialien gespart wie die Firmen in den Dörfern aus der ersten Gruppe, die komplett in Ruhe gelassen worden waren. Die Treffen der Dorfbewohner waren offenbar kein geeignetes Mittel, um betrügerische Firmen zu stoppen. Für viele Entwicklungshelfer und Korruptionsbekämpfer war das ein Schock. Die Idee, den Menschen, die am meisten unter Korruption leiden, eine Plattform zu geben, auf der sie korrupte Beamte und betrügerische Unternehmen bloßstellen konnten, war lange Zeit sehr populär. Das Experiment von

Benjamin Olken zeigt eindrucksvoll, dass sie nicht funktioniert. Über die genauen Gründe konnte Olken nur spekulieren. Vielleicht hatten die Dorfbewohner Angst vor den mächtigen Unternehmen und trauten sich nicht, Mund aufzumachen. Oder ihnen war die Qualität der Straßen letztendlich doch nicht so wichtig und gab deswegen nicht genug Anreiz, die Arbeit der Unternehmen jeden Tag zu überwachen. Und was auch ein wichtiger Faktor gewesen sein dürfte: Die meisten Dorfbewohner hatten nur wenig Ahnung vom Straßenbau und konnten daher nur schwer beurteilen, ob ein Bauunternehmen den Auftrag wie besprochen ausführte.

Doch auch wenn das neue Werkzeug der Korruptionsbekämpfung, in das so viele Hoffnungen gesteckt worden waren, nicht funktionierte – ein klassisches Werkzeug funktionierte erstaunlich gut. In den Dörfern aus der dritten Gruppe, in denen staatliche Aufseher die Arbeit der Bauunternehmen überprüft hatten, waren die Straßen in einem hervorragenden Zustand. Und die Rechnungen waren ebenfalls deutlich niedriger ausgefallen. Die Androhung, den Zustand der Straßen prüfen zu lassen, hatte die Korruption dramatisch zurückgehen lassen, stellte Olken fest. Offenbar hatten sowohl die Baufirmen als auch die korrupten Beamten, die den Betrug gedeckt hatten, kalte Füße bekommen. Die indonesische Regierung hatte dadurch so viel Geld gespart, dass selbst nachdem sie die Ingenieure für ihre Prüfarbeit bezahlt hatte, noch etwas übrig blieb.

Dass sich Korruption durch eine strenge Überwachung bekämpfen lässt, ist auf den ersten Blick keine wirklich neue Erkenntnis. Durch häufige Kontrollen steigt für korrupte Beamte und Unternehmer die Gefahr, erwischt zu werden. Doch Überwachung kostet Geld. Gerade in Ländern mit einem niedrigen Pro-Kopf-Einkommen, wo Korruption oft besonders stark verbreitet ist, glauben viele Regierungen, dass sie es sich nicht leisten können, ständig Prüftrupps über die Baustellen des Landes zu schicken. Olkens Experiment zeigt den Beamten in den Finanzministerien jedoch, wie schnell sich die aufwendigen Prüfungen auszahlen. Und das sogar bei kleinen und eher günstigen Infrastrukturprojekten wie neuen Straßen in indonesischen Dörfern. Bei den millionenschweren Stadionbauten in Sotschi hätte der russische Staat durch eine gute Überwachung wohl noch deutlich mehr sparen können.

Doch ein Problem bleibt: Auch Prüfer sind bestechlich und drücken bei ihren Untersuchungen gerne mal ein Auge zu, wenn sie dafür belohnt werden. Das Experiment von Benjamin Olken war daher nicht ganz realistisch. Mit Ökonomen, die ihnen bei den Prüfungen über die Schulter schauten, trauten sich die staatlichen Kontrolleure wahrscheinlich nicht, selber Schmiergeld anzunehmen. Sie kontrollierten die Straßen daher tatsächlich sehr penibel und waren deswegen auch eine wirkungsvolle Abschreckung für die Bauunternehmer. Im echten Leben sieht das oft anders aus. Wenn aber die Prüfer bestechlich sind, nützen auch häufige Kontrollen herzlich wenig. Die Probleme mit Korruption würden dann sogar noch schlimmer werden, weil immer mehr bestechliche Prüfer unterwegs wären und Geld für Gefälligkeitsgutachten verlangen würden. Doch auch gegen die Korruption bei den Kontrolleuren haben Ökonomen ein Gegenmittel gefunden.

Ein Forscherteam um die Ökonomin Esther Duflo, die wie Olken ebenfalls am MIT arbeitet, machte im indischen Bundesstaat Gujarat einen spannenden Feldversuch. Gujarat ist eine der wichtigsten Industrieregionen Indiens. In den vergangenen Jahren ist die Wirtschaft in Gujarat rasant gewachsen, inzwischen werden allein dort 19 Prozent des gesamten indischen Bruttoinlandsprodukts erwirtschaftet. Doch das starke Wirtschaftswachstum hat einen hohen Preis. Gujarat ist zu einem der dreckigsten Plätze der Welt geworden. Drei der fünf am stärksten verschmutzten Flüsse Indiens liegen in Gujarat und die Luft ist durch die Schadstoffemissionen stark belastet. Vor allem in den Städten werden die Grenzwerte für Schadstoffe in der Luft immer wieder überschritten. Schuld an der schlechten Luft und den dreckigen Flüssen sind vor allem die zahlreichen Textilfabriken, die ihre Abwässer oft einfach in die Flüsse kippen, und aus deren Schornsteine giftige Stoffe in die Luft gelangen.

Die Mitarbeiter der Umweltschutzbehörden in Gujarat haben das Problem schon vor Jahren erkannt und den Textilfabriken strenge Vorschriften gemacht. Sie müssen Filtersysteme in ihre Maschinen einbauen und Grenzwerte für Schadstoffe einhalten. Ob die Firmen sich an die Regeln halten, wird dreimal im Jahr von unabhängigen Prüfern kontrolliert. Wer die Grenzwerte überschreitet, muss mit harten Strafen rechnen. Die Umweltschutzbehörde darf den Fabriken sogar den Strom abstellen und sie damit quasi stilllegen. Klare Regeln, unabhängige Kontrollen, harte Strafen – eigentlich ein gutes System, durch das die extreme Umweltverschmutzung in Gujarat theoretisch deutlich zurückgehen müsste. Doch in der Praxis scheint das System nicht zu funktionieren. Trotz der neuen Vorschriften und der Überwachung leiten die Fabriken weiterhin giftige Abwässer in die Flüsse und verpesten die Luft. Die Ökonomen um Esther Duflo wollten der Umweltschutzbehörde helfen herauszufinden, warum die Vorschriften und Kontrollen so spektakulär versagten. Ihr Verdacht: Die Prüfer sind nicht so unabhängig, wie sie sein sollten.

Um den Staatshaushalt zu schonen, werden die Prüfer in Gujarat von den Textilfabriken bezahlt. Schließlich sind es auch die Fabriken, die dermaßen stark die Umwelt verschmutzen, und damit die Kontrollen erst nötig machen. Die Unternehmen haben bei der Wahl der Prüfer weitgehend freie Hand und können mit ihnen auch über die Gebühren für die regelmäßigen Kontrollen frei verhandeln. Für den Staat ist das eine günstige Lösung, doch leider ist es auch eine Einladung zur Korruption. Die Prüfer können sich in den Verhandlungen mit den Unternehmen nicht nur auf einen Preis, sondern praktischerweise auch gleich auf ein Prüfergebnis einigen, mit dem alle einverstanden sind. Für die Kontrolleure hat das den netten Nebeneffekt, dass sie nicht durch dreckiges Abwasser stapfen und aufwendig die Schadstoffkonzentration in der Luft messen müssen. Sie können den Prüfbericht bequem im warmen Büro ausfüllen. Dass die Kontrolleure in Gujarat tatsächlich sehr korrupt sind, konnten die Ökonomen um Esther Duflo eindrucksvoll zeigen. Sie wählten 473 Textilfabriken aus und teilten sie mit einem Zufallsmechanismus in zwei Gruppen auf. In der ersten Gruppe blieb alles, wie es war: Die Textilfabriken bestimmten ihre Prüfer selbst und bezahlten sie auch. In der zweiten Gruppe hingegen wurde jedem Prüfer per Los eine Fabrik zugeteilt und alle Kontrolleure bekamen das gleiche Honorar, das aus einem zentralen Budget bezahlt wurde. Außerdem wurden sie gewarnt, dass ihre Berichte später noch einmal von anderen Kontrolleuren überprüft werden würden. Die Ökonomen sammelten anschließend zwei Jahre lang die Berichte der Prüfer und schickten außerdem von ihnen ausgewählte Experten durch die Fabriken, die die Luft- und Wasserverschmutzung objektiv messen sollten. Als sie die Prüfberichte mit den Ergebnissen der objektiven Messungen verglichen, fanden die Forscher eindeutige Hinweise auf Korruption. Unter dem alten System, bei dem die Unternehmen die Prüfer bezahlten, gab es nur wenige Fabriken, die die Grenzwerte überschritten hatten. Gerade einmal sieben Prozent der Fabriken waren bei den Tests durchgefallen. Glaubt man den Gutachten der Prüfer, so müssten die Flüsse in Gujarat also klar und die Luft rein sein. Die Wirklichkeit in Gujarat sah bekanntlich anders aus und die unabhängigen Experten, die die Ökonomen durch die Textilfabriken geschickt hatten, kamen auch zu ganz anderen Ergebnissen. Bei ihren Messungen überschritten satte 59 Prozent der Fabriken die Grenzwerte für Luft- und Wasserverschmutzung. Entweder hatten die Prüfer also sehr schlampig gearbeitet oder sich von den Unternehmen bestechen lassen.

Dass hinter den Unterschieden tatsächlich Korruption steckt, sahen die Ökonomen, als sie die Ergebnisse der zweiten Gruppe auswerteten. Hier waren die Prüfer deutlich strenger zu Werke gegangen und hatten bei 42 Prozent der Textilfabriken eine Überschreitung der Grenzwerte festgestellt. Sie hatten damit fast genauso viele Fabriken auffliegen lassen wie die von den Ökonomen ausgewählten unabhängigen Kontrolleure. Die Tatsache, dass sie ein Fixgehalt bekamen und mit einem Zufallsmechanismus einer Fabrik zugeteilt wurden, hatte die Ergebnisse der Prüfer also komplett verändert. Ein klares Indiz, dass sie vorher Schmiergeld angenommen hatten.

Im zweiten Jahr ihres Experiments gingen die Ökonomen noch einen Schritt weiter und führten zusätzlich eine leistungsabhängige Bezahlung für die Prüfer der Textilfabriken ein. Wenn ihre Ergebnisse mit denen der unabhängigen Experten übereinstimmen, würden sie einen Bonus erhalten, versprachen ihnen die Ökonomen. Dadurch hatten die Kontrolleure einen noch stärkeren Anreiz, sich nicht bestechen zu lassen, und die Umweltverschmutzung durch die Fabriken ehrlich zu messen. Und tatsächlich meldeten sie, motiviert durch die Aussicht auf einen Bonus, noch einmal deutlich mehr Grenzwertüberschreitungen als im ersten Jahr. Ester Duflo und ihre Kollegen konnten sogar einzelne Prüfer beobachten, die am Anfang des Experiments in der ersten Gruppe gearbeitet hatten, und danach in die zweite Gruppe gewechselt waren. Als sie von den Unternehmen bezahlt wurden und nicht befürchten mussten, dass ihre Messungen noch einmal kontrolliert wurden, hatten sie sehr wohlwollende Prüfberichte verfasst. Im zweiten Jahr, als sie in der anderen Gruppe des Experiments gelandet waren und damit rechnen mussten, dass ihre Berichte überprüft werden, gingen sie bei den Messungen deutlich strenger zu Werke und gaben Verstöße gegen die Umweltschutzgesetze sofort weiter.

Und noch etwas stellten die Ökonomen fest: Die Textilfabriken reagierten erstaunlich schnell auf den neuen Umgangston bei den Kontrollen. Viele der Fabriken, die von Prüfern aus der zweiten Gruppe kontrolliert wurden, gaben sich plötzlich große Mühe, weniger Abwasser in die Flüsse zu leiten, und installierten Schadstofffilter in ihren Schornsteinen. Weil die Kontrolleure nicht mehr so einfach zu bestechen waren, mussten sie sich nun wohl oder übel an die Umweltgesetze halten, wenn sie nicht plötzlich ohne Strom dastehen wollten.

Um Korruption bei Kontrolleuren zu verhindern, braucht man also eine Mischung aus einem festen Grundgehalt mit leistungsabhängigen Bonuszahlungen, einer zufälligen Zuordnung von Prüfern und Geprüften und strengen Kontrollen für die Kontrolleure. Die Mitarbeiter der Umweltschutzbehörde in Gujarat waren von dem Experiment der Ökonomen so begeistert, dass sie die Erkenntnisse nun schnell umsetzen wollen. Sie arbeiten bereits an einem computergesteuerten Zufallsmechanismus, der die Prüfer auf die Textilfabriken in Gujarat verteilen wird. Außerdem sollen die Prüfer in Zukunft nicht mehr mit den Firmen über ihre Honorare verhandeln dürfen und die Behörde will eine Expertengruppe zusammenstellen, die mit Stichproben die Arbeit der Prüfer überwacht.

Die teuren Olympiastadien im russischen Sotschi, die schlechten Straßen in indonesischen Dörfern und die verdreckten Flüsse im indischen Gujarat zeigen eindeutig: Korruption ist unfair, ineffizient und hochgefährlich für Menschen und Umwelt. Sie lähmt ganze Volkswirtschaften, macht die Armen ärmer und die Reichen reicher und verschmutzt Flüsse und die Atemluft. Manchmal tötet Korruption sogar. Olken hat in einer Studie gezeigt, dass korrupte Beamte in Indonesien die kostenlosen Reislieferungen der Regierung an arme Dörfer abfangen und verkaufen. Wer sich die Bestechung der Beamten nicht leisten kann, muss hungern. Deswegen haben sich Wirtschaftswissenschaftler wie Benjamin Olken, Raymond Fisman, Edward Miguel, Raghavendra Rau und Esther Duflo so vehement dem Kampf gegen die Korruption verschrieben. Mit ihren Studien geben sie der Polizei, den Politikern und der Staatsanwaltschaft wichtige Hinweise und zeigen, wie man korrupte Unternehmen und Beamte wirkungsvoll stoppen kann.

Literatur

Yan Leung Cheung, P. Raghavendra Rau, Aris Stouraitis (2012). *How much do firms pay as bribes and what benefits do they get? Evidence from corruption cases worldwide*

Benjamin A. Olken (2005). *Monitoring Corruption: Evidence from a Field Experiment in Indonesia*

Esther Duflo, Michael Greenstone, Rohini Pande, Nicholas Ryan (2013).
Truth-telling by Third-party Auditors and the Response of Polluting Firms: Experimental Evidence from India

Ökonomen enttarnen Wahlfälscher

Der 11. Mai 2013 war ein historischer Tag für Pakistan. Als am Abend die Wahllokale in dem zentralasiatischen Land schlossen, hatten die Bürger Großes vollbracht. Sie hatten dafür gesorgt, dass zum ersten Mal in der Geschichte Pakistans eine Regierung ausgewechselt wurde, ohne dass es einen militärischen Umsturz gegeben hatte. Der bisherige Präsident Asif Ali Zardari wurde von den Wählern mit einem desaströsen Ergebnis abgestraft und verlor die Macht. An seine Stelle trat Nawaz Sharif. Mit ihren Wahlzetteln hatten die 176 Millionen Pakistani die Macht in ihrem Land neu verteilt. So etwas war in Pakistan jahrzehntelang undenkbar gewesen. Seit 1947, als die ehemalige britische Kolonie zu einem unabhängigen Land wurde, hatten meistens Generäle und Diktatoren geherrscht, denen der Wille des Volkes herzlich egal gewesen war. Am 11. Mai 2013 hatten die Bürger Pakistans das erste Mal in ihrem Leben die Politik ihres Heimatlandes mit demokratischen Mitteln beeinflussen können.

Die Wahlen in Pakistan sind ein weiteres Indiz für einen großen Trend: Die Welt erlebt gerade einen beeindruckenden Siegeszug der Demokratie. Noch nie zuvor in der Geschichte konnten so viele Menschen auf der Welt über die politischen Entscheidungen in ihren Heimatländern mitbestimmen. Selbst in Ländern, in denen jahrhundertelang allmächtige Alleinherrscher regiert haben, verlangt das Volk nach Mitsprache und Wahlen. In der Demokratischen Republik Kongo, einem von Bürgerkriegen zerstörten Land, das zu den ärmsten der Welt gehört, gab es 2006 die ersten freien Wahlen überhaupt. Und im sogenannten Arabischen Frühling im Frühjahr 2011 in Tunesien, Ägypten und Libyen trieb neben der Wirtschaftskrise vor allem der Wunsch nach Mitsprache die Menschen auf die Straße. Sie hatten es satt, von einer allmächtigen Elite regiert zu werden, die sich nie einer Wahl gestellt hatte und politische Posten nach Belieben verteilte. Sie wollten wie die Bürger in Deutschland, Japan oder den USA ihre Regierungschefs selbst auswählen dürfen.

Die Proteste in der arabischen Welt hatten Erfolg. Einer nach dem anderen stürzten die alten Machthaber. Erst Ben Ali in Tunesien, dann Hosni Mubarak in Ägypten und schließlich auch Muammar al-Gaddafi in Libyen. Und nach einigen Monaten des Wiederaufbaus erfüllten sich die Demonstranten des arabischen Frühlings ihren Wunsch: Es kam zu Wahlen. In Tunesien öffneten die Wahllokale am 23. Oktober 2011, in Ägypten begannen am 28. November 2011 Parlamentswahlen und auch in Libyen durften die Menschen ein halbes Jahr später, am 7. Juli 2012, ihre Stimme abgeben. Die Stimmung im Volk war an den Wahltagen euphorisch. Auch von Terroristengruppen, die mit Anschlägen drohten, ließen sich die Wähler nicht abhalten, ihre Stimme abzugeben.

Inzwischen jedoch ist diese Euphorie verflogen. Viele Menschen in den Ländern des arabischen Frühlings sind enttäuscht von der neuen Demokratie. Das liegt zum einen an den gewählten Politikern, die teilweise die gleiche Politik machen wie vorher die gestürzten Alleinherrscher. Und zum anderen daran, dass vielen Bürgern bewusst wird, dass die Tatsache, dass sie einen Wahlzettel in eine Holzbox werfen, noch lange nicht bedeutet, dass ihre Stimme auch gehört wird. Denn auf den ersten Blick sieht es zwar tatsächlich so aus, als würde die Welt einen triumphalen Siegeszug der Demokratie erleben. Doch beim näheren Hinsehen zeigt sich, dass längst nicht überall, wo gewählt wird, wirklich das Volk regiert.

Dafür muss man nur einen der rund 20 000 Russen fragen, die am 9. März 2012 auf die Straßen Moskaus strömten. Fünf Tage zuvor hatten sie über ihren neuen Präsidenten abstimmen dürfen. Doch obwohl die Beliebtheitswerte des bisherigen Ministerpräsidenten Wladimir Putin in den Wochen vor der Wahl neue Tiefststände erreicht hatten, gewann Putin die Präsidentenwahl haushoch. Für die Menschen, die nach der Wahl auf dem Bolotnayaplatz im Zentrum Moskaus gegen Putin demonstrierten, war die Sache klar: Die Wahlergebnisse müssen gefälscht worden sein. Die internationalen Wahlbeobachter der OECD sahen das ähnlich. In ihrem offiziellen Statement sagten sie später, die russische Präsidentschaftswahl sei in einigen Wahllokalen wahrscheinlich manipuliert worden. Im Internet kursierten zu dieser Zeit bereits Videos, die zeigten, wie russische Wahlhelfer Hunderte von gefälschten Stimmzetteln mit Kreuzen für Putin in Wahlurnen stopften.

»Es ist nicht wichtig, wer die Stimmen abgibt, sondern wer sie auszählt«, hat Stalin einmal gesagt. Wladimir Putin hat Stalins Lektion verstanden und die alten sowjetischen Methoden elegant übernommen. Er bezeichnet das politische System, das er in Russland etabliert hat, gerne als »gelenkte Demokratie«. Das ist eine ziemlich dreiste Untertreibung. Denn eine Demokratie, die von den Herrschenden so gelenkt wird, dass sie bei Wahlen immer gewinnen, ist keine Demokratie, sondern eine Diktatur. Leider ist die »gelenkte Demokratie« zum Exportschlager geworden.

Ob in Russland, Nigeria oder Uganda – viele Regierungen erlauben ihren Bürgern zwar, zur Wahl zu gehen, sorgen aber gleichzeitig dafür, dass sie immer im Amt bleiben. Die Methoden der Wahlfälscher sind vielfältig, mal geschickt, mal eher plump. Manchmal werden Wähler mit Geldgeschenken belohnt, wenn sie für einen bestimmten Kandidaten abstimmen. Oder treue Wähler des bisherigen Machthabers werden mit Bussen von einem Wahllokal zum nächsten gefahren, um mehrfach ihre Stimme abzugeben. Solche Wähler-Busreisen soll es auch bei der Präsidentschaftswahl in Russland 2011 gegeben haben. Staatschefs, die etwas weniger zimperlich sind, lassen muskulöse und bewaffnete Sicherheitsleute in den Wahllokalen auflaufen und den Wählern klarmachen, dass es nicht gesund wäre, das Kreuz an der falschen Stelle zu machen.

Stimmen kaufen, Wähler quer durch das Land fahren oder Schlägertrupps anheuern – alles durchaus wirksame Methoden, um eine Wahl zu beeinflussen. Doch diese Art der Wahlfälschung ist sehr aufwendig und teuer. Es geht auch einfacher: Oft lassen Wahlfälscher die Wähler erst mal in Ruhe abstimmen und biegen die Ergebnisse dann einfach später bei der Auszählung in die gewünschte Richtung. Sie stopfen noch ein paar Stimmzettel mit Stimmen für den Amtsinhaber in die Urne oder lassen Stimmen für die Opposition verschwinden. Oder sie denken sich die Ergebnisse der Stimmenauszählung einfach gleich selbst aus und tragen die gewünschten Zahlen in die Ergebnisbögen ein.

Für die Wahlbeobachter der OECD oder der EU sind solche Manipulationen schwer aufzudecken. Sie können nicht in jedem Wahllokal bei der Stimmauszählung präsent sein. Hinzu kommt: In vielen Ländern gibt es keine freien Medien, die die Arbeit der Wahlbeobachter unterstützen könnten, indem sie Wahlfälschungen aufdecken und verbreiten. Die nachträgliche Manipulation einer Wahl ist für diktatorische Regimes daher eine sehr bequeme und kostengünstige Methode, an der Macht zu bleiben und sich gleichzeitig den Anstrich einer Demokratie mit funktionierender Mitbestimmung zu geben. Dass solche Manipulationen auffliegen, mussten sie bislang meistens nicht befürchten.

Die Fingerabdrücke der Wahlfälscher

Doch die Zeiten werden härter für Wahlfälscher. Inzwischen gib es Methoden, mit denen man Manipulationen bei der Stimmauszählung auch im Nachhinein noch zuverlässig aufdecken kann. Entwickelt wurden diese Werkzeuge von Ökonomen, denn die sind Meister darin, verdächtige Spuren in Statistiken zu finden.

An der Medizinischen Universität Wien spürt Stefan Thurner solchen Spuren hinterher. Thurner ist ein ungewöhnlicher Ökonom. Eigentlich wollte er sich zunächst gar nicht mit Wirtschaft, sondern mit Atomkernen und Elementarteilchen beschäftigen. Thurner studierte Physik in Wien und schrieb in diesem Fach auch seine Doktorarbeit. Doch dann erwachte sein Interesse an der Wirtschaftswissenschaft. Er legte noch ein Ökonomiestudium nach und promovierte ein weiteres Mal, diesmal über die Bildung von Preisen an Finanzmärkten. Inzwischen hat Thurner Studien in zahlreichen Fachzeitschriften aus ganz unterschiedlichen Bereichen veröffentlicht, über Nuklearphysik, Zellbiologie und Finanzmathematik. An der Medizinischen Universität Wien leitet er die Section for Science of Complex Systems, ein interdisziplinäres Institut, in dem Ökonomen, Mathematiker, Physiker und Informatiker gemeinsam über das Verhalten von Zellen, die Effizienz von Märkten und statistische Gesetze forschen.

Eines Tages kam ein russischer Kollege mit einem kleinen USB-Datenstick zu Thurner ins Büro. Auf dem Stick waren die kompletten Ergebnisse der Parlamentswahlen 2011 in Russland gespeichert. Die Ökonomen hatten aus jedem Wahlkreis Daten über die abgegebenen Stimmen und die Anteile der einzelnen Parteien. Bei Thurner und seinem Forscherkollegen erwachte der Jagdtrieb. Wahlbeobachter wie die russische NGO »Golos« hatten nach der Wahl beklagt, dass die Ergebnisse massiv manipuliert worden seien. Nur eindeutige Indizien hatte bisher noch niemand gefunden.

In den Daten auf dem Stick, die Thurner nun auf seinen Computer kopierte, waren die Indizien versteckt. Die beiden Ökonomen mussten sie nur noch finden und sichtbar machen. Sie ließen ein Computerprogramm aus dem riesigen Zahlenberg bunte Diagramme berechnen. Auf der vertikalen Achse des Diagramms war die Wahlbeteiligung in den einzelnen Wahlkreisen abgetragen, die horizontale Achse maß den Stimmanteil der Partei »Einiges Russland« von Präsident Wladimir Putin. In dieses Diagramm ordnete der Computer nun die Ergebnisse aus den Wahlkreisen ein. Jeder Wahlkreis bekam einen Punkt im Diagramm zugeordnet. Ein Wahlkreis mit einer Wahlbeteiligung von 50 Prozent, in dem die Hälfte aller Stimmen an »Einiges Russland« gegangen waren, landete also genau in der Mitte des Diagramms. Dort wo besonders viele Punkte in dem Diagramm landeten, färbte das Programm die Grafik rot (siehe runde Markierung in nachfolgender Abbildung 1).

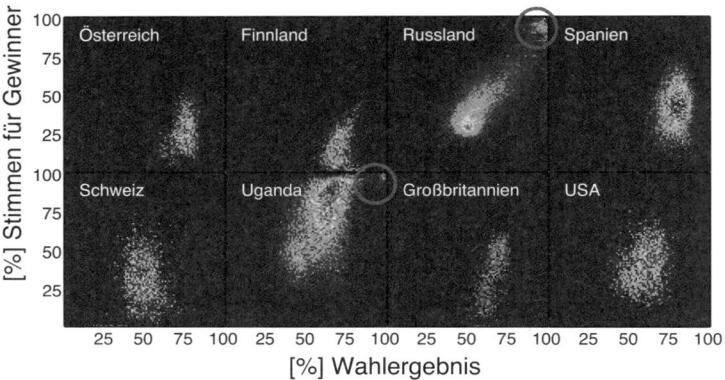

Abbildung 1: Statistische Aufdeckung systematischer Unregelmäßigkeiten bei Wahlen. *Quelle: Peter Klimek, Yuri Yegorov, Rudolf Hanel, Stefan Thurner (2013)*

Thurner und sein Kollege erstellten auf diese Weise eine Art Fingerabdruck der russischen Parlamentswahl. Um herauszufinden, ob die Wahl tatsächlich gefälscht worden war, brauchten die Ökonomen aber noch mehr solcher Fingerabdrücke. Also ließen sie den Computer auch aus den Ergebnissen von Wahlen in der Schweiz, in Österreich, Tschechien, Finnland und fünf weiteren Ländern eine Grafik berechnen. Anschließend legten sie die Fingerabdrücke der einzelnen Wahlen nebeneinander.

In der Schweiz sah der Fingerabdruck wie eine Wolke aus, die in der Mitte des Diagramms schwebte. Auch im Diagramm zu den Wahlen in Tschechien, in Österreich und in Finnland waren die meisten Datenpunkte in der Mitte zu finden. Im Fall der russischen Präsidentschaftswahl 2011 hingegen zeigte sich ein anderes Bild: Die Wolke aus Datenpunkten begann in der Mitte der Grafik und zog sich dann in die rechte obere Ecke. Dort hatte der Computer erstaunlich viele Datenpunkte gezeichnet. Es gab in Russland also zahlreiche Wahlkreise, in denen die Wahlbeteiligung bei 100 Prozent lag und alle Stimmen für die herrschende Kremlpartei »Einiges Russland« abgegeben worden waren. Ein sehr verdächtiger Befund, fand Stefan Thurner.

Möglich werden solche Ergebnisse durch das sogenannte »ballot stuffing«, das »Wahlurnen Füllen«. Dabei stopfen korrupte Wahlhelfer präparierte Stimmzettel in die Wahlurnen, um den Stimmanteil einer Partei zu erhöhen. In besonders krassen Fällen des »ballot stuffing« wird gleich der komplette Inhalt einer Urne ausgetauscht: Die echten Stimmen werden entsorgt und durch vorbereitete Stimmzettel ersetzt. Das Ergebnis sind derart verdächtige Wahlergebnisse, wie sie Stefan Thurner und seine Kollegen aufgedeckt haben.

Grundsätzlich könnte zwar auch eine harmlose Erklärung hinter dem verdächtigen Fingerabdruck der russischen Präsidentschaftswahl stecken. Vielleicht gab es ja wirklich Wahlbezirke mit glühenden Putin-Anhängern, die geschlossen zur Wahl gegangen sind. Aber der Vergleich mit den Wahlen in der Schweiz, Österreich, Finnland und Tschechien zeigt, dass diese Erklärung sehr unwahrscheinlich ist. Die Fingerabdrücke der fairen Wahlen unterscheiden sich zu stark von dem in Russland.

Die Ökonomen aus Wien untersuchten mit ihrer Methode auch die Präsidentschaftswahl 2011 in Uganda. Die Wahl, bei der der Amtsinhaber Yoweri Museveni mit einer komfortablen Mehrheit von mehr als 60 Prozent der Stimmen gewann, machte viele Wahlbeobachter misstrauisch. Der Wirtschaft in Uganda ging es in den Jahren vor der Wahl schlecht, viele Menschen lebten in Armut, während Museveni und seine Regierung im Luxus schwelgten. Zahlreiche Ugander dürften daher mit Musevenis Politik unzufrieden gewesen sein und eher der Opposition ihre Stimme gegeben haben.

Weil Museveni trotzdem haushoch gewann, lag der Verdacht nahe, dass bei der Wahl nicht alles mit rechten Dingen zugegangen war. Und tatsächlich lassen sich mit der Fingerabdruckanalyse von Stefan Thurner und seinen

Forscherkollegen deutliche Anzeichen für Wahlfälschung finden. Wie bei der russischen Präsidentschaftswahl ist die Grafik nach rechts oben verzerrt (siehe Grafik 1). Auch in Uganda gab es also viele Wahllokale, in denen die Wahlbeteiligung sehr hoch lag und 100 Prozent der Stimmen an Amtsinhaber Museveni gingen. Ein eindeutiges Anzeichen für »ballot stuffing«.

Inzwischen bekommt Thurner regelmäßig Anfragen von Oppositionsgruppen, misstrauischen Wählern oder Wahlbeobachtern, die den offiziellen Wahlstatistiken nicht trauen und den Ökonom bitten, die Daten durch sein Analyseprogramm laufen zu lassen. Thurner bietet die Formeln, mit denen er die Wahlergebnisse auf Anzeichen von Betrug untersucht, auch auf seiner Website zum Download an. So kann jeder, der sich ein bisschen mit Statistikprogrammen auskennt, verdächtige Wahlergebnisse unter die Lupe nehmen.

Wahlergebnisse hausgemacht

Doch nicht nur mit Statistik lassen sich Wahlfälscher überführen. Bei ihrer Jagd auf die Feinde der Demokratie greifen Ökonomen auch auf die Erkenntnisse von Psychologen zurück. Denn die haben in zahlreichen Experimenten gezeigt, dass es für Menschen nahezu unmöglich ist, das echte Leben zu simulieren. Jedenfalls wenn sich das echte Leben in Zahlen ausdrückt.

Bereits 1953 machte der US-Psychologe Alphonse Chapanis ein wegweisendes Experiment. Er gab 13 Versuchspersonen den Auftrag, sich riesige Zahlenreihen mit über 2000 Stellen auszudenken und sie auf ein Blatt Papier zu schreiben. Die Zahlenreihe sollte ein reines Fantasieprodukt sein. Chapanis sagte den Versuchspersonen, sie sollten das Gleiche machen wie ein Zufallsgenerator. Nach dem Experiment verglich Chapanis die von Menschenhand gemachten Zahlen mit denen eines echten Zufallsgenerators. Er stellte fest, dass sich die menschlichen Zahlen stark von den zufällig generierten unterschieden. Die Versuchspersonen hatten zum Beispiel nur selten dieselbe Zahl wiederholt. Die Zahlenfolgen 110 oder 111 kamen auf den von Menschen ausgefüllten Blättern fast nie vor, obwohl sie bei einer echten Zufallsverteilung durchaus häufig auftauchen. Außerdem neigten die Versuchspersonen dazu, bei aufeinanderfolgenden Zahlen eine absteigende Reihenfolge zu wählen, also Zahlenfolgen wie 987.

Zahlreiche Psychologen haben die Erkenntnisse von Chapanis inzwischen mit ähnlichen Experimenten bestätigt. Der Psychologe und Arbeitswissenschaftler Gustave Rath ließ 20 Studenten Zahlenreihen erstellen und stellte fest, dass sie kleine Zahlen wie 1, 2 und 3 deutlich häufiger verwendeten als große Zahlen wie 8 und 9. In einer rein zufälligen Zusammenstellung von Zahlenreihen kommen alle Zahlen aber ungefähr gleich häufig vor. Außerdem zeigten die Studenten eine Vorliebe für Kombinationen wie 12 oder 23, bei denen die einzelnen Ziffern direkt nebeneinander lagen. Die Statistikforscher Philip Boland und Kevin Hutchinson ließen 458 Studenten zu einem derartigen Zahlenexperiment antreten. Auch hier schafften es Menschen nicht, sich Zahlen auszudenken, die denen einer echten Zufallsverteilung ähnelten. Die Studenten sollten sich eine Reihe mit 25 Zahlen ausdenken. 70 Prozent von ihnen wiederholten in der Zahlenreihe keine einzige Ziffer. Auf eine 1 folgte also nie eine zweite 1, obwohl das bei zufälligen Zahlenreihen durchaus häufig passiert.

Der Soziologieprofessor Andreas Diekmann von der Eidgenössischen Technischen Hochschule Zürich beauftragte Studenten sogar, eine wissenschaftliche Studie möglichst professionell zu fälschen. Die Studenten mussten sich Datenreihen ausdenken, die eine vorher festgelegte These stützen sollten. Die Fälschung war leicht zu enttarnen. Die ausgedachten Zahlen der Studenten unterschieden sich deutlich von echten Datenreihen aus Studien, die im »American Journal of Sociology« veröffentlicht wurden.

Eine ähnliche Entdeckung haben auch die Mitarbeiter des US Office of Research Integrity (ORI) gemacht. Die Behörde untersucht medizinische

Studien, um Fälschungen zu enttarnen. In mehreren Fällen, in denen Wissenschaftler Manipulationen bereits zugegeben hatten, konnten die ORI-Mitarbeiter die ausgedachten Zahlen mit den Ergebnissen von ehrlichen Studien vergleichen. Jedes Mal waren die Spuren der menschlichen Manipulation deutlich sichtbar. Die von den Forschern manipulierten Zahlen sahen anders aus als die echten Forschungsergebnisse.

Den meisten Menschen fällt es also sehr schwer, sich möglichst realistische Zahlenreihen auszudenken. Diese Schwäche nutzen Ökonomen und Politikforscher aus, um Wahlfälschern auf die Schliche zu kommen. 2012 haben die Forscher Bernd Beber und Alexandra Scacco von der Universität New York eine aufsehenerregende Studie veröffentlicht, bei der sie mithilfe der Erkenntnisse aus den Experimenten von Psychologen zeigen konnten, dass im Senegal und in Nigeria mehrere Wahlen höchstwahrscheinlich gefälscht worden sind.

Die beiden Forscher untersuchten in ihrer Studie vor allem die Ergebnisse der beiden Präsidentschaftswahlen 2000 und 2007 im Senegal und die der Wahl 2003 in Nigeria. Um einen Vergleichswert zu haben, unterzogen die Forscher aber auch die Schwedische Parlamentswahl von 2002 einem Test. In Schweden, so nahmen die Forscher an, sei eine Manipulation der Ergebnisse äußerst unwahrscheinlich.

In diesen Wahlstatistiken suchten Beber und Scacco nach den verräterischen Spuren von Wahlfälschern. Wenn Handlanger der herrschenden Parteien und Präsidenten die Ergebnisse der Abstimmungen manipuliert haben, indem sie sich die Ergebnisse von Wahlkreisen einfach ausgedacht haben, müsste das an den Zahlen zu erkennen sein, so die Theorie der Forscher. In Schweden wurden sie wie erwartet nicht fündig. Die Zahlen aus der schwedischen Wahlstatistik sahen genauso durcheinander und zusammengewürfelt aus, wie es in einer freien und fairen Wahl sein sollte. Jede Ziffer kam etwa gleich häufig vor und es gab zahlreiche Fälle, in denen sich Ziffern direkt hintereinander wiederholten. Zifferpaare wie 12, bei denen die einzelnen Ziffern nahe zueinander liegen, kamen auch nicht auffällig häufig vor. Solche Paare bauen Menschen, die sich Zahlen ausdenken müssen, besonders gerne, wie die psychologischen Experimente gezeigt haben. Paare wie 19, bei denen die beiden Ziffern weit auseinanderlagen, kommen bei menschengemachten Ergebnissen hingegen seltener vor. In den Ergebnissen der schwedischen Parlamentswahl gab es sie aber genau so oft wie die anderen Kombinationen. Die Tests der Forscher bestätigten also ihre These, dass in Schweden alles mit rechten Dingen zugegangen war und keine Wahlfälscher ihre Hände im Spiel gehabt hatten.

Als Nächstes nahmen sie sich die Präsidentschaftswahl in Nigeria vor. Auch hier durchforsteten sie die Wahlstatistiken nach Mustern, die Menschen beim Erfinden von Zahlen hinterlassen. Und diesmal wurden sie fündig. In zahlreichen Distrikten zeigten sich in den Wahlergebnissen verdächtige Zahlenkombinationen. Einige Zahlen kamen deutlich häufiger vor als andere. Zum Beispiel fanden die Forscher auffällig oft die Zahl null. Die Muster waren so eindeutig, dass sich die Forscher sehr sicher waren: Die Präsidentschaftswahl 2003 in Nigeria ist höchstwahrscheinlich gefälscht worden. Die damals amtierende Regierung des Präsidenten Olusegun Obasanjo hatte ihre Ergebnisse anscheinend deutlich angehoben.

Dafür gab es schon vorher einige Anzeichen. Mehrere Medien berichteten nach der Wahl in Nigeria, dass die abgegebenen Stimmen in einigen Wahllokalen nicht erfasst wurden, weil die Wahlhelfer die Bögen, in denen sie die Endergebnisse aufschreiben sollten, überhaupt nicht bekommen hatten. In anderen Wahllokalen gab es zwar derartige Bögen, aber sie wurden schon vor dem Ende der Wahl ausgefüllt. Beber und Scacco stellten auch fest, dass in Nigeria viele Ergebnisbögen von ein und derselben Person ausgefüllt worden waren. Die Handschrift war immer dieselbe. Wenn ein Wahlhelfer gleich mehrere Ergebnisbögen ausfüllt, ist die Erfassung der Wahlergebnisse sehr anfällig für Manipulationen. Mit ihrem Test auf verdächtige, menschliche Spuren in den Wahlergebnissen konnten die beiden Forscher ein weiteres eindeutiges Indiz für den Wahlbetrug in Nigeria vorlegen.

Im Fall des Senegal untersuchten sie gleich zwei Wahlen. Einmal die Wahl im Jahr 2000, als es zu einem friedlichen Regierungswechsel kam, bei dem Abdoulaye Wade den bisherigen Präsidenten Abdou Diouf ablöste. Und als Zweites die Wahl 2007, bei der Wade wiedergewählt wurde. Ihr Ergebnis war spektakulär: Bei der Wahl 2000 schien alles mit rechten Dingen zugegangen zu sein. Die Wahlstatistiken ähnelten denen der Parlamentswahl in Schweden. Es gab keine verdächtigen Muster in den Zahlen. Senegal, ebenfalls eines der ärmsten Länder Afrikas mit einem Pro-Kopf-Einkommen von gerade einmal rund 1000 Dollar im Jahr, hatte einen großen Schritt auf den Weg zu einem demokratischen Land gemacht und in einer fairen Wahl eine neue Regierung ins Amt gebracht. Doch die Demokratie sollte nicht lange halten.

Denn in den Ergebnissen der Wahl im Jahr 2007 fanden Beber und Scacco deutliche Spuren von Wahlbetrug. Jetzt sahen die Zahlen nicht mehr so aus wie in Schweden, sondern eher so wie in Nigeria. Auch in den Wahlstatistiken aus dem Senegal kamen einige Zahlen auffällig häufig und andere verdächtig selten vor. Wie in Nigeria fiel den Forschern vor allem die Zahl null auf, die im Senegal in den Wahlergebnissen von 2007 deutlich häufiger auftauchte als in denen aus dem Jahr 2000. Außerdem gab es nur selten Zahlenpaare wie 19 oder 81, bei denen zwischen beiden Ziffern eine große Differenz besteht. Zwei deutliche Zeichen, dass jemand die Ergebnisse der Wahl manipuliert hat. Der Amtsinhaber Abdoulaye Wade, der bei einer vermutlich relativ fairen und nicht gefälschten Wahl an die Macht gekommen war, hatte der Demokratie also offenbar nicht mehr so ganz getraut, als seine Wiederwahl anstand. Bis zum April 2012 blieb er übrigens Präsident des Senegal.

Auch zwei Abstimmungen aus der US-amerikanischen Geschichte nahmen sich Beber und Scacco mit ihrem Wahlfälschungstest vor. In den Ergebnissen der beiden US-Präsidentschaftswahlen 1924 und 1928 suchten sie ebenfalls nach Zahlenmustern, die von denen einer fairen Wahl abweichen. Sie konzentrierten sich dabei auf die Wahlstatistiken aus Chicago, wo es damals häufiger zu Korruption und Manipulationen kam, vor allem durch kriminelle Banden, die den Republikanern nahestanden. Bei beiden Wahlen fanden die Forscher in den Ergebnissen des jeweiligen republikanischen Kandidaten Anzeichen für Wahlfälschung. Vor allem 1928 fiel ihnen auf, dass im Ergebnis von Herbert Hoover nur wenige Achten vorkamen. Dieser Befund deckt sich mit Ergebnissen der Psychologen Boland und Hutchinson. Die hatten 2000 in einem Experiment gezeigt, dass viele Menschen beim Erfinden von Zahlenreihen eine mysteriöse Abneigung gegen die Ziffer acht hegen und sie nur selten in ihre Zahlenkombinationen einbauen. Die Ergebnisse aus Chicago waren zwar nicht so eindeutig wie die aus Nigeria und dem Senegal, aber laut Beber und Scacco könnte es auch bei den beiden US-Präsidentschaftswahlen zu Manipulationen gekommen sein.

Ökonomen, die auf die Jagd nach Wahlfälschern gehen, leisten Großes für die Demokratie. Sie sorgen dafür, dass der Siegeszug der Mitbestimmung nicht nur ein leeres Versprechen bleibt. Ihre Methoden und Analyseprogramme machen es für Politiker deutlich schwieriger, die Ergebnisse einer Wahl unbemerkt zu fälschen. Sie unterstützen damit betrogene Wähler und Oppositionspolitiker und erhöhen den Druck auf Herrscher in der ganzen Welt, freie und ehrliche Wahlen abzuhalten. Vor allem Länder wie Russland, die sich den Anschein einer Demokratie geben wollen, werden durch die Analyse der Ökonomen bloßgestellt. Statistische Schnelltests, wie sie Stefan Thurner entwickelt hat, können zudem eine große Hilfe für überforderte Wahlbeobachtern sei, denn sie zeigen punktgenau, in welchen Wahllokalen manipuliert wurde.

Literatur

Peter Klimek, Yuri Yegorov, Rudolf Hanel, Stefan Thurner (2013). *Statistical detection of systematic election irregularities*

Bernd Beber, Alexandra Scacco (2012). *What the Numbers Say: A Digit-Based Test for Election Fraud*

ÖKONOMEN RETTEN MENSCHENLEBEN

Einige der größten Erfolge der Menschheit sieht man in den Gesichtern der Alten. Tiefe Falten und weiße Haare sind Symbole für einen unglaublichen Fortschritt. Denn noch vor rund sechs Jahrhunderten sah man solche alten Gesichter nur sehr selten. Wer seinen 60. Geburtstag noch erlebte, galt im Mittelalter bereits als überraschend langlebig. Die meisten Menschen starben deutlich früher.

Das hat sich gründlich geändert: Inzwischen sind die Bergwanderwege der Alpen und die Strände Mallorcas voll mit agilen 65-Jährigen, die wissen, dass sie noch rund 15 Jahre vor sich haben. In Industrieländern wie Deutschland, Frankreich oder den USA werden die Menschen im Durchschnitt rund 80 Jahre alt. Besonders langlebig sind die Japaner, die sogar eine durchschnittliche Lebenserwartung von 82,5 Jahren haben. Vor allem aber wissen die Alten, dass sie die zusätzliche Lebenszeit auch nutzen können und nicht wie die Senioren im Mittelalter von Krankheiten gezeichnet dahinsiechen werden. Denn die Menschen leben nicht einfach nur länger, sie haben auch weniger Schmerzen, sind seltener krank und können oft auch im hohen Alter noch selbstbestimmt leben.

Das längere und gesündere Leben verdanken wir vor allem Ärzten und Ingenieuren. Mithilfe von Antibiotika wurden Krankheiten wie Pest oder Tuberkulose, die früher Millionen Menschen dahingerafft haben, nahezu ausgerottet. Gleichzeitig wurde erkannt, wie wichtig Hygiene ist. Das wirkte sich vor allem auf die Lebenserwartung in den Städten aus, waren sie doch lange Zeit kein Ort, an dem man alt wurde. Im Mittelalter hatten Stadtbewohner oft eine deutlich geringere Lebenserwartung als die Menschen auf dem

Land. Abwassersysteme und Toiletten gab es damals noch nicht, Müll und Fäkalien wurden meistens einfach auf die Straße geschüttet. Metropolen wie Paris und London wurden dadurch nicht nur zu stinkenden Molochen, sondern auch zu perfekten Brutstätten für Bakterien und Viren. Krankheiten wie die Cholera, die durch das Bakterium Vibrio cholerae ausgelöst wird, kosteten Tausende von Menschen das Leben. Erst im 19. Jahrhundert bekamen die Städte das Problem langsam in den Griff, als Ingenieure riesige unterirdische Systeme aus Abwasserkanälen entwarfen. Durch die besseren hygienischen Verhältnisse in den Großstädten stieg Lebenserwartung der Menschen deutlich an.

Doch während sich die Hygiene in den Städten verbesserte, wurde die Luft immer schlechter. Mit dem Aufstieg der Schwerindustrie im 19. Jahrhundert begann das Zeitalter der Schornsteine. Immer mehr Unternehmen bauten riesige Fabriken, aus deren Schornsteinen giftige Stoffe in die Luft gelangten. Jetzt starben die Menschen zwar nicht mehr an der Cholera, dafür griffen Feinstaub und Rußpartikel ihre Lungen an. Doch auch für dieses Problem fanden Ingenieure eine Lösung. Sie entwickelten Filtersysteme für die rauchenden Fabrikschornsteine, die zumindest einen Teil der Stoffe auffingen, bevor sie in die Luft gelangen konnten. Inzwischen sind die Filtertechnologien so gut, dass man meistens selbst in der Nähe von Industriegebieten wieder gefahrlos tief einatmen kann.

Es waren also vor allem die Erkenntnisse von Medizinern, Ingenieuren und Naturwissenschaftlern, die den Menschen ein längeres und besseres Leben beschert haben. Doch manchmal stoßen auch die besten Ärzte und cleversten Ingenieure in ihrem Kampf gegen Krankheit und Tod an Grenzen. Und dann brauchen sie die Hilfe von Ökonomen.

Eine tödliche Angebotslücke, ein grausamer Markt und eine geniale Idee

Eigentlich haben Mediziner in den vergangenen Jahrzehnten enorme Fortschritte gemacht, um Menschen zu helfen, bei denen lebenswichtige Organe versagen. Nieren- und Lebertransplantationen sind mittlerweile fast Routine, und das ist eine herausragende Leistung, wenn man bedenkt, wie komplex der menschliche Körper ist, und, dass man in einem solchen System nicht einfach wie bei einem defekten Computer ein Bauteil austauschen kann. Die Transplantationsmedizin hat bereits Tausenden von Menschen das Leben gerettet, sie ist eine der größten Errungenschaften der Medizinforschung. Doch leider können die Chirurgen nicht so oft an den Operationstisch treten und die Ergebnisse ihrer jahrelangen Forschung in die Tat umsetzen, wie es wünschenswert und notwendig wäre. Sie wissen zwar sehr gut, wie sie ein fremdes Organ in einen Körper einbauen können, und welche Medikamente nach der Operation dafür sorgen, dass das Immunsystem des Patienten das neue Organ nicht als fremden Eindringling bekämpft. Und es gibt auch zahlreiche Menschen, die dringend eine derartige Operation benötigen. Doch das Wichtigste für eine Organtransplantation fehlt meistens: ein Spenderorgan.

Die Organe für Transplantationen stammen häufig von Toten, die eingewilligt haben, dass ihre Organe im Körper eines anderen Menschen weiterleben dürfen. In Deutschland muss man zum Beispiel einen Organspendeausweis ausfüllen, wenn man will, dass Ärzte nach dem Tod Organe entnehmen. Momentan besitzen aber nur wenige Menschen einen solchen Ausweis. 2012 ist die Spendenbereitschaft laut der Deutschen Stiftung Organtransplantation um 12,8 Prozent im Vergleich zum Vorjahr zurückgegangen. Gerade einmal 1046 Spenderorgane standen zur Verfügung, um damit einem Menschen das Leben zu retten. So wenige Transplantationen gab es zuletzt 2002. Ein wichtiger Grund für die geringe Spendenbereitschaft dürften die Skandale in mehreren Krankenhäusern sein, die 2012 und 2013 aufgedeckt wurden. Dabei sollen Ärzte die Krankenakten von Patienten manipuliert haben, um sie auf den Wartelisten für ein Spenderorgan weiter nach oben rutschen zu lassen. Die betrügerischen Ärzte haben der Transplantationsmedizin enorm geschadet. Viele Menschen vertrauen nicht mehr darauf, dass ihre Organe auch wirklich zu den Menschen kommen würden, die eine Transplantation am dringendsten benötigen. Sie befürchten, dass ihre Nieren oder ihre Leber von Ärzten nach Belieben verteilt und vielleicht sogar verkauft würden.

Für die Patienten auf den Wartelisten für Spenderorgane ist das eine furchtbare Entwicklung. Rund 12 000 Patienten brauchen momentan allein in Deutschland ein Spenderorgan. Ihre Überlebenschancen sind durch die immer geringere Spendenbereitschaft deutlich gesunken.

Es gibt aber noch einen anderen Weg, ein passendes Spenderorgan zu finden. Manchmal können Organe auch von lebenden Spendern entnommen werden. Jeder gesunde Mensch besitzt zum Beispiel zwei Nieren. Die meisten können auch mit einer Niere gut leben, sodass die andere durchaus gespendet werden könnte. Die Transplantation von Organen, die von lebenden Spendern stammen, verläuft sogar meistens deutlich reibungsloser als das Verpflanzen von Organen von Verstorbenen. Insbesondere Spendernieren funktionieren im fremden Körper besser, wenn der Spender bei der Entnahme des Organs noch am Leben war. Auch bei Lebendspenden müssen die Spenderorgane aber zum Patienten passen. Entscheidend ist vor allem die Blutgruppe: Nur wenn Spender und Empfänger die gleiche Blutgruppe haben, kann eine Transplantation funktionieren.

Selbst mit dieser Einschränkung ist die Zahl der potenziellen Nierenspender aber deutlich größer, als die traurigen Statistiken über die Organspendeausweise vermuten lassen. Wenn man auch Menschen als potenzielle Spender berücksichtigt, die eine Niere mit der passenden Blutgruppe als Lebendspende abgeben könnten, steigen die Überlebenschancen von Patienten mit Nierenkrankheiten deutlich an. Doch damit die Patienten von dieser größeren Auswahl an Spenderorganen auch tatsächlich profitieren können, muss man sie erst mal mit den passenden Spendern zusammenbringen. Eine Aufgabe für Ökonomen.

Eigentlich haben Ökonomen in der Transplantationsmedizin nichts zu suchen. Sie wüssten zwar durchaus, wie man den todkranken Patienten und hilflosen Ärzten schnell helfen könnte, doch ihre Lösungen sind ziemlich unmenschlich. Für Ökonomen sind die fehlenden Spenderorgane ein reines Verteilungsproblem, und so etwas wollen sie am liebsten über Preise lösen. Folgt man der klassischen ökonomischen Lehrbuchtheorie, könnte man den Mangel an Spenderorganen daher ganz einfach beheben: Man müsste nur einen Markt schaffen, auf dem potenzielle Organspender mit den todkranken Patienten verhandeln könnten. Einigen sich beide auf einen Preis, wird operiert und die Niere ausgetauscht. Wenn es nur wenige Spender gibt und Organe daher knapp sind, würden die Preise rasant steigen. Die todgeweihten Patienten würden sich gegenseitig überbieten, um eine Niere zu bekommen und damit ihr Leben zu retten. Die hohen Preise wären wiederum für gesunde Menschen ein starker Anreiz, eine ihrer Nieren teuer zu verkaufen. So eine Marktlösung ist daher tatsächlich ziemlich effizient. Es würden am Ende wahrscheinlich deutlich mehr Menschen überleben als im jetzigen System. Trotzdem darf es einen Markt für Spenderorgane nicht geben. Denn er wäre erstens extrem unmenschlich, weil Menschen um ihr Leben verhandeln müssten, und zweitens sehr ungerecht, denn letztendlich würden immer nur die reichsten Patienten überleben. Vor allem aber hätte ein solcher Markt grausame Nebenwirkungen.

Einige dieser Nebenwirkungen lassen sich bereits beobachten. In vielen Ländern ist der Verkauf von menschlichen Organen zwar offiziell verboten, doch längst nicht überall wird die Einhaltung der entsprechenden Gesetze auch wirklich kontrolliert. In den vergangenen Jahren ist deshalb ein lebhafter internationaler Schwarzmarkt mit menschlichen Organen entstanden, auf dem für Nieren, Lebern oder Herzen, wie von der ökonomischen Theorie vorhergesagt, viel Geld bezahlt wird. Und die hohen Preise schaffen verheerende Anreize. Sie führen nicht nur dazu, dass Menschen in Geldnot bereit sind, eine Niere zu verkaufen, sondern haben auch eine organisierte Organhändler-Kriminalität entstehen lassen, die von dem lukrativen Geschäft mit den menschlichen Körperteilen profitieren will. Vor allem im Sinai entführen kriminelle Banden immer wieder afrikanische Flüchtlinge und entnehmen ihnen Organe, die sie anschließend an reiche Patienten in Europa, den USA oder China verkaufen. Die Operationen finden oft unter miserablen hygienischen Bedingungen statt, viele Opfer überleben die Eingriffe nicht. Und wenn doch, sind sie oft schwer verletzt und vollkommen traumatisiert. All das zeigt, warum man das Problem mit den fehlenden Organspenden nicht mit einem Markt lösen darf. Jedenfalls nicht mit einem Markt, der über Preise gesteuert wird.

Hier kommt eine Gruppe ganz besonderer Erfinder ins Spiel: Kreative Ökonomen, die eine neue Art von Märkten erfunden haben. Märkte, die ohne Preise funktionieren, und so helfen, auch moralisch schwierige Probleme wie Organspenden mit ökonomischen Mechanismen zu lösen.

Marktdesigner nennen sich diese Forscher und einer der Berühmtesten von ihnen ist der US-Ökonom Alvin Roth, der als Professor an der Eliteuniversität Stanford in Kalifornien arbeitet. Roth ist ein mathematisch geprägter Ökonom, der sich am Anfang seiner Karriere viel mit der Theorie und weniger mit der praktischen Anwendung von ökonomischer Forschung beschäftigt hat. Doch dann stieß Roth auf das Drama um die knappen Organspenden und hatte eine geniale Idee. Er beobachtete, dass es im Umfeld von Nierenpatienten oft Angehörige gab, die bereit waren, eine ihrer Nieren zu spenden. Zum Beispiel der Ehepartner oder ein Verwandter. Doch eine Organtransplantation kann eben nur funktionieren, wenn Spender und Empfänger die gleiche Blutgruppe haben, und daran scheitern viele Transplantationspläne unter Verwandten und Freunden. Oft geht der potenzielle Spender zum Arzt, lässt seine Blutgruppe testen und wenn sie nicht zu der seines kranken Angehörigen passt, geht er wieder nach Hause. Roth wollte ein System entwickeln, das die Bereitschaft des potenziellen Organspenders, eine Niere abzugeben, um einen Angehörigen zu retten, ausnutzt, und gleichzeitig das Problem mit den unterschiedlichen Blutgruppen löst.

Er entwickelte dafür zusammen mit den Ökonomen Tayfun Sönmez und Utku Ünver einen sogenannten Ringtausch. Dabei tragen sich potenzielle Organspender und Patienten, die auf ein Spenderorgan warten, zunächst in eine Datenbank ein und geben dabei auch ihre Blutgruppe an. Eine Software, die auf Verteilungsmechanismen beruht, die Roth und seine Forscherkollegen entwickelt haben, arbeitet sich dann durch die Datenbank und versucht, Paare aus Spendern und Patienten zu finden, bei denen die Blutgruppe übereinstimmt. Wenn zum Beispiel ein Ehemann seiner kranken Frau eine Niere spenden würde, aber die Blutgruppe nicht passt, sucht die Software ein anderes Paar, bei dem es genauso ist, die Blutgruppe aber zum jeweils anderen Patienten passt. Der Mann aus dem ersten Paar spendet seine Niere dann nicht seiner Frau, sondern der Frau des anderen Paares, die die gleiche Blutgruppe wie er besitzt. Im Gegenzug spendet der Mann des zweiten Paares seine Niere der Frau des ersten, weil auch diese Blutgruppen zusammenpassen. Die Operationen finden dabei exakt zur gleichen Zeit statt. Sonst könnte einer der Ehemänner plötzlich einen Rückzieher machen, nachdem seine Frau die Niere des anderen Mannes bekommen hat, und so seine Frau retten, ohne selber eine Niere spenden zu müssen. Durch diesen geschickten Mechanismus haben am Ende des Ringtauschs beide Spender ein Organ gespendet und beide Patientinnen eine neue Niere. Und das, obwohl die Blutgruppen von Spender und Patientin bei beiden Paaren am Anfang nicht zusammenpassten.

Die Idee von Roth, Sönmez und Ünver ist eine geniale Lösung für den Mangel an Organspenden. Und das System funktioniert nicht nur mit Kombinationen aus zwei Paaren, wie im oben beschriebenen Beispiel, sondern lässt sich erweitern. Auch drei Paare aus Spendern und Patienten können untereinander die Organe tauschen. 2008 wurden in einem Krankenhaus in den USA sogar sechs Paare gleichzeitig operiert, die mit dem System der Ökonomen um Alvin Roth untereinander Nieren austauschten. Je größer der

Ringtausch angelegt wird, desto mehr Patienten können mit Spenderorganen versorgt werden. Im Januar 2006 konnte Alvin Roth die Ergebnisse seiner Forschung das erste Mal direkt beobachten. Er durfte bei der Operation eines nierenkranken Patienten im OP-Saal dabei sein. Roth sah, wie seine Berechnungen und der vom ihm erschaffene Markt das Leben eines Menschen retteten.

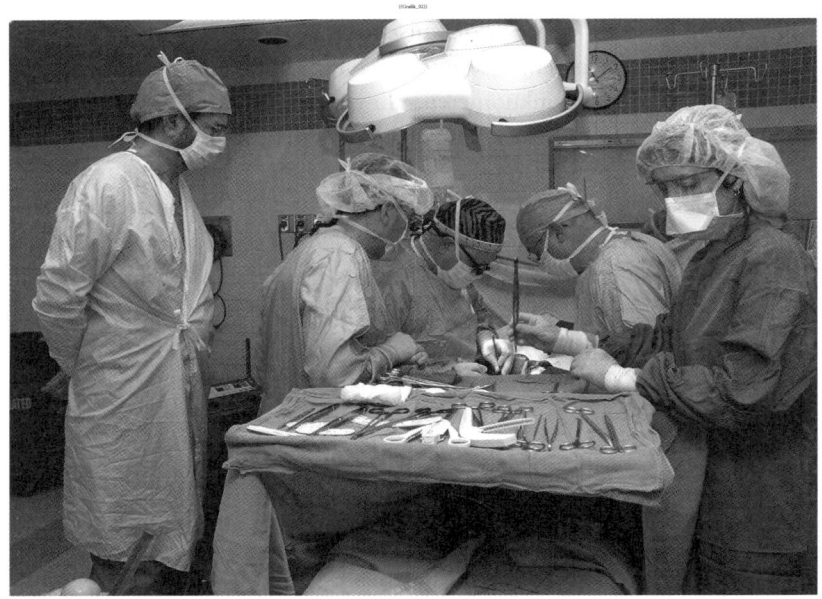

Abbildung 2: Transplantationen retten Leben. *Foto: E. Steve Woodle*

Der Augenblick im OP-Saal war für Alvin Roth (auf dem Foto im gelben Kittel) wohl die größte Belohnung für seine Arbeit. Aber auch der Preis, den er am 15. Oktober 2012 verliehen bekam, ist nicht zu verachten. Schließlich ist es die renommierteste Auszeichnung, die Ökonomen gewinnen können: der Nobelpreis. Der Ökonomienobelpreis geht zwar nicht wie die Nobelpreise für Medizin, Physik, Chemie, Literatur und der Friedensnobelpreis auf die

Stiftung des Industriellen Alfred Nobel zurück, wird aber seit 1968 jedes Jahr von der Schwedische Reichsbank zeitgleich mit den anderen Preisen verliehen. Zusammen mit Alvin Roth zeichnete die Schwedische Reichsbank 2012 den US-Mathematiker Lloyd Shapley aus. Der inzwischen 90-jährige Shapley hat einige der zentralen theoretischen Grundlagen von Verteilungssystemen, wie sie Roth, Sönmez und Ünver für Spenderorgane aufgebaut haben, entwickelt. Mit dem Nobelpreis für Roth und Shapley hat auch die noch relativ junge ökonomische Disziplin des Marktdesigns gehörig Aufwind bekommen. Ökonomen wollen inzwischen nicht mehr nur verstehen, wie Märkte funktionieren, um vorhersagen zu können, wie sich Menschen auf diesen Märkten verhalten werden. Sie wollen eigene Märkte erschaffen. Entweder dort, wo die vorhandenen Märkte nicht richtig funktionieren, oder in Situationen, in denen es keinen normalen Markt geben darf, wie bei den Spenderorganen. Die Marktdesigner haben damit das Arsenal der Ökonomen um eine neue wirkungsvolle Waffe erweitert. Mit Märkten kann man Leben retten, wie die Forschung von Alvin Roth zeigt.

Für die über 30 000 Menschen, die allein in den USA momentan eine Spenderniere brauchen, ist das System von Alvin Roth ein wahrer Segen. Sie haben durch den Ringtausch eine deutlich größere Überlebenschance. Und in je mehr Ländern solche Ringtauschsysteme erlaubt sind und Krankenhäuser die Datenbanken und Algorithmen der Ökonomen nutzen können, desto mehr Menschenleben können gerettet werden. Vielleicht schaffen es Transplantationsmediziner damit irgendwann sogar, dass jeder Patient eine passende Spenderniere bekommt, und niemand mehr an einer Nierenkrankheit sterben muss.

Aber Organtransplantationen sind zum Glück eine medizinische Nische. Die meisten Menschen werden nie auf das System von Alvin Roth und seinen Forscherkollegen zurückgreifen müssen, denn Nierenkrankheiten und andere Organversagen sind nach wie vor eher selten. Die wirklich großen Gefahren für die Gesundheit lauern nicht in der Niere oder der Leber, sondern in einem ganz anderen Organ: dem Gehirn.

Ein kleiner Schubs für ein gesünderes Leben

In unserem Kopf liegen die Ursachen für zwei der tödlichsten Krankheiten der Welt. Rund 17 Millionen Menschen sterben jedes Jahr an Erkrankungen, die das Herz oder die Blutgefäße schädigen. Und Krebsgeschwüre töten pro Jahr schätzungsweise rund 7,6 Millionen Menschen auf der Welt. Das sind extreme Zahlen. Und was noch viel tragischer ist: Viele dieser Menschen hätten deutlich länger leben können, wenn sie nur ein paar Dinge anders gemacht hätten.

Viele Menschen, die jedes Jahr an einem Herzinfarkt sterben, sind übergewichtig und haben zu hohe Blutzuckerwerte. Ein Herzinfarkt scheint also viel mit der Ernährung zu tun zu haben. Zwar wissen Mediziner noch immer nicht ganz genau, wie bestimmte Nahrungsmittel dem Herz dermaßen schaden können, doch die Zusammenhänge in den Statistiken sind deutlich zu sehen. Je mehr Gemüse und Obst jemand isst, desto geringer ist sein Risiko, in seinem Leben einen Herzinfarkt zu bekommen. Auch Bewegung schützt das Herz, zeigen zahlreiche medizinische Studien. Schon ein regelmäßiger Spaziergang kann das Risiko, an einem Herzinfarkt zu sterben, oft deutlich senken. Sein Leben zu verlängern und sich gegen einen Herzinfarkt zu schützen, ist also eigentlich ziemlich einfach. Man muss lediglich ein bisschen mehr Gemüse essen und zwischendurch mal einen lockeren Spaziergang einlegen. Vielen Menschen fällt das aber offenbar sehr schwer, wie die erschreckend hohen Zahlen der Herz-Kreislauf-Erkrankungen zeigen.

Auch Krebs, eine der tödlichsten Krankheiten überhaupt, hat in vielen Fällen etwas mit der Lebensweise von Menschen zu tun. Zwar gibt es auch Giftstoffe und Umwelteinflüsse, die Krebszellen entstehen und wachsen lassen, etwa radioaktive Strahlung, doch die sind nur für einen Bruchteil der Krebserkrankungen verantwortlich. Viel öfter entsteht Krebs durch übermäßigen Alkoholkonsum, wie im Fall von Darmkrebs, oder durch Rauchen, wie im Fall von Lungenkrebs. Auch hier ist die Lösung also eigentlich einfach. Schluss mit Bier und Zigaretten und das Leben wird statistisch gesehen um einige Jahre verlängert. Aber auch das ist für viele Menschen offensichtlich ein zu großes Opfer, obwohl die furchtbaren Folgen des Rauchens seit Jahrzehnten bekannt sind.

Für Ökonomen ist das alles auf den ersten Blick ziemlich überraschend. Menschen, die den ganzen Tag auf dem Sofa sitzen und Fast Food in sich hineinstopfen, gibt es in den klassischen Modellen der Ökonomik nicht. Der Homo oeconomicus würde nie in ein Fast-Food-Restaurant gehen oder sich eine Zigarette anzünden. Denn er wägt schließlich bei jeder Entscheidung sorgsam den Nutzen gegen die Kosten ab. Und der Nutzen eines kurzen Nikotinrausches wiegt niemals die Kosten einer deutlich verringerten Lebenserwartung auf. Auch das gute Gefühl, in einen saftigen Burger zu beißen, entschädigt nicht für den Herzinfarkt. Doch wie wir bereits gesehen haben, wissen auch Ökonomen, dass der Homo oeconomicus ein reines Fantasieprodukt ist, und echte Menschen sich anders verhalten.

Herauszufinden, warum echte Menschen ihrem Körper, anders als der Homo oeconomicus, freiwillig so großen Schaden zufügen, ist die Aufgabe von Verhaltensökonomen. Wir haben Verhaltensökonomen und ihre Methoden ja schon kennengelernt. Sie gehören zu dieser neuen Spezies von Wirtschaftswissenschaftlern, die nicht immer nur am Schreibtisch sitzen und über Formeln brüten, sondern manchmal wie Naturwissenschaftler oder Psychologen ins Labor gehen und Experimente machen. So wollen sie herausfinden, wie viel Homo oeconomicus in uns allen steckt, und wo wir von dem rationalen Menschenbild der Ökonomik abweichen. Wenn die Ökonomen ihre Probanden im Labor zwischen unterschiedlichen Produkten oder Aktien wählen lassen, beobachten sie oft, dass Menschen nur selten Kosten und Nutzen exakt gegeneinander abwägen und sich stattdessen häufig einfach aus dem Bauch heraus entscheiden. Das ist keineswegs schlecht. Die Fähigkeit zur spontanen Bauchentscheidung ist sogar enorm wichtig, denn aus dem Bauch lassen sich Entscheidungen viel schneller treffen, als wenn man jedes Mal eine aufwendige Kosten-Nutzen-Kalkulation aufstellt. Das Leben des Homo oeconomicus ist vermutlich ziemlich anstrengend, denn mit seinem ständigen rationalen Abwägen braucht er auch für kleine Entscheidungen ewig. Auf der anderen Seite trifft der Homo oeconomicus immer die für ihn beste Entscheidung, während wir normalen Menschen mit unserem Bauchgefühl auch mal kräftig danebenlangen können. Und noch etwas kann der Homo oeconomicus besser: an die Zukunft denken.

In Experimenten von Verhaltensökonomen zeigt sich immer wieder, dass Menschen vor allem an das Hier und Jetzt denken und sich herzlich wenig darum scheren, was in einigen Jahren oder gar Jahrzehnten passiert. Ökonomen haben zum Beispiel in zahlreichen Experimenten Probanden vor die Wahl gestellt, ihnen entweder sofort einen kleinen Geldbetrag (etwa 50 Dollar) zu schenken oder nach sechs Monaten das Doppelte auszuzahlen. Die zweite Variante, 100 Dollar nach einem halben Jahr zu bekommen, ist natürlich deutlich lukrativer. Man muss schließlich nicht mehr machen, als sechs Monate zu warten, um die Auszahlung zu verdoppeln. Trotzdem entscheiden sich viele Menschen in derartigen Experimenten für die 50 Dollar, die sie sofort haben können. Anders sieht es jedoch aus, wenn Ökonomen das Experiment etwas abwandeln. Wenn sich Menschen entscheiden sollen, ob sie lieber nach einem Jahr Wartezeit 50 Dollar haben wollen oder nach einem Jahr und sechs Monaten 100 Dollar, sind plötzlich erstaunlich viele bereit, sechs Monate länger zu warten und dafür den höheren Betrag zu bekommen. Die Wartezeit, die nötig ist, um die Auszahlung zu verdoppeln, ist in beiden Varianten des Experimentes gleich. Jedes Mal muss man sechs Monate länger warten, wenn man den höheren Betrag haben will. Doch viele Teilnehmer entscheiden sich im zweiten Fall komplett anders als im ersten. Wenn man ohnehin noch lange auf das Geld warten muss, scheinen die sechs Monate nicht mehr so sehr ins Gewicht zu fallen.

Solche Verhaltensmuster finden Ökonomen immer wieder. Sie nennen das »present bias«, was sich in etwa mit »Bevorzugung der Gegenwart« übersetzen lässt. Wie das Bauchgefühl ist die »present bias« nicht einfach eine menschliche Schwäche, sondern hat durchaus einen Sinn. Schließlich konnten die Teilnehmer bei den Experimenten der Verhaltensökonomen nicht wissen, ob sie das Geld in einem halben Jahr überhaupt noch brauchen würden. Vielleicht hätten sie zwischenzeitlich im Lotto gewonnen und könnten daher über 50 Dollar mehr oder weniger nur noch müde lächeln. Oder sie säßen am zweiten Auszahlungstag im Gefängnis, weil sie aus Geldmangel eine Bank überfallen hätten, und könnten die 100 Dollar daher nicht abholen. Oder, noch drastischer, sie wären inzwischen tot. Dann würde ihnen der höhere Betrag auch nichts mehr bringen.

Es gibt also durchaus Gründe, in der Gegenwart mitzunehmen, was man kriegen kann. Schließlich weiß man nie, was die Zukunft bringt. Doch die Wahrscheinlichkeit, im Lotto zu gewinnen, eine Bank zu überfallen oder plötzlich zu sterben, ist eher gering. Meistens lohnt es sich daher, auf die Zukunft zu warten und sie bei Entscheidungen miteinzubeziehen. Die meisten Probanden in den Experimenten der Verhaltensökonomen waren auch ein halbes Jahr später noch wohlauf und in Freiheit. Durch ihr gegenwartsfixiertes Verhalten hatten sie daher 50 Dollar verloren.

Warum sich viele Menschen so schwer mit dem Blick in die Zukunft tun, zeigt ein Experiment, das die Ökonomen George Loewenstein und David Laibson zusammen mit Medizinern und Psychologen gemacht haben. Dabei stellten sie die Versuchspersonen erneut vor die Wahl, entweder einen Geldbetrag sofort zu bekommen, oder etwas länger auf einen höheren Betrag zu warten. Die Besonderheit: Diesmal lagen die Probanden in einem Magnetresonanztomografen. Mithilfe des Geräts konnte die Forschergruppe zeigen, dass bei Entscheidungen zwischen der Gegenwart und einer nahen Zukunft (zum Beispiel einige Wochen später) vor allem Teile des limbischen Systems aktiv sind. Diese Gehirnregion ist unter anderem für die Steuerung und Verarbeitung von Emotionen verantwortlich und eng mit dem Dopaminsystem des Gehirns verbunden. Dopamin ist ein Botenstoff, der häufig als Glückshormon bezeichnet wird und eine wichtige Rolle bei Motivation und Belohnung spielt.

Als sich die Probanden in einer anderen Variante des Experiments zwischen unterschiedlichen Auszahlungen entscheiden mussten, die sie alle erst in mehreren Woche erhalten würden, war das limbische System weniger aktiv und Gehirnregionen wie der Präfrontale Cortex, der für rationale Entscheidungen und Abwägungen verantwortlich ist, übernahmen die Kontrolle. Die Aussicht auf einen schnellen Gewinn und eine sofortige Belohnung durch das Dopamin scheint das rationale Denken auszuschalten.

Wenn Menschen Gegenwart und Zukunft gegeneinander abwägen müssen, können sie sich also nicht auf ihr rationales Denken verlassen. Das ist ein großes Problem. Die Erkenntnisse von Verhaltensökonomen, Medizinern und Psychologen erklären zum Beispiel, warum sich viele Menschen so schwer mit ihrer privaten Altersvorsorge tun. Wer im Alter noch genügend Geld haben möchte, um in den Urlaub fahren und sich eine schöne Wohnung leisten zu können, sollte schon in jungen Jahren anfangen, etwas von seinem Einkommen zu sparen. Dafür muss er sich Gedanken über die Zukunft machen und überlegen, was er im Alter brauchen wird und machen möchte. Das fällt vielen offenbar sehr schwer. Die meisten Menschen, das zeigen zahlreiche Studien, tun viel zu wenig für ihre Altersvorsorge. Ein Grund dafür ist, dass sie sich nur schwer vorstellen können, wie sie in 20 oder 30 Jahren leben werden. Und dass sie sich von ihrem Hang zur Gegenwart dazu verführen lassen, lieber einen neuen Fernseher zu kaufen, als den monatlichen Beitrag für die Altersvorsorge zu erhöhen. Aber nicht nur für die Planung der Rente ist der verstellte Blick in die Zukunft ein Problem. Besonders fatal ist die starke Konzentration auf das Hier und Jetzt für die Gesundheit.

Wohl niemand würde sich je eine Zigarette anzünden, wenn er davon gleich am nächsten Tag Lungenkrebs bekommen würde. Doch ganz so gefährlich ist selbst das Tabakrauchen zum Glück nicht. Oft dauert es mehrere Jahrzehnte, bis bei manchen Rauchern Lungen- oder Mundhöhlenkrebs entsteht. Die gefährlichen Substanzen im Tabakrauch wie Nitrosamine schädigen das Erbgut der Zellen nur langsam und auch nicht bei jedem Menschen in gleichem Maße. Erst über einen langen Zeitraum führen diese zahlreichen kleinen Schädigungen dazu, dass eine Krebszelle entsteht. Das macht es für Raucher so schwierig, die Kosten ihrer Sucht abzuschätzen. Denn wie die Experimente der Verhaltensökonomen zeigen, beachten Menschen die Folgen ihrer Handlungen immer weniger, je weiter entfernt sie in der Zukunft liegen. Das ist nicht nur beim Rauchen so. Es würde wohl auch niemand einen Burger essen, wenn er gleich am nächsten Morgen einen Herzinfarkt bekäme. Doch auch hier vergeht viel Zeit zwischen Ursache und Wirkung. Dieser zeitliche Abstand macht eine Kosten-Nutzen-Kalkulation so schwierig und führt dazu, dass viele Menschen ihren Körper eigenhändig zerstören. Das Gute ist aber: Die Kosten-Nutzen-Kalkulationen von Rauchern und Fast-Food-Liebhabern lassen sich manipulieren.

Genau das versucht der US-Mediziner und Ökonom Kevin Volpp. Er leitet das Zentrum für Gesundheitsanreize und Verhaltensökonomik an der Universität von Pennsylvania. Volpp ist relativ spät zur Ökonomik gekommen. Seinen Bachelor machte er in Biologie an der berühmten Harvard University und studierte anschließend in Pennsylvania Medizin. Doch Volpp stellte bald fest, wie wichtig es ist, die Entscheidungen von Menschen zu verstehen, wenn man ihnen helfen will, sich besser um ihren Körper zu kümmern. Er entschied sich daher für eine Promotion in der aufstrebenden Disziplin der Gesundheitsökonomik. Inzwischen ist er berühmt für seine Experimente, die zeigen, dass ökonomische Erkenntnisse Leben retten können.

Am liebsten macht Kevin Volpp auf einem Zufallsmechanismus beruhende Feldexperimente. So konnte er in einem US-Unternehmen zeigen, dass ein paar Hundert Dollar manchmal reichen, um die Kosten-Nutzen-Kalkulation von Rauchern auf den Kopf zu stellen und sie von der Sucht zu befreien. Volpp und zwölf andere Wissenschaftler, die ihn bei der Studie unterstützten, wählten in dem Unternehmen 878 Angestellte aus, die regelmäßig rauchten. Anschließend teilten sie die Raucher mit einem Zufallsmechanismus in zwei Gruppen auf. Die eine Hälfte der Teilnehmer bekam lediglich einige Infoblätter über Entwöhnungsprogramme für Raucher. Den anderen Teilnehmern boten die Forscher zusätzlich noch einen Handel an: Sollten sie an den Raucher-Entwöhnungsprogrammen tatsächlich teilnehmen, würden ihnen die Forscher 100 Dollar zahlen. Wenn sie es danach schafften, sechs Monate nicht zu rauchen, würden Volpp und sein Team nochmal 250 Dollar drauflegen. Und wer von den Probanden ein ganzes Jahr lang keine Zigarette anfasste, dem versprachen die Forscher weitere 400 Dollar.

Nach einem halben Jahr machten die Ökonomen einen ersten Test. Sie befragten die Teilnehmer, wie viel sie seit dem Start des Experiments geraucht hätten und nahmen Urinproben, in denen sich das im Tabak enthaltene Nervengift Nikotin zuverlässig nachweisen lässt. Schon die Flyer mit Informationen über die Programme zur Raucherentwöhnung hatten Wirkung gezeigt. Immerhin jeder zehnte Angestellte hatte daraufhin das Rauchen aufgegeben. In der Gruppe, denen die Ökonomen kleine Geldgeschenke versprochen hatten, war der Anteil der neuen Nichtraucher aber doppelt so hoch. 20 Prozent der Raucher hatten es geschafft, ein halbes Jahr keine Zigarette anzufassen. Die Aussicht auf 350 Dollar war für die Angestellten offenbar eine sehr starke Motivation. Die Ökonomen wiederholten die Tests noch insgesamt viermal, immer im Abstand von drei Monaten. So wollten sie herausfinden, wie viele der neuen Nichtraucher aus beiden Gruppen am Ende wieder rückfällig wurden. Auch hier zeigte sich, dass ein paar Hundert Dollar einen großen Unterschied ausmachen können. In der Gruppe, in der die Angestellten für jedes weitere Halbjahr ohne Zigarette mit Geld belohnt wurden, gab es deutlich weniger Rückfälle.

Verhaltensökonomen wie Volpp nutzten in ihren Experimenten die »present bias« der Teilnehmer aus. Da die Schäden, die der Zigarettenrauch in ihren Körpern anrichtet, erst in mehreren Jahrzehnten spürbar werden, gibt es für Menschen, die sich stark auf die Gegenwart konzentrieren, eigentlich keinen Grund, mit dem Rauchen aufzuhören. Auch den Rauchern in dem Experiment schien es vor allem um das Hier und Jetzt zu gehen. Ihnen war es wichtiger, in der Gegenwart belohnt zu werden, zum Beispiel mit einer gemütlichen Zigarette, als in Zukunft gesund zu bleiben. Mit den kleinen Geldgeschenken sorgten die Ökonomen dafür, dass sich die Anreize der Raucher in der Gegenwart änderten. Jetzt hatten sie selbst dann einen Grund, mit dem Rauchen aufzuhören, wenn ihnen die Langzeitfolgen egal waren. Die Dollarscheine, mit denen jedes halbe Jahr ohne Zigarette belohnt wurde, änderte die Kosten-Nutzen-Kalkulation der Teilnehmer. Und das offenbar so stark, dass viele tatsächlich das Rauchen aufgaben. So ein Anreizmechanismus funktioniert natürlich nicht bei jedem. Harte und überzeugte Raucher wird man auch mit 850 Dollar nicht von ihrer Sucht abbringen. Die Experimente von Kevin Volpp zeigen jedoch, dass viele Menschen nicht aus Überzeugung rauchen. Sie bringen einfach nicht die Kraft auf, ihr Verhalten zu ändern. Ihre Kosten-Nutzen-Kalkulation neigt sich nur ganz leicht in Richtung Nutzen. In einem solchen Fall können schon kleine Anreize wie ein paar Hundert Dollar die gesamte Kalkulation verschieben und dazu führen, dass Menschen ihr Verhalten ändern.

Nicht nur Raucher kann man so davon überzeugen, ihre Zigaretten aufzugeben, glaubt Kevin Volpp. Er versucht mit ähnlichen Experimenten, Menschen auch dazu zu bringen, sich gesünder zu ernähren oder mehr Sport zu treiben. Die Methoden der Verhaltensökonomen sind allerdings durchaus umstritten. Oft wird kritisiert, dass Menschen mit solchen Anreizsystemen für ihr schädliches Verhalten sogar noch belohnt werden. Die Nichtraucher unter den Angestellten der US-Firma waren von Kevin Volpp und seinem Experiment vermutlich wenig begeistert. Sie mussten mitansehen, wie ihre rauchenden Kollegen mehrere Hundert Dollar einsteckten, nur weil sie einige Zeit genauso lebten, wie die Nichtraucher es immer taten: ohne Zigaretten. Für sie hätte es sich sogar gelohnt, vor dem Experiment mit dem Rauchen anzufangen, um sich dann von den Ökonomen dafür bezahlen zu lassen, wieder aufzuhören. Das hätte die Anreize, die die Ökonomen setzen wollten, komplett auf den Kopf gestellt. Einige Verhaltensökonomen wollen daher Menschen lieber bestrafen, statt sie zu belohnen. Wer raucht, müsste dann eine Strafe zahlen, statt für das Aufhören Geld zu bekommen. Das funktioniert durchaus, wie man seit einigen Jahrzehnten sieht. Immer höhere Tabaksteuern und Rauchverbote in Bars und öffentlichen Gebäuden haben dafür gesorgt, dass viele Menschen mit dem Rauchen aufgehört haben. Doch Strafen wirken anders als Belohnungen, zeigen Studien von Psychologen. Einige Menschen lassen sich von Strafen nicht abschrecken oder werden sogar regelrecht trotzig. Sie rauchen dann umso mehr, je höher die Zigarettenpreise und je strenger die Rauchverbote sind. Auf Belohnungen reagieren diese Menschen oft besser.

Doch egal ob mit Strafen oder Belohnung – Verhaltensökonomen greifen durch ihre Methoden stark in die Entscheidungsprozesse von Menschen ein und versuchen, sie in eine bestimmte Richtung zu lenken. Oft wird ihnen daher vorgeworfen, Menschen zu manipulieren und nicht frei entscheiden zu lassen, wie sie leben möchten. Viele Verhaltensökonomen nennen ihre Methode sogar selbst einen »sanften Paternalismus«. Paternalismus bezeichnet das Verhältnis zwischen einem Herrscher und einem Untergebenen, bei dem sich der Untertan so verhält, wie es der Herrscher vorgibt. Beim sanften Paternalismus wird den Menschen zwar nicht befohlen, was sie zu tun haben, aber ihnen wird ein kleiner Schubs in die richtige Richtung gegeben. Dafür muss man aber erst mal wissen, welche Richtung die richtige ist.

Beim Rauchen scheint die Sache noch relativ klar zu sein. Raucher verursachen jedes Jahr enorme Kosten, die die gesamte Gesellschaft übernehmen muss. Etwa weil sie häufiger krank sind und bei der Arbeit fehlen. Oder weil einige von ihnen später eine teure Krebsbehandlungen benötigen, die die Krankenkassen bezahlen müssen. Zwar nimmt in Deutschland der Staat auf der anderen Seite jedes Jahr rund 14 Milliarden Euro durch die Tabaksteuer ein, doch selbst wenn man diese Einnahmen berücksichtigt und beide Effekte gegeneinander aufrechnet, schaden Raucher der Allgemeinheit. Es ist daher aus gesamtgesellschaftlicher Sicht gut, wenn möglichst wenige Menschen rauchen. Aber Rauchen ist nicht die einzige Angewohnheit, mit der einzelne Menschen Kosten verursachen, die später die gesamte Gesellschaft tragen muss. Auch Menschen, die sich ungesund ernähren und zu wenig schlafen, werden häufiger krank und kosten die Krankenkassen und ihre Arbeitgeber damit Geld. Es wäre also gut, die Menschen nicht nur davon zu überzeugen, mit dem Rauchen aufzuhören, sondern sie auch dazu zu bringen, jeden Tag Obst und Gemüse zu essen und früh ins Bett zu gehen. Und wenn man schon mal dabei ist, verschreibt man gleich noch einen täglichen Spaziergang und streicht das dritte Glas Rotwein am Abend. Um einen perfekten und für die Allgemeinheit möglichst kostengünstigen Menschen zu formen, müsste man die Entscheidungsfreiheit von Menschen also ziemlich stark begrenzen.

Deswegen müssen sich Verhaltensökonomen wie Kevin Volpp häufig heftige Kritik anhören. Schließlich erwartet man doch gerade von Ökonomen, dass sie die Freiheit des Einzelnen respektieren. Hat nicht Adam Smith mit seiner Metapher von der unsichtbaren Hand gezeigt, wie wichtig es ist, dass jeder Mensch sein Leben selbst gestalten darf? Wirklich überzeugend ist die Kritik aber nicht. Denn die Verhaltensökonomen zwingen niemanden, an ihren Anreizsystemen teilzunehmen. Wer gerne und mit Leidenschaft raucht oder Fast Food isst, darf das auch weiterhin tun. Um diese Menschen geht es den Ökonomen meistens gar nicht. Sie wollen diejenigen von ihrer Sucht befreien, die nicht so sehr davon überzeugt sind und vielleicht schon öfter aufhören wollten, es aber bisher nicht geschafft haben. Und bei denen kann ein kleiner Schubser von Ökonomen oft Wunder bewirken.

Der fatale Hang zur Gegenwart, den Verhaltensökonomen, Neurowissenschaftler und Psychologen immer wieder beobachten, ist aber nicht nur für Raucher, Fast-Food-Liebhaber und Couch-Potatoes ein Problem. Viele Menschen in Entwicklungsländern kämpfen jeden Tag mit der Kurzsichtigkeit des menschlichen Gehirns. Ökonomen sind in den vergangenen Jahren durch Dörfer in Asien und Afrika gereist, um diesen Menschen zu helfen. Auf ihrer Reise hatten die Forscher eine klare Mission: Kinder vor gefährlichen Infektionskrankheiten zu schützen und für saubere Luft in der Küche zu sorgen.

Der Tod lauert am Herd

So verrückt es zunächst klingen mag: Millionen Menschen sterben jedes Jahr an den Spätfolgen des Kochens. Denn Küchen sehen in vielen armen Ländern völlig anders aus als in hochentwickelten Industriestaaten wie Deutschland. Da die meisten Dörfer in diesen Ländern nicht an Gas- oder Elektroleitungen angeschlossen sind, bleibt den Menschen dort nichts anderes übrig, als ihr Essen über dem offenen Feuer zu kochen. Entweder schichten sie dafür eine Feuerstelle vor ihrer Hütte auf oder bauen in einem Küchenraum einen provisorischen offenen Ofen. Die Feuerstellen machen eine Menge Arbeit, denn sie verbrauchen große Mengen Holz. In vielen Entwicklungsländern verbringen Frauen, die meist für das Kochen zuständig sind, mehrere Stunden pro Tag damit, Brennholz zu sammeln. Doch was noch viel schlimmer ist: Die Kochstellen sind eine tödliche Gefahr. Wer an einer solchen offenen Feuerstelle steht, wird komplett in Rauch gehüllt. Und dieser Rauch ist extrem ungesund. Beim Verbrennen von Holz entstehen zahlreiche gefährliche Stoffe, wie zum Beispiel Kohlenmonoxid. Gelangen diese Stoffe in die Lunge, können sie dort Atemwegserkrankungen und sogar Krebs auslösen. Jedes Jahr sterben rund zwei Millionen Menschen an den Folgen des Kochens auf rauchenden Feuerstellen, schätzt die Weltgesundheitsorganisation WHO. Das sind mehr Menschen als pro Jahr an Malaria sterben, einer der tödlichsten Infektionskrankheiten der Welt.

Man könnte also Millionen Menschenleben retten, würde man dafür sorgen, dass die Menschen in armen Ländern ihr Essen mit einer weniger gefährlichen Methode kochen. Und dafür muss man nicht mal kilometerlange Stromleitungen verlegen und moderne Cerankochfelder in den Hütten aufbauen. Es gibt simple und billige Kochherde, die zwar ebenfalls mit Brennholz beheizt werden, aber deutlich weniger Rauch entwickeln als eine offene Feuerstelle, denn der Rauch wird durch einen Schornstein nach oben abgeleitet. Diese Herde verbrauchen meistens auch deutlich weniger Brennholz. Man muss also nicht mehr so oft zum Holzsammeln in den Wald gehen und kann seine Zeit sinnvoller nutzen. Ein weiterer Vorteil: Oft kann man solche Herde leicht selber bauen, denn sie lassen sich aus billigen und nahezu überall verfügbaren Materialien, wie zum Beispiel Ton, herstellen. Eigentlich reicht es daher, den Menschen in Entwicklungsländern eine Bauanleitung zu zeigen und ihnen ein bisschen bei der Konstruktion des neuen Herdes zu helfen, um sie vor dem gefährlichen Rauch zu schützen. Um genau das zu tun, hat die United Nations Foundation, eine Stiftung der UN, im Jahr 2010 zusammen mit Unternehmen und staatlichen Organisationen die Global Alliance for Clean Cookstoves gegründet. Die Organisation setzte sich damals ein ehrgeiziges Ziel: Bis zum Jahr 2020 will sie dafür sorgen, dass 100 Millionen Haushalte in armen Ländern nicht mehr über dem offenen Feuer kochen.

Um dieses Ziel zu erreichen, reisen Entwicklungshelfer um die ganze Welt. In Indien, Guatemala und dem Senegal zeigen sie Menschen, wie sie neue raucharme Kochstellen bauen und benutzen können. Auf den ersten Blick sieht es wie eine glänzende Erfolgsstory aus: Mit geringem Einsatz können viele Menschen vor schlimmen Krankheiten und einem frühen Tod bewahrt werden. Doch die angebliche Erfolgsgeschichte hat einen Haken. Was in der Theorie wie ein Wundermittel wirkt, funktioniert in der Praxis leider oft nicht.

Mehrere Ökonomen haben in den vergangenen Jahren Entwicklungshelfer bei ihrer Mission, raucharme Herde zu bauen, begleitet. Auch sie waren von der Idee zunächst begeistert. 2006 flog zum Beispiel ein Forscherteam um die Französin Esther Duflo mit großen Erwartungen nach Indien. Im Bundesstaat Odisha, einem der ärmsten Gebiete Indiens, wollten die Ökonomen erstmals genau messen, wie stark sich die Gesundheit der Dorfbewohner durch neue Kochherde verbessern lässt. Sie begleiteten dafür einige Mitarbeiter der Nichtregierungsorganisation Gram Vikas, die in Odisha von Dorf zu Dorf zogen und gemeinsam mit den Dorfbewohnern Tausende neue Kochherde aufbauten. Die Ökonomen um Duflo verwendeten für ihre Studie die gleiche Methode, mit der auch Kevin Volpp die Wirkung seiner Raucherentwöhnungsprogramme gemessen hatte: das Zufallsexperiment.

Sie wählten 2600 Haushalte in mehreren Dörfern in Odisha aus und ließen das Los entscheiden, bei wem die Mitarbeiter von Gram Vikas als Erstes einen raucharmen Kochherd aufbauen würden. Die Haushalte, die bei der Verlosung leer ausgingen, bekamen erst einige Jahre später einen neuen Herd. So konnten die Ökonomen in jedem Dorf zwei Gruppen direkt miteinander vergleichen.

Vier Jahre lang kamen Esther Duflo und ihre Kollegen einmal pro Jahr in die Dörfer zurück und luden die Bewohner zu einer ausführlichen medizinischen Sprechstunde ein. Sie fragten sie nach ihrem allgemeinen Gesundheitszustand und nach Anzeichen für Atemwegserkrankungen, also zum Beispiel, wie oft sie starken Husten hatten. Außerdem ließen die Ökonomen die Dorfbewohner Lungenfunktionstests machen, um Hinweise auf ernste Erkrankungen zu finden. Anschließend sammelten sie alle Ergebnisse in einer Datenbank und werteten sie aus. Die Ergebnisse waren für die Mitarbeiter von Gram Vikas ziemlich ernüchternd. Ihre mühsamen Touren durch die indischen Dörfer hatten so gut wie nichts gebracht. Auch vier Jahre, nachdem die Entwicklungshelfer die ersten neuen, raucharmen Kochherde aufgebaut hatten, litten die Dorfbewohner weiterhin an Atemwegserkrankungen. Ihre Gesundheit hatte sich durch die Herde nicht wirklich verbessert. Die Ökonomen um Esther Duflo waren ebenfalls ziemlich überrascht und nahmen die Daten noch mal genau unter die Lupe. Sie wollten verstehen, warum die gute Idee mit den raucharmen Kochherden so wirkungslos verpufft war. Dabei kam ihnen zugute, dass sie den Dorfbewohnern sehr viele detaillierte Fragen gestellt hatten. Zum Beispiel, wie viele Mahlzeiten sie auf dem neuen Herd gekocht hatten. Als sie sich diese Zahlen anschauten, stellten die Ökonomen fest, dass die meisten Dorfbewohner ihre neuen Herde nur sehr selten eingesetzt hatten. Im ersten Jahr hatten sie im Durchschnitt gerade mal jede vierte Mahlzeit auf dem neuen Herd gekocht und für alle anderen Mahlzeiten weiterhin ein offenes Feuer angezündet. Und mit jedem Jahr hatten sie die neuen Herde weniger benutzt. Nach drei Jahren kochten die Menschen in den ausgewählten Dörfern in Odisha nur noch etwa jede zehnte Mahlzeit auf der raucharmen Kochstelle. Bei allen anderen Mahlzeiten standen sie weiterhin im Rauch des offenen Feuers. Kein Wunder also, dass sie immer noch an Atemwegserkrankungen litten. Aber warum ließen die Menschen in Odisha die neuen Kochstellen, die die Entwicklungshelfer von Gram Vikas mühevoll aufgebaut hatten, so schnell links liegen?

Esther Duflo und ihre Kollegen stellten diese Frage den Dorfbewohnern, und sie bekamen eine wütende und klare Antwort: Die neuen Herde würden viel zu schnell kaputtgehen. Bei den meisten waren bereits nach einem Jahr Risse und Löcher entstanden. Ständig müsse man sie reparieren und ausbessern, beklagten sich die Dorfbewohner. Viele hatten auf die Reparaturen keine Lust und warfen den neuen Herd daher bald weg, um ihr Essen wie früher auf der offenen Feuerstelle zu kochen.

Hier zeigt sich erneut der fatale Effekt der »present bias«. Einen Herd zu reparieren macht nicht viel Arbeit, vor allem da die Herde in Odisha sehr simpel konstruiert waren. Meistens hätte man lediglich den Schornstein reinigen oder einige Risse abdichten müssen. Eigentlich nicht zu viel verlangt, wenn man bedenkt, dass ein funktionierender und sauberer Kochherd einem das Leben erhalten kann. Doch die Kosten für die Reparatur fallen in der Gegenwart an und von einer besseren Gesundheit profitiert man erst weit in der Zukunft. Hier kommt den Menschen in Odisha – genau wie den Rauchern in dem Experiment von Kevin Volpp – ihr Fokus auf die Gegenwart in die Quere.

Allerdings war es im Fall der Kochstellen wohl nicht nur die »present bias«, die dafür gesorgt hat, dass die Dorfbewohner keine Lust hatten, ihre Herde zu reparieren. Eine Rolle dürfte auch gespielt haben, dass die Männer den Herd hätten reparieren müssen, und die Frauen von einem sauberen Herd am meisten profitieren würden. Kosten und Nutzen waren also auf unterschiedliche Personen verteilt, auch wenn grundsätzlich die Männer natürlich ein Interesse daran hatten, dass es ihren Frauen gut ging. Viele Dorfbewohner wussten wahrscheinlich auch nicht, wie sie einen defekten Herd wieder funktionsfähig machen konnten. Sie rissen ihn daher einfach ab und kehrten zur traditionellen offenen Feuerstelle zurück.

Die Ökonomen um Esther Duflo haben mit ihrem Experiment einen enorm wichtigen Effekt aufgedeckt. Es reicht nicht, Menschen mit einer hilfreichen Technologie zu versorgen. Man muss auch sicherstellen, dass sie die Technologie richtig und dauerhaft anwenden. Grundsätzlich sind die raucharmen, modernen Kochstellen eine gute Idee. Das konnten auch Esther Duflo und ihre Kollegen beobachten. Als sie nach einem Jahr das erste Mal in die Dörfer mit den neuen Kochstellen kamen, ging es vielen Menschen dort tatsächlich deutlich besser. Die Frauen, die einen neuen Herd bekommen hatten, klagten seltener über Husten und erreichten auch beim Lungenfunktionstest bessere Werte. Das passt zu den Ergebnissen eines ähnlichen Experiments, das der Entwicklungsökonom Jörg Peters vom Rheinisch-Westfälischen Institut für Wirtschaftsforschung zwischen 2009 und 2010 im Senegal gemacht hat. Auch Peters und sein Kollege Gunther Bensch wählten in zwölf Dörfern per Zufall einige Haushalte aus, die einen raucharmen Kochherd bekamen. Anschließend verglichen sie den Gesundheitszustand der Dorfbewohner mit und ohne neuen Herd und fanden deutliche Effekte: Durch die raucharmen Kochherde sank die Zahl der Atemwegserkrankungen messbar. Allerdings beobachteten Peters und Bensch die Haushalte im Senegal nur ein Jahr lang. Das Team um Esther Duflo blieb länger in Odisha und stellte fest, dass die Menschen die Herde im Laufe der Zeit immer seltener benutzten und sich ihre Gesundheit daher bald wieder verschlechterte.

Die Studien der Ökonomen haben gezeigt: Wenn die Global Alliance for Clean Cookstoves wirklich erreichen will, dass in Entwicklungsländern nicht mehr über dem offenen Feuer gekocht wird, muss sie dafür sorgen, dass die neuen Kochherde auch ausgiebig und lange genutzt werden. Entweder, indem den Dorfbewohnern gezeigt wird, wie leicht sich die Herde reparieren lassen, und ihnen gleichzeitig besser erklärt wird, wie schädlich der Rauch des offenen Feuers ist. Oder indem robustere Öfen gebaut werden. Das ist zwar teuer und dauert länger als die bisherigen Hilfsprojekte, aber nur so kann die gute Idee von den sauberen Kochstellen auch in der Praxis funktionieren und wirklich Menschenleben retten.

Leider sind die Kochherde nicht das einzige gut gemeinte Hilfsprojekt, das ins Leere läuft. Etwas Ähnliches beobachtete Esther Duflo zusammen mit drei weiteren Ökonomen in der indischen Stadt Udaipur. Dort hatte die Hilfsorganisation Seva Mandir mobile Impfkliniken errichtet, in denen Kinder gegen gefährliche Infektionskrankheiten geimpft werden konnten. Die lebensrettenden Spritzen waren sogar kostenlos, weil Seva Mandir die Kliniken mit Spendengeldern finanzierte. Trotzdem brachten nur wenige Eltern ihre Kinder zum Impfen vorbei. Die Krankenschwestern in Udaipur beobachteten immer wieder das Gleiche: Am Anfang kamen die Eltern mit ihren Kindern noch relativ regelmäßig zu den Impfterminen, doch irgendwann blieben sie einfach zu Hause. Damit die Impfung wirkt, müssen Kinder aber mindestens fünf Spritzen im Abstand von einigen Wochen bekommen. Weil nur wenige Eltern ihre Kinder wirklich fünfmal zur Impfklinik brachten, war das Hilfsprojekt ein ziemlicher Fehlschlag. In Udaipur gab es weiterhin viele Kinder, die nicht geimpft waren und ein großes Risiko trugen zu erkranken. Die Ökonomen um Esther Duflo überredeten die verzweifelten Mitarbeiter von Seva Mandir daher zu einem Experiment. In einigen Stadtteilen von Udaipur versprachen die Krankenschwestern den Eltern, dass sie ihnen jedes Mal zwei Pfund Bohnen schenken würden, wenn sie ihre Kinder zum Impfen vorbeibrachten. Nach der fünften und letzten Impfung würden die Eltern noch ein Tellerset obendrauf bekommen. Auf den ersten Blick wirkt das Experiment der Ökonomen etwas skurril. Sie wollten die Eltern mit ein paar Pfund Bohnen und einigen Tellern bestechen, damit die ihre Kinder vor einer tödlichen Krankheit bewahrten.

Natürlich wäre es besser gewesen, wenn die Menschen in Udaipur verstanden hätten, wie wichtig Impfungen sind, und ihre Kinder freiwillig in die Klinik gebracht hätten. Doch entweder schienen sie nicht an die Wirksamkeit der Impfungen zu glauben oder nicht zu verstehen, dass man alle fünf Spritzen braucht, um wirklich geschützt zu sein. Und das, obwohl die Seva-Mandir-Mitarbeiter schon geraume Zeit dabei waren, die Bewohner von den Vorteilen der Impfungen zu überzeugen und immer wieder geduldig den Ablauf der Impfungen erklärt hatten. Deswegen wählten die Ökonomen einen pragmatischeren Ansatz. Sie vermuteten, dass sich die Eltern einfach zu leicht von ihrem Plan, zur Impfklinik zu gehen, abbringen ließen. Vielleicht war ihnen der Weg zu weit oder sie hatten keine Lust, in der Schlange zu stehen. Eventuell hatten sie auch Angst, an dem Tag nicht genug Geld zu verdienen, weil sie mehrere Stunden in der Impfklinik sein mussten. Eigentlich sind das natürlich keine Argumente, um sein Kind ungeschützt zu lassen, doch wenn Eltern nicht hundertprozentig von den Impfungen überzeugt sind, können diese kleinen Hindernisse dafür sorgen, dass sie lieber zu Hause bleiben. Mit den Bohnen und Tellern gaben die Ökonomen den Eltern in Udaipur einen Nutzen, von dem sie absolut überzeugt waren. Sie kompensierten damit auch den Arbeitsausfall. Und der Erfolg gab ihnen recht: In den Stadtteilen, in denen die Ökonomen das Anreizsystem eingeführt hatten, kamen siebenmal so viele Eltern in die Kliniken wie in den Bezirken, in denen die Ökonomen keine Bohnen und Teller verteilten, und die als Kontrollgruppe dienten. So schafften es die Ökonomen zusammen mit den Krankenschwestern von Seva Mandir, immerhin 38 Prozent der Kinder in diesen Stadtteilen zu impfen. Vorher waren es nur rund 16 Prozent gewesen. Schon mit diesem kleinen Experiment haben die Ökonomen wohl zahlreiche Kinderleben gerettet. Vor allem aber haben sie gezeigt, dass man in der Entwicklungspolitik manchmal ungewöhnliche und vielleicht auch unangenehme Wege gehen muss.

Wir haben in diesem Kapitel gesehen, wie Ökonomen auf ganz unterschiedliche Arten Menschenleben retten und mit ihrer Forschung wahre Heldentaten vollbringen. Mal sorgen sie dafür, dass todkranke Patienten eine dringend nötige Behandlung bekommen, wie es Alvin Roth mit seinem Ringtauschsystem für die Organisation von Organtransplantationen macht. Mal unterstützen sie Ärzte und Entwicklungshelfer in ihrem Kampf gegen giftige Stoffe, die in vielen Entwicklungsländern das Leben der Menschen bedrohen, wie die Ökonomen um Esther Duflo mit ihren Experimenten zu den rauchenden Kochstellen. Und manchmal helfen sie Menschen, ihr Verhalten zu ändern und ein gesünderes Leben zu beginnen, wie die Verhaltensökonomen um Kevin Volpp. Immer wieder wird dabei deutlich: Ökonomen sind wahre Meister darin, menschliches Verhalten zu verstehen und zu steuern. Genau deswegen sind sie für Ärzte und Naturwissenschaftler im Kampf gegen Krankheit und Tod so wichtige Verbündete.

Literatur

Rema Hanna, Esther Duflo, Michael Greenstone (2012). *Up in Smoke: The Influence of Household Behavior on the Long-Run Impact of Improved Cooking Stoves*

Abhijit Vinayak Banerjee, Esther Duflo, Rachel Glennerster, Dhruva Kothari (2010). *Improving Immunization Coverage in Rural India: A Clustered Randomized Controlled Evaluation of Immunization Campaigns with and without Incentives*

Kevin G. Volpp, Andrea B. Troxel, Mark V. Pauly, Henry A. Glick, Andrea Puig, David A. Asch, Robert Galvin, Jingsan Zhu, Fei Wan, Jill DeGuzman, Elizabeth Corbett, Janet Weiner, Janet Audrain-McGovern (2009). *A Randomized, Controlled Trial of Financial Incentives for Smoking Cessation*

Ökonomen bremsen den Klimawandel

Es sind nur kleine Zahlen, aber hinter ihnen könnte eine große Katastrophe stecken. Zwei, drei oder vier Grad – einige der besten Wissenschaftler der Welt zerbrechen sich seit Jahren den Kopf, wie stark die Durchschnitstemperatur auf der Erde in den kommenden Jahrzehnten steigen wird. Sie machen aufwendige Studien, diskutieren tagelang auf Konferenzen, schreiben dicke Forschungsberichte und verschicken alarmierende Briefe an Präsidenten und Regierungschefs.

Dass sich Wissenschaftler so viele Sorgen über ein paar Grad mehr oder weniger machen, liegt daran, dass schon kleine Temperaturunterschiede das Aussehen der Erde und das Leben ihrer Bewohner radikal verändern können. Wenn die Durchschnittstemperatur auf der Erdoberfläche steigt, können Länder überflutet, Tierarten ausgerottet und ganze Landstriche unbewohnbar werden.

Leider ist das ein durchaus realistisches Szenario. Wie die Erderwärmung in den kommenden Jahrzehnten und Jahrhunderten genau verlaufen wird, können Klimaforscher bisher noch nicht voraussagen. Das globale Klimasystem ist einfach zu komplex für treffsichere Prognosen. Doch dass der Klimawandel kommt, daran zweifelt kein seriöser Wissenschaftler mehr. Und selbst eher vorsichtige Schätzungen gehen davon aus, dass die durchschnittliche Temperatur der Erdoberfläche im Jahr 2060 rund zwei Grad höher liegen könnte als momentan.

Schuld an dieser Erwärmung sind wir alle. Der Klimawandel, der die Welt verändern könnte, wurde zu einem Großteil von Menschen verursacht. Verantwortlich dafür ist der sogenannte Treibhauseffekt, der eigentlich ein absoluter Glücksfall für die Erde und das Leben ist. Ohne ihn würde es auf diesem Planeten ganz anders aussehen. Ziemlich ungemütlich wäre es, und Menschen würde es wohl auch nicht geben. Entdeckt wurde der Treibhauseffekt Anfang des 19. Jahrhunderts. Eine entscheidende Rolle dabei spielten die beiden Physiker Joseph Fourier und John Tyndall.

Der Franzose Fourier erkannte, dass die Atmosphäre der Erde wie das Glasdach eines Treibhauses funktioniert. Die wärmenden Sonnenstrahlen werden hinein-, aber nur zu einem Teil wieder hinausgelassen. Die Atmosphäre reflektiert einige Bestandteile des Sonnenlichts, das vom Erdboden eigentlich wieder ins All zurückstrahlt. So sperrt sie einen Teil der Energie der Sonnenstrahlen auf der Erde ein und die Oberfläche des Planten wird wärmer. Ohne den Treibhauseffekt läge die Durchschnittstemperatur auf der Erde gerade einmal bei ungemütlichen minus 18 Grad. Die Glasdachwirkung der Erdatmosphäre sorgt aber dafür, dass die Erdoberfläche im Durchschnitt rund 15 Grad warm ist. Das milde Klima war eine wichtige Voraussetzung dafür, dass sich komplexe Lebensformen wie Säugetiere im Laufe der Evolution in Ruhe entwickeln konnten. Dass der Treibhauseffekt jetzt zu einem Problem für den ganzen Planeten wird, liegt daran, dass eine dieser komplexen Lebensformen Technologien entwickelt hat, die den Effekt immer größer werden lassen.

Der Brite John Tyndall nahm die Theorie von Fourier auf und konnte zeigen, dass unter anderem das Gas Kohlenstoffdioxid (CO_2) für die Reflexion der Sonnenstrahlen in der Erdatmosphäre und damit für den Treibhauseffekt verantwortlich ist. Seit Menschen Holz verbrennen, um ihre Hütten zu heizen oder Essen zu kochen, lassen sie große Mengen CO_2 in die Erdatmosphäre aufsteigen. Besonders viel CO_2 steckt in fossilen Brennstoffen wie Öl und Kohle. Werden diese Stoffe verbrannt, gelangen große Mengen des Treibhausgases in die Atmosphäre und sorgen dafür, dass sich das Klima erwärmt.

Eine heiße Revolution

Zum fatalen Wendepunkt für das Klima wurde deswegen ausgerechnet eine der erfolgreichsten Epochen der Menschheitsgeschichte: die industrielle Revolution. Als industrielle Revolution bezeichnet man vor allem die Zeit zwischen Ende des 18. Jahrhunderts und dem frühen 20. Jahrhundert, als mehrere Länder in Westeuropa einen rasanten Wirtschaftsaufschwung erlebten. Ausgangspunkt dieses Booms war Großbritannien, wo schlaue Geschäftsleute und Erfinder eine Menge guter Ideen hatten und damit die Wirtschaft gehörig umkrempelten. Mehrere Textilunternehmer entwickelten in der zweiten Hälfte des 18. Jahrhunderts Maschinen, mit denen Wollfasern zu einem Faden verwoben werden konnten, und gründeten mit diesen Maschinen die ersten Fabriken der Welt. Die Textilindustrie wurde bald zum Vorbild für die gesamte britische Wirtschaft und zum Startpunkt der industriellen Revolution. Es begann die Zeit der maschinellen Produktion und der großen Fabriken.

Dabei half auch die Erfindung des britischen Physikers James Watt. Er entwickelte in den 1760er-Jahren aufbauend auf der Forschung von anderen Wissenschaftlern eine Dampfmaschine, bei der ein Kohlefeuer einen Motor antrieb. Watts Dampfmaschine wurde ein großer Erfolg. Sie lieferte schon bald die Energie für all die neuen Fabrikmaschinen. Schwere und körperlich anstrengende Arbeiten wurden nun hauptsächlich von Maschinen übernommen, die viel schneller als Menschen arbeiteten und nie müde wurden. Dadurch stieg die Produktivität enorm an. Die britische Wirtschaft wuchs zwischen 1830 und 1890 mit Raten von bis zu elf Prozent jährlich – so stark wie nie zuvor. Die industrielle Revolution machte Großbritannien zu einem der wohlhabendsten und fortschrittlichsten Länder der Welt. Einige Jahre später kam diese Revolution auch in anderen europäischen Ländern an. Überall übernahmen Unternehmer die neuen Technologien und entwickelten sie immer weiter. Auch in Frankreich und Deutschland wuchs die Wirtschaft bald kräftig. Doch das Wachstum und der neue Reichtum hatten Folgen.

Watts Erfindung war auch deswegen so phänomenal, weil er einen Weg gefunden hatte, die Energie, die im fossilen Brennstoff Kohle gespeichert ist, nutzbar zu machen. Leider hatte das auch eine Kehrseite. Denn neben der Energie wurde auch das in der Kohle gespeicherte CO_2 befreit. Als immer mehr Unternehmen Dampfmaschinen in ihre Fabrikhallen stellten, sorgte das also nicht nur für größere Gewinne und eine rasant wachsende Wirtschaft, sondern auch dafür, dass die Kohlenstoffdioxidemissionen plötzlich stark anstiegen.

Diese Entwicklung ging im 20. Jahrhundert weiter. Inzwischen konnte man auch die Energie des Erdöls nutzen, zum Beispiel durch Motoren, die zu Benzin verarbeitetes Erdöl als Treibstoff verwendeten. Und es kamen immer neue Einsatzfelder für fossile Brennstoffe wie Kohle, Erdöl und Erdgas hinzu – aus Gas wurde zum Beispiel in riesigen Turbinen Strom erzeugt und aus Erdöl entstanden chemische Produkte wie Klebstoff oder Plastik. Aber mit jedem neuen Einsatzfeld für fossile Brennstoffe stiegen auch die CO_2-Emissionen.

Seit der industriellen Revolution hängen Wirtschaftswachstum und Kohlenstoffdioxidausstoß eng zusammen (siehe Grafik 2). Damit wird klar: Der Klimawandel hat enorm viel mit Wirtschaft zu tun. Wer die Erwärmung der Erde stoppen oder abmildern will, muss die wirtschaftlichen Wurzeln des Treibhauseffektes verstehen. Er muss wissen, wo das CO_2 herkommt, um verhindern zu können, dass es in immer größeren Mengen freigesetzt wird. Um den Klimawandel zumindest etwas zu bremsen, braucht die Welt daher Ökonomen.

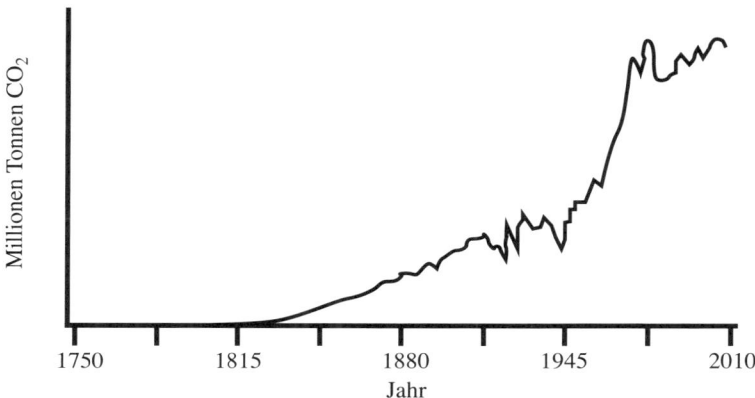

Abbildung 3: Globale, regionale und nationale Emissionen durch fossile Brennstoffe.
Quelle: Boden, T.A., G. Marland und R.J. Andres (2013)

Alles hat seinen Preis

Ökonomen beschäftigen sich schon lange mit Umweltschutz. Das klingt erst einmal überraschend, denn oft wirken Ökonomen eher so, als wenn sie sich nur für eine Sache interessieren: dass die Wirtschaft kräftig wächst, koste es, was es wolle. Aber Ökonomen haben bereits früh erkannt, dass eine wachsende Wirtschaft ihre Schattenseiten hat und die Umwelt immer stärker verschmutzt und ausgebeutet wird, je mehr Fabriken in die Landschaft gesetzt werden. Lange bevor die Grünen oder Greenpeace gegründet wurden, dachten Wirtschaftswissenschaftler ausgiebig darüber nach, wie man Unternehmen dazu bringt, rücksichtsvoller mit dem Ökosystem der Erde umzugehen. Einer der wichtigsten Ökonomen, der in diese Richtung forschte, war der Franzose Arthur Cecil Pigou (1877–1959).

Bis heute wird Pigous Name sehr häufig genannt, wenn Politiker und Wissenschaftler darüber diskutieren, wie man die Wirtschaft umweltverträglicher gestalten kann, denn er gab einem berühmten Steuermodell seinen Namen. Die Pigousteuer soll ein grundlegendes Problem im Wirtschaftsleben beheben: Dass Unternehmen oft nicht für den Schaden bezahlen, den sie anrichten. Pigou erkannte, dass die Handlungen von Unternehmen oft weitreichende Folgen zeitigen, die mit dem eigentlichen Ziel der Firma nicht mehr viel zu tun haben. Er erklärte das zunächst an einem positiven Beispiel: der Ausbildung von Fachkräften. Wenn ein Unternehmen viele Auszubildende einstellt, ist das nicht nur für das Unternehmen selbst gut, weil es sich dadurch für die Zukunft Arbeitskräfte sichert. Auch seine Konkurrenten profitieren von dem Ausbildungsprogramm, denn sie können die neuen Arbeitskräfte später vom ausbildenden Unternehmen abwerben. Die Ausbildung von Arbeitskräften in einem Unternehmen hat laut Pigou einen großen sogenannten externen Effekt, denn sie erhöht das Angebot von qualifizierten Arbeitskräften in der gesamten Branche. Das Problem: Das Unternehmen, das viel Geld in die Ausbildung investiert, wird von seinen Konkurrenten oft schamlos ausgenutzt. Sie können sich ein eigenes, teures Ausbildungsprogramm sparen und kommen trotzdem an qualifizierte Arbeitskräfte.

Die Ausbildung von Fachkräften ist ein Beispiel für positive externe Effekte. Doch meistens, so erkannte Pigou, sind die externen Effekte von Unternehmen leider negativ. Er beschreibt das am Beispiel von Eisenbahnen, deren Räder damals beim Rollen über die Schienen Funken erzeugten und so manchmal Brände auf Getreidefeldern auslösten. Bei modernen Eisenbahnen passiert so etwas zwar nicht mehr, doch negative externe Effekte gibt es weiterhin. In Ökonomielehrbüchern wird oft das Beispiel von einer Fabrik benutzt, die ihr Abwasser einfach in einen Fluss leitet, anstatt es von einem Spezialunternehmen entsorgen zu lassen. Durch die giftigen Abwässer sterben die Fische im Fluss und ein Fischer, der ein paar Kilometer stromabwärts lebt, verliert seinen Lebensunterhalt. Außerdem schädigt das Gift aus der Fabrik das Ökosystem des Flusses, baden kann auch niemand mehr. Für den Fluss und die Menschen, die an ihm leben, ist das Fabrikabwasser also ein großes Problem. Für die Fabrik selbst aber sind diese negativen externen Effekte nicht sichtbar. Sie tauchen in der Bilanz des Unternehmens nicht auf, denn für das Ableiten von Abwasser in den Fluss muss das Unternehmen kein Geld bezahlen. Es kann sich sogar die hohen Entsorgungskosten sparen. Ein Unternehmen, das seinen Gewinn maximieren will, wird also immer sein Abwasser in den Fluss leiten, anstatt es fachgerecht entsorgen zu lassen.

Die Geschichte von der Fabrik und dem vergifteten Fluss zeigt, wie hilfreich es ist, das Problem der Umweltzerstörung durch eine ökonomische Brille zu betrachten. Ökonomen versuchen immer, die Anreize von Menschen zu verstehen. Im Kampf gegen Umweltzerstörung und den Klimawandel ist diese Anreizanalyse besonders wichtig. Die meisten Menschen roden nicht deswegen den Regenwald oder leiten ihre Abwässer in einen Fluss, weil sie tropische Bäume hässlich und saubere Flüsse nervig finden. Sie wollen die Umwelt nicht gezielt verschmutzen und zerstören, sondern nehmen den Schaden an Bäumen, Flüssen und dem Klima nur billigend in Kauf, weil er etwas anderes ermöglicht, das sie erreichen wollen. Meistens ist dieses übergeordnete Ziel, dem die Umwelt geopfert wird, die Maximierung des Gewinns.

Man mag das traurig finden, dass offenbar so viele Menschen bereit sind, für materiellen Wohlstand die Schönheit der Natur zu opfern. Doch es ist unwahrscheinlich, dass die Menschheit hier eine moralische Kehrtwende macht, nachdem sie mehrere Tausend Jahre lang die Umwelt ausgebeutet und zerstört hat, um ihren Wohlstand zu steigern. Ökonomen glauben daher, dass man die Umwelt nur effektiv schützen kann, wenn man die Menschen in einer Sprache anspricht, die sie verstehen: die Sprache des Geldes. Deswegen sind Ökonomen immer so verrückt nach Preisen. Mit Preisen lässt sich das Verhalten von Menschen sehr gut steuern, denn sie sind starke Anreize. Wird etwas teurer, wird es weniger gekauft. Am liebsten würden Ökonomen daher allem auf der Erde ein Preisschild aufkleben.

Hier setzte auch Arthur Pigou an. Die externen Effekte müssten im Preis für ein Gut oder eine Dienstleistung berücksichtigt werden, forderte er. Das

Unternehmen, das viele neue Arbeitskräfte ausbildet, sollte von seinen Konkurrenten, die davon profitieren, eine Kompensationszahlung bekommen. Und die Fabrik, die ihre Abwässer in den Fluss leitet, müsste dafür an Fischer und Badegäste einen Preis zahlen, der sich an dem Wert des vergifteten Flusses orientiert. Weil dieser Preis wahrscheinlich deutlich über den Gebühren liegen würde, die ein Entsorgungsunternehmen verlangt, würde die Fabrik ihr giftiges Wasser nicht länger in den Fluss leiten, sondern professionell entsorgen lassen.

So bekommt der saubere Fluss ein Preisschild. Wenn die Fabrik ihn verschmutzen will, muss sie diesen Preis bezahlen, und da der Preis sehr hoch ist, lohnt sich die Verschmutzung nicht. Mit diesem Ansatz wollen Ökonomen auch gegen den Klimawandel kämpfen. Auch dem intakten Klima, das nicht durch CO_2-Emissionen aufgeheizt wird, soll ein Preisschild aufgeklebt werden.

Leider ist es sehr schwierig, einen fairen Preis für ein so komplexes Produkt wie ein intaktes Klima zu ermitteln. Wenn man Pigous Konzept der externen Kosten konsequent anwenden möchte, müsste man zunächst genau untersuchen, welche Schäden der Klimawandel auf der ganzen Welt anrichtet. Im zweiten Schritt müsste man dann ermitteln, wie stark zum Beispiel Aluminiumfabriken, die sehr viel Strom verbrauchen und damit oft große Mengen CO_2 ausstoßen, den Klimawandel beeinflussen. Aus diesen beiden Berechnungen könnte man anschließend den Schaden ermitteln, den eine konkrete Aluminiumfabrik durch den Ausstoß von CO_2 verursacht, und sie dafür zur Kasse bitten. Doch diese beiden Schritte sind sehr komplex und schwierig. Mit den heutigen Methoden und Erkenntnissen von Physikern, Medizinern und Geologen kann man weder exakt berechnen, welche Schäden der Klimawandel in den kommenden Jahrzehnten und Jahrhunderten anrichten wird, noch kann man bestimmen, welchen Anteil bestimmte Industriezweige oder einzelne Unternehmen daran haben. Bisher gibt es nur mehr oder weniger gut belegte Schätzungen. So hat eine Kommission um den britischen Ökonomen Nicholas Stern im Jahr 2006 errechnet, dass der Ausstoß von einer Tonne CO_2 durch Naturkatastrophen und Wetterextreme wie zum Beispiel Dürren Kosten in Höhe von rund 80 Euro verursacht. Doch auch die Autoren des Stern-Reviews konnten an vielen Stellen die Folgen des Klimawandels nur schätzen. Und wenn das Messverfahren nicht exakt und überzeugend belegt ist, kann man keine fairen Preise ermitteln, die von allen akzeptiert werden. Unternehmen würden dann ständig in aufwendigen Gerichtsverfahren gegen die Gebühren klagen, und nach jeder neuen Studie über die Folgen des Klimawandels müssten die Preise angepasst werden.

Pigous Konzept von den externen Kosten lässt sich also nicht direkt auf das Problem der Erderwärmung anwenden. Doch mit der Grundidee des französischen Wissenschaftlers haben Ökonomen ein Werkzeug entwickelt, das heute zu den schärfsten Waffen im Kampf gegen den Klimawandel zählt. Denn ob der Preis auf dem Preisschild des Klimas wirklich die Kosten der Erderwärmung korrekt abbildet, ist am Ende gar nicht so wichtig. Wichtig ist, dass es überhaupt einen Preis gibt.

Lange Zeit war der CO_2-Ausstoß für alle Unternehmen auf der Welt kostenlos. Auf dem Preisschild des Klimas stand eine große Null. Es gab für Firmen keinen Anreiz, die Emissionen zu senken. Schon eine leichte Preiserhöhung, zum Beispiel auf einen Euro pro Tonne CO_2, hätte daher einen großen Effekt. Weil die CO_2-Emissionen nun plötzlich Geld kosten würden, müssten sich die Unternehmen das erste Mal Gedanken um sie machen. Man könnte so eine Preiserhöhung durch eine Steuer erreichen. Die Regierung würde dann zum Beispiel für jede Tonne CO_2, die eine Fabrik in die Luft bläst, eine Abgabe verlangen. Die britischen Ökonomen Ronald Coase und John Dales hatten aber noch eine viel bessere Idee.

Coase, der am 2. September 2013 im Alter von 102 Jahren gestorben ist, zählt zu den bekanntesten Wirtschaftswissenschaftlern der Welt. In seinem 1960 erschienenen Aufsatz mit dem Titel »Das Problem der sozialen Kosten« kritisiert Coase, dass viele Wirtschaftswissenschaftler den Staat als eine Art weisen und allmächtigen Richter ansehen. Immer wenn im Wirtschaftssystem etwas nicht funktioniert, zum Beispiel eine Fabrik nicht für die von ihr verursachten Umweltschäden bezahlt, würden Ökonomen nach dem Staat rufen, der mit Steuern und Verboten eingreifen solle. Das habe vor allem zwei Nachteile. Erstens sei der Staat keineswegs ein unabhängiger Akteur, der immer selbstlos die für die Allgemeinheit richtigen Entscheidungen treffe. Regierungschefs und Minister wollen schließlich wiedergewählt werden. Wenn sie über Umweltsteuern entscheiden, schauen sie nicht nur auf vergiftete Flüsse und zerstörte Wälder, sondern lassen sich oft von Interessengruppen, wie zum Beispiel Unternehmensverbänden oder wichtigen Wählergruppen, beeinflussen. Große Unternehmen, an denen viele Arbeitsplätze hängen, werden dann zum Beispiel geringer besteuert als kleine Firmen, die für die Gesamtwirtschaft nicht so wichtig sind und keine starken Interessenverbände auf ihrer Seite haben, die sich für sie einsetzen.

Und zweitens haben Staatseingriffe laut Coase oft weitreichende Folgen, die vorher nur schwer abzusehen sind. Steuern und Produktionsverbote sorgen nicht nur dafür, dass eine Fabrik weniger Abwasser in einen Fluss leitet. Manchmal haben sie auch zur Folge, dass Fabrikarbeiter ihren Job verlieren, weil das Unternehmen wegen der strengen Auflagen nicht mehr so viel produzieren kann. Das kann der ganzen Wirtschaft schaden, denn die arbeitslosen Fabrikarbeiter können nicht mehr so viel Geld ausgeben. Supermärkte und Friseure im Arbeiterviertel nehmen deswegen weniger ein und die Wirtschaftsleistung sinkt. Diese Wirkungskette ist nur ein Beispiel, es kann natürlich auch ganz andere Auswirkungen geben. Vielleicht wandern die Fabrikarbeiter aus oder sie machen eine Umschulung und verdienen in ihrem neuen Job dann sogar mehr als vorher. Coase wollte lediglich auf die unübersichtlichen Folgen staatlicher Eingriffe in das Wirtschaftsleben hinweisen; er schlug eine andere Lösung vor: Auch für Umweltverschmutzung sollte es einen Markt geben.

Besser als Steuern oder strenge Umweltgesetze sei es, wenn Unternehmen direkt miteinander über Umweltverschmutzung verhandeln könnten. Im Beispiel mit der Fabrik, dem Fischer und dem vergifteten Fluss würden sich bei einer solchen Lösung beide Parteien an einen Tisch setzen und eine faire Kompensationszahlung vereinbaren, die die Fabrik an den Fischer bezahlt. Das hätte den Vorteil, dass nicht Politiker die Entscheidung treffen würden und die Höhe der Kompensationszahlung daher nicht durch Lobbygruppen oder Wahltermine beeinflusst werden könnte. Sie würde sich ausschließlich nach dem verursachten Schaden richten.

Coases Idee von einem Markt für Verschmutzungsrechte und Kompensationen wurde später von mehreren Ökonomen aufgegriffen. Einer von ihnen war der Kanadier John Dales. Er beschrieb 1968 am Beispiel der Wasserverschmutzung, wie ein solcher Markt konkret funktionieren könnte, und gilt damit als einer der Gründerväter des Emissionshandels. Auch der US-Ökonom Tom Crocker entwickelte in den Sechzigerjahren ein System, bei dem Unternehmen Emissionsrechte untereinander handeln können.

Die Ideen von Coase, Dales und Crocker blieben jedoch zunächst reine Theorie. Das änderte sich erst in den Neunzigerjahren, als die US-Regierung nach neuen Wegen suchte, den Ausstoß von Schwefeloxid zu verringern. Schwefeloxid entstand damals vor allem in Kohlekraftwerken und wurde durch die riesigen Schornsteine der Kraftwerke in die Luft gepustet. Es steht im Verdacht, Lungen- oder Atemwegserkrankungen auszulösen. Kraftwerksbetreiber, die den Schwefeloxidausstoß unter einen bestimmten Grenzwert senkten, bekamen in dem Handelssystem Verschmutzungsrechte zugeteilt, die sie an andere Kraftwerke, die ihre Emissionen nicht in den Griff bekamen, verkaufen konnten. Energieunternehmen hatten dadurch einen starken Anreiz, weniger Schwefeloxid zu produzieren, denn durch den Verkauf von Verschmutzungsrechten konnten sie ihren Gewinn steigern.

2005 übernahm auch die Europäische Union die ökonomische Idee, deren Grundlagen rund vier Jahrzehnte zuvor Ronald Coase entwickelt hatte. 25 EU-Staaten versuchen seitdem, mit einem Handelssystem ihre CO_2-Emissionen zu senken und so den Klimawandel zu bremsen. Kernstück des EU-Emissionshandels ist eine Börse, über die Unternehmen CO_2-Zertifikate kaufen und verkaufen können. Ein Zertifikat erlaubt dabei den Ausstoß von einer Tonne CO_2. Jedes Unternehmen muss also dafür sorgen, dass es für seine rauchenden Hochöfen oder stromfressenden Aluminiumschmelzen genügend Zertifikate hat. Der europäische Zertifikatehandel funktioniert nach dem »Cap-and-Trade«-Prinzip (übersetzt: Begrenzen und Handeln), bei dem eine Obergrenze für die CO_2-Emissionen festgelegt wird. In der EU richtet sich diese Obergrenze unter anderem nach den Zielen des Kyotoprotokolls, einer Vereinbarung zum Klimaschutz, die 1997 von zahlreichen Ländern unterschrieben wurde. Im Kyotoprotokoll haben sich die Länder der EU verpflichtet, ihre Emissionen von sechs der gefährlichsten Treibhausgase um acht Prozent im Vergleich zu 1990 zu senken. Die EU-Kommission verteilt also nur so viele CO_2-Zertifikate an die europäischen Unternehmen, dass dieser Zielwert nicht überschritten wird. Das wird oft als großer Vorteil des Emissionshandels gesehen: Da es nur eine bestimmte Anzahl von Verschmutzungsrechten gibt, ist von Anfang an klar, dass die gewünschten Einsparungen auch erreicht werden. In diesem Punkt unterscheidet sich der Emissionshandel aber nicht von einem Gesetz, mit dem der Staat den CO_2-Ausstoß über einer bestimmten Grenze einfach verbieten und Unternehmen, die sich nicht daran halten, bestrafen würde. Die wahre Stärke des Systems ist daher der Teil, der unmittelbar auf die Theorie von Ronald Coase zurückgeht: der Handel der Unternehmen untereinander.

Ein Automobilhersteller, der zum Beispiel den Strom für seine riesigen Produktionsstraßen mit einem eigenen Solarkraftwerk erzeugt, stößt nur wenig CO_2 aus und hat daher viele CO_2-Zertifikate übrig. Die kann er über eine Energiebörse wie die EEX in Leipzig an Unternehmen verkaufen, die besonders viel CO_2 ausstoßen, zum Beispiel Aluminiumwerke oder Papierfabriken. Die Investition in eine saubere Solaranlage lohnt sich für den Automobilhersteller in einer Wirtschaft mit CO_2-Emissionshandel deutlich schneller, als wenn es ein solches Handelssystem nicht gibt. Der Zertifikatehandel gibt Unternehmen also starke Anreize, CO_2-Emissionen zu verringern. Besonders groß sind die Anreize für Unternehmen, die vergleichsweise leicht CO_2 einsparen können. Ein Aluminiumwerk verbraucht dermaßen viel Strom, dass es fast unmöglich ist, den Bedarf durch ein Solarkraftwerk zu decken. Ein Automobilhersteller kann das schon eher schaffen, und ein kleiner mittelständischer Betrieb, zum Beispiel ein Getränkehersteller, erst recht. Um den CO_2-Ausstoß der ganzen Wirtschaft zu senken, ist es egal, ob alle Unternehmen ein bisschen sparen oder einige fast emissionsfrei produzieren, während andere so weitermachen wie bisher. Es ist sogar aus gesamtwirtschaftlicher Sicht effizienter, wenn nur die Unternehmen CO_2 einsparen, die das am leichtesten können. Genau dafür sorgt der Handel mit Emissionsrechten. Weil Unternehmen wie der mittelständische Getränkehersteller die Möglichkeit haben, den energiehungrigen Fabriken teure Emissionsrechte zu verkaufen, werden sie kräftig in neue, saubere Technologien investieren, die sich für das Aluminiumwerk nie lohnen würden. Dass Umweltschäden immer dort vermieden werden, wo es am billigsten und leichtesten geht, ist das zentrale Argument in der Theorie von Ronald Coase. Für diese Idee wurde er 1991 mit dem Ökonomienobelpreis ausgezeichnet.

Doch gute Ideen sind oft nicht genug, um derart komplexe Probleme wie die Erderwärmung zu lösen. Sie müssen auch richtig umgesetzt werden. Und genau daran scheint gerade der Emissionshandel in der EU zu scheitern. Wir haben zwar bereits gesehen, dass es erst mal nicht so wichtig ist, wie hoch der Preis für eine natürliche Ressource genau ist. Hauptsache, es gibt überhaupt einen Preis. Das gilt grundsätzlich auch beim Emissionshandel. Es ist besser, wenn CO_2-Zertifikate überhaupt etwas kosten, und sei es nur einen Euro, als wenn die Emissionen für Unternehmen komplett gratis sind. Doch damit der Emissionshandel seine volle Wirkung entfalten kann, muss der Preis für ein CO_2-Zertifikat schon etwas höher sein. Investitionen in klimaschonende Produktionstechnologien lohnen sich für Unternehmen nur, wenn ein CO_2-Zertifikat mehr als 20 Euro kostet, hat der Umweltökonom Andreas Löschel berechnet, der am Mannheimer Zentrum für Europäische Wirtschaftsforschung (ZEW) über den Emissionshandel forscht. Leider sieht die Realität momentan völlig anders aus: Anfang September 2013 pendelte der Preis für ein CO_2-Zertifikat an der Börse EEX um 4,50 Euro.

Die europäischen Unternehmen haben also momentan keinen großen Anreiz, auf den Dächern ihrer Fabriken Solarmodule aufzustellen oder neue stromsparende Maschinen zu kaufen.

Für den Preisverfall auf dem Markt für CO_2-Zertifikate gibt es mehrere Gründe. Zum einen wirkt die Wirtschaftskrise, unter der seit 2008 viele europäische Länder leiden, wie ein großes Klimaschutzprogramm. In den vergangenen fünf Jahren mussten tausende Unternehmen Insolvenz anmelden und ihre Fabriken schließen. Auch die überlebenden Firmen haben ihre Produktion zum Teil deutlich zurückgefahren, weil sie ihre Produkte nicht mehr so gut verkaufen konnten. Wenn Fabriken weniger produzieren oder sogar ganz geschlossen werden, sinkt auch ihr CO_2-Ausstoß. 2012 setzte die Wirtschaft in der gesamten EU deshalb laut Schätzungen der europäischen Statistikbehörde Eurostat so wenig CO_2 frei wie noch nie in den vergangenen 23 Jahren. Nahezu kein Unternehmen muss deshalb momentan CO_2-Zertifikate an der Börse kaufen. Im Gegenteil: Die meisten haben Zertifikate im Überfluss und wollen diese lieber verkaufen. Deshalb sinken die Preise.

Allerdings erklärt dieser Effekt nur einen Teil des dramatischen Preisverfalls. Der europäischen Wirtschaft geht es zwar gerade nicht wirklich gut, aber trotzdem gibt es noch viele Unternehmen, die ordentliche Geschäfte machen. Vor allem in Deutschland ist die Wirtschaft in den vergangenen zwei Jahren sogar wieder kräftig gewachsen. Trotzdem ertrinken insbesondere deutsche Unternehmen geradezu in ihren CO_2-Zertifikaten. 80 Prozent der deutschen Unternehmen besitzen mehr Zertifikate, als sie benötigen, hat ZEW-Ökonom Andreas Löschel ausgerechnet. Der Grund dafür: Sie wurden von der Politik reichlich beschenkt.

Als der Emissionshandel eingeführt wurde, wollten die Politiker und EU-Beamten die europäischen Unternehmen erst mal langsam an das neue System gewöhnen. Die Firmen mussten deshalb nicht alle Zertifikate kaufen, sondern bekamen einen Großteil kostenlos. Wer wie viele Gratiszertifikate bekam, richtete sich dabei vor allem nach zwei Kriterien. Zum einen verschenkte die EU viele Zertifikate an besonders energiehungrige Unternehmen wie Aluminiumwerke. Da diese Unternehmen sehr große Mengen CO_2 produzieren, hätten sie es kaum bezahlen können, wenn sie alle Zertifikate für den vollen Preis hätten kaufen müssen. Und zum anderen gab es kostenlose Zertifikate für Firmen, die auf dem Weltmarkt im harten Wettbewerb mit Konkurrenten aus Ländern stehen, in denen es keinen Emissionshandel gibt. So sollte verhindert werden, dass europäische Firmen international im Nachteil sind. Beide Argumente sind durchaus nachvollziehbar. Es gab gute Gründe, einige der CO_2-Zertifikate erst mal kostenlos zu verteilen. Doch die EU hat es mit den Geschenken übertrieben, findet etwa der deutsche Ökonom Ralf Martin von der berühmten London School of Economics. In einer Studie konnte er zusammen mit drei Kollegen zeigen, dass Unternehmen in Deutschland von der EU doppelt so viele Zertifikate geschenkt bekommen haben, als eigentlich nötig gewesen wäre. Weil sie zu Beginn des Emissionshandels mit Gratiszertifikaten überhäuft wurden, mussten auch erfolgreiche Unternehmen bis heute kaum weitere Verschmutzungsrechte dazukaufen. Das hat den Preis für die Zertifikate massiv sinken lassen und den Anreiz für Unternehmen, in energiesparende Technologien zu investieren, zerstört. Der Mechanismus des Emissionshandels, wie ihn Ökonomen wie Coase und Dales einst entwickelt hatten, wurde durch die geschenkten Zertifikate weitgehend außer Kraft gesetzt.

Am Beispiel des CO_2-Emissionshandels in der EU sieht man, wie die guten Ideen von Ökonomen manchmal an der harten Realität zerschellen. In den theoretischen Modellen, die Coase, Dales und Crocker sowie später die Architekten der Emissionshandelssysteme in den USA und in der EU entworfen haben, funktionierte der Handel stets reibungslos. Die Unternehmen investierten kräftig in klimaschonende Produktionstechnologie und die Erderwärmung wurde verlangsamt. In der Wirklichkeit wurde das System aber unter anderem von der geschickten Lobbyarbeit der Unternehmen unterwandert, die sich in den Verhandlungen mit Politikern und EU-Beamten reichlich Gratiszertifikate sicherten. Die Erfahrungen mit dem Emissionshandel in der EU scheinen einen zentralen Vorwurf zu belegen, den sich

Ökonomen oft anhören müssen: Dass ihre Erkenntnisse mit dem echten Leben nichts zu tun haben und nur im Labor funktionieren. Doch die Ökonomik ist eine lernfähige Wissenschaft. Die meisten Wirtschaftswissenschaftler sind keine scheuklappentragenden Theoretiker, denen die mathematische Eleganz eines Modells wichtiger ist als die Frage, ob ihre Erkenntnisse auch wirklich das Leben von Menschen erleichtern können. Wenn sie sehen, dass eine ihrer Ideen im echten Leben nicht so funktioniert, wie sie sich das vorgestellt haben, forschen sie umso härter weiter. Zahlreiche Ökonomen haben in den vergangenen Jahren Vorschläge gemacht, wie man den Emissionshandel verbessern könnte. Ihre Ideen helfen nicht nur den Beamten der EU, die momentan versuchen, den europäischen Emissionshandel so umzubauen, dass er den CO_2-Ausstoß stärker senkt. Auch Länder wie China, die ebenfalls ein Handelssystem mit CO_2-Zertifikaten einführen wollen, profitieren von den Erkenntnissen und Einfällen der Umweltökonomen.

Die Wurzeln des Klimawandels

Die Probleme, mit denen der CO_2-Emissionshandel in der EU momentan zu kämpfen hat, zeigen, dass der Klimawandel auch für Ökonomen eine ziemlich harte Nuss ist. Doch während Wissenschaftler, Unternehmenschefs und Politiker über die richtigen Gegenmittel streiten, steigt die CO_2-Konzentration in der Erdatmosphäre immer weiter an. Im Mai 2013 verkündeten Forscher, die an der Forschungsstation Mauna Loa auf Hawaii das Klima beobachten, dass sich so viel Kohlenstoffdioxid in der Atmosphäre befindet wie noch nie seit dem Beginn ihrer Messungen. Einige Ökonomen wollen das Problem daher nun an der Wurzel packen, und das ist durchaus wörtlich gemeint.

Es gibt viele Quellen, aus denen CO_2 in die Erdatmosphäre gelangt. Die riesigen Kohlekraftwerke zum Beispiel, mit denen vor allem asiatische Länder wie China ihren enormen Energiebedarf decken. Oder Flugzeuge, die etwa bei einem Flug von Frankfurt nach New York pro Passagier zwischen zwei und fünf Tonnen CO_2 produzieren. Auch wer mit einem Kleinwagen 6000 Kilometer im Jahr fährt, pustet dabei über eine Tonne CO_2 in die Atmosphäre. Doch die schlimmsten Klimasünden werden weder in Kraftwerken noch in Flugzeugen oder Autos begangen, sondern im Wald. Wälder sind riesige CO_2-Speicher, denn Bäume und andere Pflanzen brauchen das Gas, das der Menschheit so viele Sorgen bereitet, zum Leben. Sie nehmen es aus der Luft und verarbeiten es in ihrem Stoffwechsel. Pflanzen bekämpfen also den Klimawandel, indem sie große Mengen CO_2 speichern. Leider ist das CO_2 nicht endgültig verschwunden, wenn es einmal in einer Pflanze gespeichert ist. Es kann auch wieder zum Vorschein kommen, zum Beispiel, wenn die Pflanze verbrannt wird. Wenn Wälder brennen, ist das für das Klima daher gleich doppelt schlecht. Zum einen können die Bäume und Pflanzen, die dabei zerstört werden, fortan kein CO_2 mehr aus der Luft filtern. Und zum anderen werden bei einem Waldbrand enorme Mengen des in den Pflanzen gespeicherten CO_2 freigesetzt. Je größer der Wald, desto schlimmer ist dieser Doppeleffekt für das Klima. Der Kampf gegen den Klimawandel wird sich daher auch in den größten Wäldern entscheiden, die es auf diesem Planeten gibt: den Regenwäldern in Afrika, Asien und Südamerika.

Seit Jahrzehnten schrumpfen diese riesigen Wälder in einem rasanten Tempo. Allein im brasilianischen Bundesstaat Mato Grosso, der einst dicht vom Amazonas-Regenwald überwuchert war, sind in den vergangenen 20 Jahren rund 185 000 Quadratmeter Regenwald abgeholzt worden, schätzt die Umweltorganisation Greenpeace. Da es selbst mit großen Maschinen und Motorsägen gar nicht so einfach ist, einen dichten und jahrtausendealten Wald abzuholzen, wird oft auf eine bequemere Lösung zurückgegriffen. Der Wald wird angezündet und brennt dann quasi von alleine ab. Brandrodung nennt man das, und wie wir bereits oben gesehen haben, ist es für das Klima eine Katastrophe, denn dabei entstehen enorme Mengen CO_2. Das Roden von Wäldern ist daher bereits für 20 Prozent der weltweiten Treibhausgasemissionen verantwortlich. Wer den Klimawandel wirklich stoppen will, muss also dafür sorgen, dass der Regenwald stehen bleibt. Und genau das haben sich einige Ökonomen zur Aufgabe gemacht.

Ausgerüstet mit Tabellen und Statistikprogrammen ziehen diese Forscher los, um den Regenwald zu beschützen. Sie treffen dabei auf Bauern in Costa Rica und korrupte Lokalpolitiker in Indonesien und liefern erstaunliche Erklärungen, warum noch immer so viele Bäume gefällt werden, obwohl bereits seit Jahrzehnten bekannt ist, dass die Regenwaldrodung die Menschheit noch teuer zu stehen kommen kann. Einer dieser Beschützer des Regenwaldes ist Robin Burgess, der an der London School of Economics das International Growth Center leitet. Das klingt nicht gerade nach der Stellenbeschreibung eines überzeugten Umweltschützers, doch Burgess hat zusammen mit vier Kollegen gezeigt, wo man ansetzen muss, um die Regenwaldrodung in einem der bevölkerungsreichsten Länder der Erde zu bremsen.

Die Ökonomen haben sich dafür die Zerstörung des Regenwalds in Indonesien angeschaut. Auf dem riesigen Archipel im indischen Ozean leben nicht nur rund 230 Millionen Menschen, hier stehen auch einige der größten Regenwälder der Welt. Aus der Luft betrachtet leuchtet Indonesien saftig grün. Doch leider schrumpfen die einst riesigen Wälder immer mehr. Denn in Indonesien wird besonders rücksichtslos gerodet, jedes Jahr verschwinden Millionen Hektar Regenwald. Dabei entsteht so viel CO_2, dass das Land gleich hinter den wirtschaftlichen Schwergewichten USA und China auf Platz 3 der Länder mit den höchsten Treibhausgasemissionen liegt.

Besonders deutlich wird der Raubbau am indonesischen Regenwald, wenn man sich Satellitenbilder anschaut. Die Forscher um Robin Burgess konnten auf die Bilder von zwei NASA-Satelliten zugreifen, die in rund 700 Kilometern Höhe die Erde umkreisen und dabei etwa alle zwei Tage auch Indonesien überfliegen. Anhand von hochauflösenden Fotos von der Erdoberfläche konnten die Ökonomen Stück für Stück verfolgen, wie der Regenwald in den Jahren zwischen 2001 und 2008 abgeholzt wurde. Immer mehr Flächen des grünen Archipels gingen in Rauch auf und wurden braun. Doch es gab deutliche Unterschiede. In einigen Regionen blieb der Regenwald fast unversehrt, während in anderen jeden Tag der Wald großflächig vernichtet wurde. Teilweise ließen sich diese Unterschiede zum Beispiel damit erklären, dass der Regenwald in bergigen Gebieten deutlich schwerer abzuholzen ist als in flachen. Außerdem gibt es in dem riesigen Land noch immer unbesiedelte Regionen, die sehr schwer zugänglich sind. Doch auch zwischen ansonsten sehr ähnlichen Regionen mit einer ähnlichen Lage und Bevölkerungsdichte gab es deutliche Unterschiede. Es musste also etwas geben, dass die Menschen in einigen Regionen dazu brachte, den Regenwald besonders stark abzuholzen.

Wie für Ökonomen typisch, machten sich Burgess und seine Kollegen zunächst auf die Suche nach Anreizen. Sie wollten verstehen, was die Menschen in Indonesien dazu bringt, die uralten Bäume zu fällen. Die Ökonomen hatten bereits einen Verdacht: Politiker könnten Mitschuld sein, denn in Indonesien gab es Ende der Neunzigerjahre einen großen politischen Umbruch. 1998 trat Suharto, der das Land seit 1967 diktatorisch regiert hatte, nach Protesten der Bevölkerung zurück. Das Ende seiner Herrschaft öffnete die Tür für eine vorsichtige Demokratisierung des Landes. 1999 wurde das erste Mal ein Präsident in einer freien Wahl gewählt. Während der Umstellung des politischen Systems von einer Diktatur auf eine Demokratie wurde auch die Verwaltung des Staates gehörig umgebaut. Unter Suharto war Indonesien ein zentralistisch regiertes Land gewesen, die Macht ging vor allem von Suharto selbst aus. Im Zuge der Demokratisierung wurde die Macht dezentralisiert. Es entstanden zahlreiche regionale Distrikte mit eigenen Lokalregierungen, die von der Bevölkerung gewählt wurden. Und diese Regierungen durften nun auch über vieles entscheiden, das vorher von der Zentralregierung organisiert worden war. Zum Beispiel über die Abholzung des Regenwaldes.

Wer in Indonesien Regenwald roden möchte, braucht dafür eine Konzession des Staates. Holzunternehmen, die das wertvolle Tropenholz an Möbelhersteller verkaufen wollen, brauchen ebenso eine staatliche Erlaubnis wie Bauern, die auf dem fruchtbaren Boden Ackerflächen anlegen wollen. Wer über die Verteilung der Konzessionen entscheidet, spielt also eine wichtige Rolle im komplexen System der Regenwaldrodung und damit auch im Kampf gegen den Klimawandel. Natürlich hält sich nicht jeder an die Regeln. Manche Bauern brennen einfach so ein Stück Wald nieder und einige Holzunternehmen roden im Geheimen, um sich den Kauf teurer Konzessionen zu ersparen. Aber auch bei dieser illegalen Rodung spielt die Politik eine wichtige Rolle, denn oft werden dabei Politiker bestochen, damit sie nicht so genau hinsehen oder die Rodungen nachträglich, zum Beispiel beim Export des illegal geschlagenen Holzes, genehmigen.

Die Ökonomen um Burgess analysierten daher akribisch die indonesische Lokalpolitik, um herauszufinden, wie sie die Rodung beeinflusste. Sie trugen detaillierte Daten über die neuen Lokalregierungen und die einzelnen Regionen zusammen. An ihrer Statistik lässt sich ablesen, wie kleinteilig die indonesische Politik nach dem Ende des Suharto-Regimes wurde. Vor der Dezentralisierung hatte es 292 Lokalregierungen gegeben, die zudem häufig nur wenig entscheiden durften. Bis 2008 wuchs ihre Zahl auf 483, und inzwischen verfügten die regionalen Regierungschefs auch über deutlich mehr Macht. Burgess und seine Forscherkollegen verglichen im zweiten Schritt ihre Daten über die neuen kleinteiligen Regierungsbezirke mit den Satellitenaufnahmen des Regenwalds. So wollten sie herausfinden, ob die immer stärkere Dezentralisierung der indonesischen Politik eventuell auch Folgen für den Wald gehabt hatte. Um den Effekt klar beobachten zu können, untersuchten sie vor allem Gebiete, in denen sich eine größere Region in zwei eigenständige Bezirke aufgespalten hatte. Dazu kam es in den wilden Jahren der neuen Demokratie relativ häufig. Mit fatalen Folgen für den Regenwald, wie die Wissenschaftler feststellten.

Immer wenn ein neuer, eigenständiger Regierungsbezirk gegründet wurde, wurden danach in dieser Region mehr Bäume gefällt. Im Durchschnitt stieg die Rodung mit jeder neuen Bezirksgründung um rund vier Prozent pro Jahr. Mit den Satellitenbildern konnten die Ökonomen um Robin Burgess zeigen, dass sowohl in Waldgebieten, in denen der Staat die Rodung erlaubte, mehr Bäume gefällt wurden, als auch in Schutzzonen, in denen das Abholzen eigentlich verboten war. Die Politiker schienen nach der Neugründung eines eigenständigen Regierungsbezirks also zum einen mehr Konzessionen für das legale Abholzen zu verteilen und zum anderen auch bei illegaler Rodung nicht mehr so genau hinzuschauen. Schuld daran waren wieder einmal falsche Anreize. Die neue politische Landschaft Indonesiens sorgte dafür, dass viele Lokalpolitiker gute persönliche Gründe hatten, den Regenwald zu opfern.

Denn je mehr eigenständige Regierungsbezirke es gab, desto häufiger wurde auch gewählt und desto mehr Politiker konkurrierten um die neu geschaffenen Ämter. Die Daten von Burgess und seinem Team zeigen, dass viele Politiker die Rodungsgenehmigungen als eine Art Wahlgeschenk einsetzten. Sie ließen Waldbauern und Holzfirmen großzügig Wald abholzen, um sich so ihre Stimme bei der nächsten Wahl zu sichern. In den Jahren vor einer Kommunalwahl wurden in den politisch umkämpften Gebieten besonders viele Bäume abgeholzt. Vor allem in den Waldschutzgebieten, in denen eigentlich überhaupt kein Baum gefällt werden darf, stieg die Rodung in dieser Zeit stark an. Allein im letzten Jahr vor einer Wahl, wenn der Wahlkampf in seine heißeste Phase tritt, rodeten Bauern und Holzfirmen in den Schutzgebieten im Durchschnitt 42 Prozent mehr Bäume als normalerweise, zeigt die Auswertung der Ökonomen. Im Kampf um Wählerstimmen schienen die Politiker die Kontrollen in den Schutzgebieten regelmäßig bewusst zurückzufahren, um sich im Volk beliebt zu machen.

Mit ihrer Studie haben die Ökonomen um Robin Burgess einen überraschenden Aspekt im Kampf gegen die Regenwaldrodung aufgedeckt. Sie zeigen, dass das politische System eine große Rolle bei der Vernichtung des Waldes spielt. Das ist nicht nur in Indonesien so. Auch in Brasilien mit seinen riesigen Regenwaldgebieten entscheiden oft Politiker darüber, wie der Wald genutzt wird, und ob Schutzzonen eingehalten werden. Es ist daher wichtig, die Anreize von Politikern zu verstehen und sie so zu ändern, dass möglichst wenig Wald abgeholzt wird. Im Fall der indonesischen Lokalpolitiker wäre es zum Beispiel möglich, die Zahl der eigenständigen Regierungsbezirke wieder zu reduzieren, damit es weniger Lokalpolitiker gibt und seltener Wahlen stattfinden. Oder man könnte die Erteilung von Konzessionen für die Rodung und die Überwachung der Waldschutzzonen wieder von der Zentralregierung organisieren lassen. Dann wäre die Waldnutzung bei den zahlreichen regionalen Wahlkämpfen kein Thema mehr.

Politiker haben also einen entscheidenden Einfluss auf die Abholzung des Regenwaldes, wie das Beispiel Indonesien zeigt. Zur Säge greifen letztendlich aber andere. Es sind Holzfirmen und Kleinbauern, die die uralten Tropenbäume fällen. Mehrere Ökonomen wollen daher im Kampf gegen die Regenwaldrodung direkt bei denen ansetzen, die jeden Tag im Wald leben. Sie versuchen, vor allem die zahlreichen Kleinbauern in tropischen Ländern davon zu überzeugen, die Bäume stehen zu lassen.

Kleinbauern davon abzubringen, den Regenwald zu zerstören, ist überraschenderweise deutlich schwieriger als große Holzkonzerne zu stoppen. Unternehmen, die tropische Bäume fällen, um das Holz zu verkaufen, verhalten sich im Grunde wie die Chemiefabrik an dem Fluss, über die wir am Anfang des Kapitels gesprochen haben. Sie verursachen Kosten, die sie nicht selber bezahlen müssen. Indem sie Bäume fällen, die dann kein CO_2 mehr speichern können, heizen sie den Klimawandel an, der dann zu Überschwemmungen und Dürrekatastrophen auf der ganzen Welt führt. Die Mittel, um diese Unternehmen effektiv zu stoppen, gibt es aber bereits, wie wir gesehen haben. Man müsste nur dafür sorgen, dass die Holzfirmen die Kosten, die sie durch die Rodung verursachen, auch bezahlen. Zum Beispiel durch Steuern, wie sie Pigou vorgeschlagen hat, oder ein Handelssystem mit CO_2-Zertifikaten. Da wahrscheinlich kein Unternehmen diese Kosten bezahlen könnte, würde das Geschäft mit Tropenholz uninteressant, und die Firmen müssten sich eine neue Branche suchen.

Bei den Kleinbauern funktioniert diese Lösung nicht. Sie roden den Regenwald meistens nicht, um damit viel Geld zu verdienen, sondern weil sie überleben wollen. Der Regenwaldboden eignet sich besonders gut für den Ackerbau, denn er ist sehr fruchtbar. Die Brandrodung macht den Boden sogar noch fruchtbarer, denn die Asche der verbrannten Bäume enthält zahlreiche Nährstoffe. Viele Bauern in Ländern wie Brasilien und Indonesien zünden daher immer wieder große Teile des Regenwalds an, um nachher auf dem verkohlten, fruchtbaren Boden Getreide und Gemüse anzubauen. Theoretisch könnte man natürlich auch die Kleinbauern für den Schaden, den sie am Klima anrichten, bezahlen lassen. Doch das würde die meistens ohnehin schon armen Bauen in den Ruin treiben und ist daher weder moralisch vertretbar noch politisch durchsetzbar.

Einige Ökonomen haben daher einen anderen Ansatz entwickelt. Sie wollen dafür sorgen, dass die Bauern in vielen tropischen Ländern nicht mehr den Regenwald abholzen müssen, um zu überleben. Die Idee ist eigentlich simpel: Man beobachtet zunächst, wie viel Getreide und Gemüse ein Bauer jeden Monat auf seinen Äckern im Regenwald ernten kann. Dann schließt man mit dem Bauern einen Vertrag: Wenn er den Regenwald stehen lässt und keine neuen Äcker anlegt, bekommt er genug Geld überwiesen, dass er die Lebensmittel, die er vorher selbst angebaut hat, auf dem Markt kaufen kann. So hat der Bauer keinen Grund mehr, den Regenwald abzuholzen. Dieses System nennt sich »payment for ecosystem services«, was sich in etwa mit »Zahlung für Umweltdienstleistungen« übersetzen lässt. Der Bauer wird dafür bezahlt, dass er eine Umweltdienstleistung bereitstellt, also zum Beispiel den Regenwald stehen lässt, damit weniger CO_2 in die Erdatmosphäre gelangt und der Klimawandel gebremst wird.

Das System mit den Ausgleichszahlungen geht auf die Forschung von zahlreichen Umweltökonomen zurück. Paul Ferraro von der Georgia State University in Atlanta hat als einer der Ersten direkte Zahlungen an Kleinbauern als eine Möglichkeit vorgeschlagen, um den Regenwald zu retten. Inzwischen hat die Idee viele Unterstützer gefunden und in einem kleinen Staat in Mittelamerika kann man bereits sehen, wie gut sie funktioniert.

In den Siebzigerjahren stand es schlecht um den Regenwald in Costa Rica. Holzunternehmen und Bauern hatten einen Großteil der Bäume in den tropischen Wäldern gefällt. Dadurch hatten nicht nur zahlreiche Tiere ihren natürlichen Lebensraum verloren, durch die Rodung waren auch viele Tonnen CO_2 in die Erdatmosphäre gelangt. Inzwischen erinnern aber oft nur noch alte Fotos von brennenden Bäumen an diese Zeit. Wenn man mit dem Flugzeug über das Land fliegt, das zwischen Nicaragua und Panama liegt, sieht man wieder weitläufige grüne Wälder. Der Regenwald auf Costa Rica hat sich in den vergangenen vier Jahrzehnten spektakulär erholt. Ein Grund dafür sind die Ideen von Umweltökonomen. Costa Rica war eines der ersten Länder, das in den Neunzigerjahren das System mit den Ausgleichszahlungen für Kleinbauern einführte. Wenn die Bauern den Regenwald auf ihren Grundstücken nicht abholzten, bekamen sie von der Regierung 45 Dollar pro Hektar ausgezahlt. Das Angebot gibt es bis heute und es ist sehr beliebt. In vielen Regionen wollen deutlich mehr Bauern bei dem System mitmachen, als die Regierung bezahlen kann. Daher versucht die staatliche Organisation Fondo Nacional de Financiamiento Foresta (Fonafifo), die das System organisiert, aus möglichst vielen Quellen Geld einzusammeln. Zum Beispiel erhob der Staat in Costa Rica eine Steuer auf Benzin und warb im Ausland um Spenden. Inzwischen verkauft die Fonafifo auch spezielle Zertifikate an internationale Unternehmen. So können zum Beispiel Fluggesellschaften ihren Kunden »CO_2-freie« Flügen anbieten. Sie kaufen dann ein Zertifikat aus Costa Rica, wo mit dem Geld ein Bauer dafür bezahlt wird, keinen Regenwald zu roden.

Natürlich sind die Ausgleichszahlungen an die Bauern nicht der einzige Grund dafür, dass der Regenwald in Costa Rica zuletzt wieder gewachsen ist. Die Regierung hat auch zahlreiche Nationalparks und Waldschutzzonen eingerichtet, um Rodungen zu verhindern. Doch das große Interesse der Bauern an den Ausgleichszahlungen zeigt, dass die Idee der Ökonomen in der Realität funktioniert und ein effizienter und vielversprechender Weg ist, die Zerstörung des Regenwalds zu stoppen. Nun arbeiten zahlreiche Ökonomen daran, die Idee weiterzuentwickeln. Ein Problem ist, dass in vielen

Ländern nicht klar ist, wem der Regenwald überhaupt gehört. Dann gibt es leider auch niemanden, den man dafür bezahlen könnte, die Bäume nicht abzuholzen. Das System mit den Ausgleichszahlungen funktioniert nur, wenn die Bauern ein eigenes Stück Wald besitzen, das sie bewachen und auf dem sie selbst entscheiden können, was mit den Bäumen passiert. Man muss daher zunächst die Eigentumsrechte klären und eventuell ein Landregister einführen. Außerdem wollen Ökonomen das Geld, das in derartige Systeme fließt, möglichst effizient verteilen. Einige Bauern wollen zum Beispiel den Wald auf ihren Grundstücken gar nicht abholzen. Vielleicht weil ihre Felder auch so schon gute Erträge bringen und sie in ihrem Stück Wald noch jagen gehen wollen. Trotzdem nehmen sie die Zahlungen gerne mit, die sie nur dafür erhalten, etwas zu tun, das sie ohnehin machen wollten. Für die Fonafifo ist das rausgeschmissenes Geld. Die Ökonomin Stefanie Engel von der Eidgenössisch Technischen Hochschule Zürich versucht daher momentan Methoden zu entwickeln, mit denen man herausfinden kann, welche Kleinbauern der Staat bezahlen sollte, um möglichst viel Regenwald zu schützen.

Deshalb sind Ökonomen so wichtig im Kampf gegen den Klimawandel: Mit ihrem Blick für die Anreize von Menschen erkennen sie die tiefer liegenden Ursachen für große Klimakatastrophen wie die Rodung des Regenwalds. Mit diesen Erkenntnissen können sie wirkungsvolle Gegenmittel entwickeln, etwa ein zentralistischeres politisches System oder Ausgleichszahlungen an Waldbauen. Auch in den Industrieländern sind ihre Ratschläge gefragt. Als Wirtschaftsexperten wissen Ökonomen, wie man die CO_2-Emissionen von Unternehmen möglichst effizient verringern kann, und haben dafür bereits ausgeklügelte Instrumente entworfen. Selbst wenn ihre Ideen, wie der CO_2-Emissionshandel, in der Praxis manchmal nicht so gut funktionieren wie in der Theorie: Ökonomen geben nie auf und forschen so lange weiter, bis das Problem gelöst ist.

Literatur

Ronald Coase (1960). *The Problem of Social Cost*

Robin Burgess, Matthew Hansen, Benjamin A. Olken, Peter Potapov, Stefanie Sieber (2011). *The Political Economy of Deforestation in the Tropics*

Ökonomen beschützen bedrohte Tierarten

Die Nashörner im Nationalpark Ol Pejata mussten sich in den vergangenen Jahren an ungewohnte Gesellschaft gewöhnen. Wenn sie durch das kenianische Grasland streiften oder sich in einem Wasserloch suhlten, haben die Nashörner oft eine Gruppe Bodyguards dabei. Schwer bewaffnete Park-Ranger begleiten die Tiere, so oft sie können. Einen solchen Service bekommen sonst nur Staatschefs oder mächtige Manager. Doch die Nashörner im Nationalpark sind ähnlich wichtig, denn sie sind die Letzten ihrer Art.

Die Geschichte des Nördlichen Breitmaulnashorns ist eine große Tragödie. 1970 gab es noch rund 2000 Exemplare dieser seltenen Unterart, die in mehreren Ländern in Afrika lebten. Natürliche Feinde haben die mächtigen Tiere so gut wie keine. Ein männliches Breitmaulnashorn kann über drei Tonnen wiegen. Kommt so ein Koloss einmal in Fahrt, hält ihn nichts mehr auf. Und mit seinem rund 60 Zentimeter langen Horn hat ein Nashorn auch noch eine mächtige Waffe. Selbst große Raubtiere wie Löwen wagen sich deswegen an Nashörner meistens nicht heran. Die Nördlichen Breitmaulnashörner hatten also nicht viel zu befürchten. Doch dann machte ihr einziger echter Feind plötzlich ernst.

Vermutlich schon seit der Steinzeit jagt der Mensch Nashörner. Früher meistens, um ihr Fleisch zu essen und aus den Knochen Werkzeuge und Schmuck herzustellen. Später dann, vor allem im 19. Jahrhundert, als die Großwildjagd unter Europäern und US-Amerikanern sehr beliebt war, um sich einen Nashorn-Kopf als Trophäe an die Wand zu hängen. Doch was in den vergangenen Jahrzehnten passiert, ist keine Jagd mehr. Es ist ein Massaker. Mit Jeeps und großkalibrigen Gewehren können Wilderer an einem

Tag mehrere Tiere erlegen. Sie müssen sich auch keine Gedanken machen, wie sie die riesigen Tiere nach dem Abschuss abtransportieren können. Meistens lassen sie die sterbenden Nashörner einfach in der Savanne liegen, denn das Fleisch und die Knochen sind ihnen völlig egal. Sie haben es nur auf einen kleinen Teil der Tiere abgesehen: das Horn.

Abbildung 4: Park Ranger begleiten die Nashörner, so oft sie können.
Quelle: Getty Images

In einigen asiatischen Ländern gilt Nashornpulver als Heilmittel mit wundersamen Kräften. Es ist eine wichtige Zutat in der traditionellen chinesischen Medizin für Arzneimittel, die etwa gegen hohes Fieber oder Vergiftungen helfen sollen. Einige Menschen glauben sogar daran, dass Nashornpulver Krebserkrankungen heilen kann. Studien von Medizinern haben diese Mythen in den vergangenen Jahren allesamt entkräftet, doch das scheint viele Menschen nicht zu stören. Sie vertrauen weiterhin auf die magischen Wirkungen des Horns und kaufen wie verrückt die kleinen Tüten mit dem unscheinbaren Pulver, zu dem die Beute der Wilderer später zermahlen wird. Tausende Nashörner sind in den vergangenen Jahren wegen dieses Aberglaubens qualvoll verendet. Im Garamba National Park in der Demokratischen Republik Kongo konnten selbst mit Maschinengewehren bewaffnete Ranger die Nördlichen Breitmaulnashörner nicht beschützen. 2004 lebten dort noch rund 30 Tiere, inzwischen ist keines mehr übrig. Weil Wilderer in dem Bürgerkriegsland innerhalb kürzester Zeit zahlreiche Nashörner erschossen hatten, wurden die letzten Exemplare bei einer Rettungsaktion in den Nationalpark Ol Pejata verlegt, wo sie nun unter strengem Bodyguard-Schutz stehen. Und Nashörner sind nicht die Einzigen, die das Pech haben, dass ihren Organen eine heilende Wirkung nachgesagt wird. Auch die Körperteile von Tigern sollen gegen zahlreiche Gebrechen helfen. Ihre Knochen werden ebenfalls in der traditionellen chinesischen Medizin eingesetzt und ihr Penis gilt in einigen Ländern als Potenzmittel. Die Folge: Weltweit gibt es nur noch rund 3200 freilebende Tiger, schätzt der WWF. Einige Unterarten wie der Java-Tiger gelten bereits als ausgestorben.

Um Tiere wie Nashörner und Tiger zu schützen, unterschrieben 80 Staaten 1973 einen historischen Vertrag: das Washingtoner Artenschutzabkommen. Damit stellten die Länder den Handel mit Produkten, die von gefährdeten Tierarten stammen, unter Strafe. Inzwischen haben 178 Staaten das Artenschutzabkommen ratifiziert, und in regelmäßigen Abständen entscheidet eine Kommission, welche Tierarten neu in das Abkommen aufgenommen und durch Handelsverbote geschützt werden. Eigentlich ist das Washingtoner Artenschutzabkommen eine gute Idee, um Tiere vor Wilderern zu schützen. Es funktioniert wie Strafgesetze, die dafür sorgen, dass Menschen in einer Gemeinschaft friedlich zusammenleben können, und sich nicht ständig gegenseitig überfallen und ausrauben: Es gibt eine Regel und wer sich nicht daran hält, wird bestraft. Wie hart die Strafen für Wilderer ausfallen, ist von Land zu Land unterschiedlich. In China konnten sie bis vor Kurzem sogar zum Tode verurteilt werden. 2011 schaffte der Nationale Volkskongress die Todesstrafe für den Schmuggel von Tierprodukten jedoch ab. Wie in den meisten Ländern des Abkommens drohen nun auch in China lediglich Geld- oder Gefängnisstrafen.

Die Regeln und Strafen des Washingtoner Artenschutzabkommens scheinen durchaus zu wirken. Einige Tierarten konnten in den vergangenen Jahrzehnten durch die Einführung von Handelsverboten bereits gerettet werden. Etwa Papageien, die lange Zeit in großem Stil aus den tropischen Wäldern in Latein- und Mittelamerika nach Europa oder in die USA exportiert wurden, um sie als Haustiere zu verkaufen. Seit der Handel mit Papageien verboten ist, haben sich die Populationen deutlich erholt.

Doch leider funktioniert die Idee mit den Handelsverboten nicht immer so gut wie im Fall der Papageien. Die Nashörner im Nationalpark Ol Pejata sind dafür ein trauriges Beispiel. Der Handel mit ihrem Horn ist seit Ende der Siebzigerjahre in vielen Ländern verboten, doch den Nashörnern hat das wenig gebracht. Sie wurden in den vergangenen Jahrzehnten trotzdem gejagt und beinahe ausgerottet. Weil das Abkommen sie nicht schützen konnte, brauchen sie jetzt ihre Bodyguards. Auch die meisten Tigerarten stehen auf der Liste des Washingtoner Artenschutzabkommens, der Handel mit ihren Zähnen, Knochen und anderen Körperteilen floriert trotzdem.

Schwarzmarkthändler, Luxusgüter und ein perfekter Sturm

Um zu verstehen, warum die Handelsverbote in so vielen Fällen nicht wirken, muss man die Arbeit der Wilderer durch eine ökonomische Brille betrachten. Die Jagd auf bedrohte Tierarten sieht zwar auf den ersten Blick wie ein kulturelles Problem aus, denn es geht vor allem um den Aberglauben, die Traditionen und religiösen Praktiken von Menschen in Ländern wie Vietnam und China. Oder wie ein medizinisches und politisches Problem, denn eigentlich müsste man den Käufern des Nashornpulvers und der Tigerknochen doch nur erklären, dass all diese Produkte überhaupt keinen medizinischen Nutzen haben und es Medikamente gibt, die tatsächlich wirken. Doch im Grunde ist die Wilderei vor allem ein ökonomisches Problem, denn rund um die Produkte aus Nashörnern, Tigern und anderen bedrohten Tierarten ist ein riesiger Markt entstanden. Ökonomen können erklären, wie dieser Markt funktioniert, und sie haben Ideen entwickelt, wie man die Marktkräfte nutzen kann, um die Tiere zu schützen.

Eigentlich wollten die Staaten mit dem Washingtoner Artenschutzabkommen erreichen, dass es keinen Markt mehr für die Produkte der bedrohten Tierarten gibt. Bei den Papageien hat das auch ganz gut geklappt, doch im Fall der Nashörner und Tiger ist der Markt durch die Handelsverbote nicht verschwunden, sondern lediglich in den Untergrund abgetaucht. Es gibt noch immer Menschen, die Nashornpulver dringend meinen kaufen zu müssen, und es gibt weiterhin Verkäufer, die ihnen die begehrte Ware verschaffen. Bevor es das Washingtoner Artenschutzabkommen gab, konnten Nashorn- und Tigerprodukte oft ganz offen zum Beispiel auf einem Marktplatz oder in einem Geschäft gehandelt werden. Das geht jetzt nicht mehr. Käufer und Verkäufer müssen sich an einem geheimen Ort treffen, wo sie nicht von der Polizei gestört werden können. Der Handel mit Tierprodukten ist auf den Schwarzmarkt abgewandert. Nashornpulver wird in einigen asiatischen Ländern wie Drogen gehandelt. Auf dem Schwarzmarkt haben Verkäufer ein deutlich größeres Risiko als auf einem legalen Markt. Für dieses Risiko wollen sie bezahlt werden und verlangen deswegen exorbitant hohe Preise. Ein Kilo Nashornpulver kann bis zu 50 000 Dollar kosten, für eine Tigerhaut muss man rund 20 000 Dollar hinlegen.

Doch die Verkäufer können die Preise natürlich nicht alleine festsetzen. Ein Kilo Nashornpulver kostet auch deswegen 50 000 Dollar, weil es Käufer gibt, die bereit sind, diesen horrenden Preis zu bezahlen. Bei den Papageien war das nicht der Fall, deshalb ist der Markt dort zusammengebrochen. Hier hat die Idee, die hinter den Handelsverboten steckt, perfekt funktioniert. Denn den Regierungsbeamten und Tierschützern, die die Regeln für das Washingtoner Artenschutzabkommen entwickelt haben, war klar, dass sie den Handel nicht komplett würden kontrollieren können, und deshalb ein Schwarzmarkt entstehen würde. Doch sie wussten auch, dass die Preise auf dem Schwarzmarkt eben deutlich höher sein würden als auf dem legalen Markt. Und wenn der Preis steigt, sinkt normalerweise die Nachfrage nach einem Gut. Außerdem schreckt der Schwarzmarkt viele potenzielle Käufer ab. Nicht jeder hat Lust, sich mit einem dubiosen Dealer unter einer Brücke zu treffen. Wenn es nicht genügend Käufer gibt, die bereit sind, viel Geld für die heiße Ware zu bezahlen, lohnt sich für die Händler das Risiko nicht, im Gefängnis zu landen. Der Schwarzmarkt trocknet langsam aus und die Tiere werden nicht mehr gejagt. Doch leider lassen sich die Käufer nicht immer so einfach abschrecken. Für Nashornpulver und Tigerknochen gibt es weiterhin zahlreiche willige Käufer, obwohl der Handel komplett auf dem Schwarzmarkt stattfindet und für die Produkte viel Geld bezahlt werden muss. Hier sind die ökonomischen Grundgesetze von Angebot und Nachfrage außer Kraft gesetzt oder sogar komplett auf den Kopf gestellt worden, mit fatalen Folgen für Nashörner und Tiger.

Nashornpulver und Tigerknochen werden nicht nur wie Drogen gehandelt, ihre Kunden verhalten sich auch ähnlich wie Drogenabhängige. Für Süchtige spielen Preise nahezu keine Rolle. Wer zum Beispiel kokainabhängig ist, bezahlt auch völlig übersteuerte Preise, um an seinen Stoff zu kommen. Die Sucht setzt die rationale Abwägung von Kosten und Nutzen, die schon bei gesunden Menschen nicht immer so perfekt funktioniert, komplett außer Kraft. Die Alternative, den Stoff nicht zu kaufen, gibt es bei Drogensüchtigen nicht, deshalb zahlen sie jeden Preis. Ökonomen nennen das eine preisunelastische Nachfrage. Das Konzept der Preiselastizität wurde im 19. Jahrhundert von dem Ökonomen Alfred Marshall entwickelt und ist bis heute einer der wichtigsten Bausteine vieler ökonomischer Theorien. Es beschreibt, wie Konsumenten auf Preissteigerungen reagieren. Marshall erkannte, dass die Preiselastizität bei manchen Produkten niedriger ist als bei anderen. Bei Grundnahrungsmitteln wie Brot ist sie eher gering, denn Brot ist für viele Menschen ein wichtiger Bestandteil ihrer Ernährung, und sie wollen darauf auf keinen Fall verzichten. Deswegen kaufen sie auch weiterhin viel Brot, selbst wenn die Preise stark steigen. Anders sieht es zum Beispiel bei Kinokarten aus. Einen Film im Kino zu sehen ist ein Luxus, den man nicht so sehr zum Leben braucht wie Brot. Wenn die Ticketpreise an der Kinokasse steigen, bleiben daher viele Menschen einfach zu Hause und schauen sich lieber einen Film im Fernsehen an. Mit dem Konzept der Preiselastizität lässt sich die Nachfrage nach Drogen sehr gut analysieren. Für einen Kokainabhängigen ist das weiße Pulver mindestens so wichtig wie ein Grundnahrungsmittel und eine Alternative dazu gibt es nicht. Vor allem aber hilft das Konzept zu verstehen, warum die Handelsverbote für Nashornpulver und Tigerknochen die Tiere nicht schützen können.

Denn für viele Menschen in asiatischen Ländern sind Nashorn- und Tigerprodukte genauso wichtig wie Kokain für einen Süchtigen. Auch sie haben keine Alternative, weil die Hörner und Knochen eben unter anderem wichtige Bestandteile von traditionellen Arzneien sind. Die Rezepte für diese Arzneien wurden seit Generationen überliefert und können daher nicht einfach geändert werden. Wenn in dem Rezept steht, dass Nashornpulver in die Arznei muss, dann muss das Pulver besorgt werden. Alte Traditionen, Aberglaube und die Notsituation von kranken Menschen, die versuchen, sich mit einer traditionellen Arznei zu kurieren, führen dazu, dass die Nachfrage nach Nashornpulver und Tigerknochen extrem preisunelastisch ist. Und nicht nur das: Manchmal dreht sich die Preiselastizität sogar um.

Weil Nashornpulver inzwischen dermaßen teuer ist, gilt es in vielen Ländern bereits als Luxusgut. Wer bei anderen richtig Eindruck machen und zeigen will, wie reich er ist, sollte sich auf einer Party eine Prise Nashornpulver in den Drink rühren. Schön verpackt in edlen Schatullen ist es auch ein hervorragendes Geschenk für Geschäftspartner. Alternativ könnte man auch einen Tigerwein verschenken, der aus den Knochen der Raubkatzen hergestellt wird. Damit haben auch Menschen, die nicht an die Wirkungen des Horns oder der Zähne glauben, einen Grund, die Produkte zu kaufen. Einfach, weil sie damit zeigen können, dass sie es sich leisten können, so viel Geld auszugeben. Diesen Effekt kann man auch bei anderen Luxusgütern beobachten, zum Beispiel bei teuren Uhren. Auch die werden oft nur als Statussymbol gekauft, denn um die Zeit abzulesen, braucht man keine Uhr für mehr als 10 000 Euro. Bei diesen Produkten gilt das Gesetz, dass die Nachfrage fällt, wenn der Preis steigt, ebenfalls nicht. Der Zusammenhang ist nun genau andersherum: Je höher der Preis, desto größer ist der Statussymbol-Effekt und desto höher ist damit auch die Nachfrage. Nashornpulver kostet jetzt 60 000 Dollar pro Kilo statt 50 000? Umso besser, jetzt kann ich damit erst recht zeigen, wie reich ich bin.

Ökonomen nennen diesen Zusammenhang Veblen-Effekt, benannt nach dem Soziologen und Ökonom Thorstein Veblen. In seinem berühmten Buch »Theorie der feinen Leute« beschrieb der US-Amerikaner 1899 das Konsumverhalten der Reichen. Je mehr Geld jemand besitzt, desto mehr gibt er für Produkte aus, die eigentlich nutzlos oder zumindest viel zu teuer für ihren Nutzen sind. Beim Konsum geht es daher laut Veblen nicht nur darum, ein Bedürfnis wie Hunger zu befriedigen, sondern auch darum, seine Stellung in der Gesellschaft zu zeigen. Reiche kaufen so gerne nutzlose oder überteuerte Dinge, weil sie damit besonders gut zeigen können, wie reich sie sind. Und je überteuerter die Produkte sind, desto mehr kaufen sie davon. Bei Nashornpulver und Tigerknochen kann man den Veblen-Effekt seit Jahren gut beobachten. Er hat eine zerstörerische Spirale in Gang gesetzt, die dafür gesorgt hat, dass die Tierarten kurz vor der Ausrottung stehen.

Denn der Schwarzmarkt, den die Handelsverbote geschaffen haben, hat den Veblen-Effekt erst so richtig angefacht. Nashornhörner und Tigerknochen waren schon immer wertvolle Produkte, doch seit sie nur noch auf dem Schwarzmarkt zu bekommen sind, ist ihr Preis noch einmal deutlich gestiegen. Und je teurer ein Produkt ist, desto besser eignet es sich als Statussymbol. Dann setzt der Veblen-Effekt ein und entwickelt eine Eigendynamik, die den Preis noch höher treibt. Dass vor allem die Preise von Tierprodukten, die auf dem asiatischen Markt beliebt sind, so stark gestiegen sind, ist kein Zufall. In Asien hat sich in den vergangenen Jahren ein perfekter Nährboden für den Veblen-Effekt entwickelt. Durch den rasanten Wirtschaftsaufschwung in China und einigen anderen asiatischen Ländern ist eine neue Mittelschicht entstanden, die ihren Erfolg und ihren Reichtum zeigen möchte. Und dafür greifen diese Neureichen eben auch gerne mal zum Nashornpulver.

Die extremen Preise, die für Nashornpulver und Tigerhäute bezahlt werden, setzen sich also vor allem aus der preisunelastischen Nachfrage von traditionsbewussten Asiaten und dem Veblen-Effekt, der durch die zahlreichen Neureichen getrieben wird, zusammen. Wilderern und Tierhändlern bescheren diese beiden Effekte das Geschäft ihres Lebens. Wenn für ein Produkt 50 000 Dollar pro Kilo bezahlt werden, wie beim Nashornpulver, ist das ein großer Anreiz, in den Handel mit diesen Produkten einzusteigen. Und vor allem kann man auch hohe Produktionskosten in Kauf nehmen, wenn man später mit derartigen Einnahmen rechnen kann. Die Wilderer sind deswegen in den vergangenen Jahren immer professioneller und vor allem immer skrupelloser geworden. Inzwischen ähneln sie erschreckend den Drogenkartellen in Mexiko, die wir ja bereits kennengelernt haben. Sie können sich teure Spezialausrüstung leisten, etwa Nachtsichtgeräte und schallgedämpfte Gewehre, mit denen man nahezu lautlos schießen kann. Ihre Jagdtouren sehen inzwischen eher aus wie die Einsätze von Elitesoldaten als wie eine klassische Großwildjagd. Und vor allem können sie gute Löhne zahlen und damit große Jagdtrupps zusammenstellen. Viele der begehrten Tiere leben in armen Ländern, in denen die Menschen nur wenige Möglichkeiten haben, Geld zu verdienen. Die Nashörner in der durch Jahre des Bürgerkriegs zerstörten Demokratischen Republik Kongo sind dafür das beste Beispiel. Die Wilderer-Kartelle können hier zahlreiche Jäger rekrutieren und so regelrechte Privatarmeen zusammenstellen, mit denen sie auch gut bewachte Nationalparks überrennen können. Hier sieht man erneut, dass Umweltzerstörung in den meisten Fällen keine mutwillige Zerstörungsorgie, sondern auf falsche Anreize zurückzuführen ist. Viele Menschen, die im Kongo auf Nashornjagd gehen, haben nichts gegen Nashörner. Vielleicht würden sie die Tiere sogar lieber leben lassen, wenn sie könnten, aber sie müssen eine Familie ernähren und die Wilderer zahlen gut.

Wenn man die Handelsverbote für bedrohte Tierarten mit dem ökonomischen Blick für die Wirkung von Anreizen und mit Konzepten wie der Preiselastizität und dem Veblen-Effekt analysiert, versteht man sehr schnell, warum sie nicht funktionieren. Die ökonomische Analyse zeigt, dass die Aufnahme von Nashörnern und Tigern in das Washingtoner Artenschutzabkommen zu einer Situation geführt hat, die Tierschützer und Ökonomen als »perfekten Sturm« bezeichnen. Der Begriff »perfekter Sturm« beschreibt eine Situation, in der mehrere Faktoren auf fatale Weise zusammenwirken und einen zerstörerischen Effekt auslösen. Der perfekte Sturm im Handel mit Nashornpulver und Tigerknochen hat dazu geführt, dass es immer weniger Nashörner und Tiger auf der Welt gibt.

Wie kann man einen solchen Sturm stoppen, bevor es zu spät ist? Es gibt einige mutige Ökonomen, die dafür eine kontroverse Idee entwickelt haben. Im Juli 2013 erschien eine Studie, die unter Tierschützern großes Aufsehen erregte. Die Autoren sind die beiden Umweltökonomen Michael 't Sas-Rolfes und Timothy Fitzgerald. In ihrer Studie fordern sie, die Handelsverbote des Washingtoner Artenschutzabkommens außer Kraft zu setzen und stattdessen einen legalen Markt für Nashörner zu eröffnen. Nur so ließen sich die Tiere noch schützen. Die Idee klingt zunächst paradox: Werden nicht erst recht Nashörner gejagt, wenn der Verkauf ihres Horns sogar erlaubt ist? Doch für ihren Plan haben die Ökonomen sorgfältig die Anreize der Wilderer und die ökonomischen Mechanismen auf dem Schwarzmarkt für Tierprodukte untersucht.

Aus ökonomischer Sicht ist die Jagd auf Nashörner nicht nur eine moralische und ökologische Katastrophe, sondern auch eine große Verschwendung. Um ein Horn zu bekommen, töten die Wilderer gleich das ganze Nashorn. Eigentlich ist das gar nicht nötig. Man könnte einem Nashorn auch sein Horn absägen und es leben lassen. Das Horn würde sogar wieder nachwachsen. Theoretisch kann man so während der Lebensdauer eines Nashorns bis zu acht Hörner pro Tier produzieren. Für Wilderer ist es allerdings meistens zu aufwendig, das Horn einfach nur abzusägen, denn dazu müssten sie das Nashorn fangen und betäuben. Außerdem könnten sie dann bei einer Jagdtour deutlich weniger Horn erbeuten als sonst. Wenn sie das Tier nicht verletzten wollen und das Horn nachwachsen soll, dürfen sie einen großen Teil des Horns nicht abschneiden. Die meisten Wilderer hacken aber das komplette Horn mit einem Teil des Gesichtes des Tieres ab, um so viel wie möglich des kostbaren Stoffes mitzunehmen. Sas-Rolfes und Fitzgerald schlagen daher vor, auf legalen Nashornfarmen Tiere zu züchten, deren Horn regelmäßig abgesägt und verkauft wird. Dadurch könnten die Tiere am Leben bleiben und aus dem »perfekten Sturm« der Großwildjagd würde die Luft herausgelassen.

Denn ein legaler Handel würde die Preise für Nashornpulver einbrechen lassen. Weil Nashornzüchter große Mengen Horn produzieren und verkaufen könnten, gäbe es mehr Nashornpulver auf dem Markt, und damit würde der Preis deutlich sinken. Das würde wiederum den Veblen-Effekt stoppen. Die Neureichen in Asien würden sich wieder ihren teuren Weinen und Rolex-Uhren zuwenden, statt Nashornpulver zu kaufen, und den Preis dadurch erneut sinken lassen. Für Wilderer wären das schlechte Nachrichten. Wenn sie nicht mehr so hohe Preise für ihre Ware bekommen, können sie ihre hochgerüsteten Jagdtrupps nicht mehr bezahlen; es würde sich nicht mehr lohnen, Nashörner in der Wildnis Afrikas aufzuspüren und zu jagen.

Die Lösung mit den Nashornfarmen und einem legalen Markt hätte noch einen weiteren großen Vorteil. Plötzlich hätten viele Menschen ein großes Interesse daran, dass es den Nashörnern gutgeht und sie überleben. Nashörner, die in der Wildnis leben, haben ein großes Problem: Sie gehören niemandem und damit allen. Es gibt also auch niemanden, der sie schützt. Inzwischen versuchen zwar zahlreiche Tierschutzorganisationen und Nationalparks, die Nashörner zu bewachen. Doch sie sind auf Spenden angewiesen und haben oft nicht genug Geld, um große Einsatztrupps von gut ausgebildeten Park-Rangern zu bezahlen, die es mit den professionellen Wilderern aufnehmen könnten. Nashornfarmer hingegen würden alles dafür tun, dass ihre wertvollen Tiere nicht von Wilderern getötet werden. Sie wollen ja, dass sie weiterhin Horn produzieren. Deswegen würden sie die Gewinne aus dem Verkauf der Hörner zu einem Teil dafür verwenden, Wachmannschaften anzustellen und ihre Farmen mit Sicherheitszäunen zu schützen. Für die Wilderer würde es dadurch deutlich aufwendiger, ein Nashorn zu erlegen. Ihre Bilanz käme durch einen legalen Handel also mächtig durcheinander: Auf der einen Seite würden die Kosten steigen und auf der anderen Seite die Preise fallen. Die Wilderer hätten daher nicht mehr so starke Anreize, auf Nashornjagd zu gehen, und würden sich im besten Fall einen anderen Job suchen.

In Südafrika funktioniert dieser Teil des Plans der Ökonomen bereits. Es gibt dort zahlreiche private Parks und Reservate, in denen Nashörner gehalten werden, um sie beispielsweise Touristen zu zeigen. Die Parkbesitzer schaffen es bisher gut, die Nashörner vor Wilderern zu schützen. Oft werden den Tieren dafür auch die Hörner abgesägt. Ein Nashorn ohne Horn ist schließlich uninteressant. Die so gesammelten Hörner werden in gut bewachten Lagerhäusern aufbewahrt, weil sie wegen des Washingtoner Artenschutzabkommens nicht verkauft werden dürfen. Würde der Handel mit den Hörnern legalisiert, könnte man allein mit diesen Lagerbeständen den Preis für Nashornpulver wahrscheinlich schon deutlich einbrechen lassen und so den Wilderern das Geschäft vermiesen.

Auch andere Wissenschaftler glauben, dass ein freier Handel die Nashörner retten kann. Im März 2013 veröffentlichte der Biologe Duan Biggs zusammen mit vier Kollegen einen Artikel im Magazin »Science«, eine der renommiertesten naturwissenschaftlichen Fachzeitschriften der Welt. Sie fordern darin, den Handel mit Nashornprodukten freizugeben, um den Schwarzmarkt trockenzulegen und die Preise sinken zu lassen. Ein freier Markt habe schließlich schon einmal eine Tierart vor dem Aussterben bewahrt, schreiben die Forscher. Auch Krokodile wurden fast ausgerottet, weil man aus ihrer Haut teure Taschen und Stiefel herstellen kann. Die Tiere stehen daher unter dem Schutz des Washingtoner Artenschutzabkommens und der Handel mit ihren Produkten ist verboten. Es gibt aber eine Ausnahme: Produkte von Krokodilen, die auf Farmen gezüchtet werden, dürfen meistens weiterhin verkauft werden. Zahlreiche Händler haben daher eigene Farmen eröffnet, anstatt auf die Jagd zu gehen. Inzwischen wird fast nur noch Leder von gezüchteten Krokodilen verwendet und die Populationen in freier Wildbahn sind deutlich gewachsen. Einige Wissenschaftler glauben daher, dass eine Zucht und ein legaler Handel nicht nur Nashörner retten kann, sondern auch andere bedrohte Tierarten, wie zum Beispiel Tiger. Auch wenn die, anders als die Nashörner, getötet werden müssten, um an die begehrten Produkte, wie zum Beispiel Knochen, Zähne und das Fell zu kommen.

Tierschützer sind allerdings überhaupt nicht begeistert von den Ideen der Ökonomen. Tiere eingesperrt und unter unwürdigen Bedingungen zu halten, könne nicht die Lösung für das Problem mit der Wilderei sein, argumentieren sie. Auf Krokodilfarmen werden die meterlangen Reptilien oft auf engstem Raum zusammengepfercht. Auch die Tigerfarmen in China sind ein abschreckendes Beispiel. Die Tiere liegen oft apathisch und abgemagert in dreckigen Käfigen. Und die Nashörner in den südafrikanischen Parks dürfen zwar meistens auf einem großen Gelände frei herumlaufen. Dass jedoch zwischendurch immer mal wieder jemand vorbeikommt, sie betäubt und ihr Horn absägt, dürfte auch nicht gerade angenehm sein. Man bezahlt den Schutz der Art also mit einer Massentierhaltung, und das ist für viele Tierschützer und Umweltaktivisten ein zu hoher Preis. Außerdem dürfe man bei der ökonomischen Analyse nicht nur die Angebotsseite betrachten, sagen sie. Wenn der Preis für Nashornpulver fällt, sinkt zwar tatsächlich das Angebot. Doch auf der anderen Seite steigt bei niedrigeren Preisen und einem legalen Markt auch die Nachfrage. Erstens, weil nun auch ärmere Menschen sich wieder Nashornpulver und Tigerknochen leisten können. Und zweitens, weil die Käufer, die vorher Angst vor den dubiosen Schwarzmarkthändlern hatten, jetzt wieder beruhigt kaufen, wenn die Tierprodukte ganz legal in einem normalen Geschäft zu bekommen sind.

Dass es diesen Effekt geben würde, ist tatsächlich sehr wahrscheinlich. Doch wie groß er sein würde, ist völlig unklar. Vieles spricht dafür, dass er deutlich geringer wäre als der Veblen-Effekt, der bei geringen Preisen nahezu komplett wegfallen und die Nachfrage deutlich sinken lassen würde. Die unelastische Nachfrage und die hohen Preise von Nashornpulver und Tigerknochen zeigen, dass sich nur wenige Menschen vom Schwarzmarkt wirklich haben abschrecken lassen. Die Zahl der potenziellen Kunden würde daher im Falle einer Freigabe des Handels wohl nur leicht steigen. Und da viele Tierprodukte vor allem als Zutaten für traditionelle Medizin genutzt werden, dürfte es momentan auch nur wenige Menschen geben, die daran sparen und bei günstigen Preisen wieder zugreifen würden.

Die moralischen Argumente der Tierschützer sind hingegen durchaus wichtige Einwände gegen den Plan der Ökonomen. Schon die Massentierhaltung von Schweinen und Rindern, um damit Fleisch zu produzieren, ist unter ethischen Gesichtspunkten äußerst fragwürdig. Tiger einzusperren und zu töten, nur um ihre Knochen zu völlig nutzlosen Arzneien zu verarbeiteten, kann man eigentlich nicht rechtfertigen. Die beste Lösung wäre es ohne Frage, die Nachfrage nach Nashornpulver und Tigerknochen zu senken. Zum Beispiel durch Aufklärungskampagnen in Ländern wie Vietnam, bei denen den Menschen erklärt wird, dass die Tierprodukte nicht wirken. Wenn der Staat zusätzlich günstige Medikamente verteilt, die zum Beispiel tatsächlich gegen Fieber helfen, würde eine solche Kampagne vielleicht sogar funktionieren. Ein solcher Ansatz braucht allerdings Zeit. Um jahrhundertealte Traditionen zu ändern, muss man Geduld haben. Bisher konnten die Aufklärungskampagnen die Nachfrage nach Tierprodukten noch nicht wirklich senken. Und viel Zeit bleibt nicht mehr. Einige Tierarten, etwa das Nördliche Breitmaulnashorn, stehen bereits kurz vor der Ausrottung. Ökonomen wie Michael 't Sas-Rolfes sehen ihren Plan mit einem freien Handel daher auch gar nicht unbedingt als endgültige Lösung für das Problem mit der Wilderei. Sie wollen damit lediglich Zeit kaufen, zum Beispiel, bis Aufklärungskampagnen eine Wirkung zeigen oder es effektivere Methoden gibt, Wilderer zu stoppen. Ihnen geht es erst mal nur darum, dass die bedrohten Tierarten irgendwie überleben. Wirtschaftswissenschaftler lieben solche pragmatischen Ansätze, die wie die ökonomische Strategie der Kostenminimierung funktionieren. Dabei wird versucht, ein vorgegebenes Ziel mit den geringsten Kosten zu erreichen. Wenn das Ziel ist, dass Tiger und Nashörner überleben, sind ein freier Handel und legale Farmen der kostengünstigste und sicherste Weg, dieses Ziel möglichst schnell zu erreichen. Für Überlegungen, was für die Tiere am besten ist, bleibt danach noch Zeit, wenn es wenigstens wieder halbwegs stabile Populationen gibt.

Über die Freigabe des Handels mit Nashornprodukten wird zwischen Ökonomen, Biologen, Tierschützern und Politikern momentan heiß diskutiert. Die Regierung in Südafrika hat bereits angekündigt, die Idee von einem legalen Markt zu prüfen. Auf jeden Fall haben Ökonomen den Kampf gegen Wilderer ein entscheidendes Stück vorangebracht. Mit ihrer Analyse des Schwarzmarkts und des perfekten Sturms der Wilderei haben sie gezeigt, warum Handelsverbote und Naturschutzgebiete bedrohte Tierarten wie Tiger und Nashörner nicht schützen können. Und mit ihrer pragmatischen Idee, den Handel und die Zucht zu legalisieren, könnten sie dafür sorgen, dass Umweltschützer am Ende doch noch gegen die Wilderer gewinnen und auch in 100 Jahren noch Tiger und Nashörner in freier Wildbahn leben.

Literatur

Michael 't Sas-Rolfes, Timothy Fitzgerald (2013). *Can a Legal Horn Trade Save Rhinos?*

Duan Biggs, Franck Courchamp, Rowan Martin, Hugh P. Possingham (2013). *Legal Trade of Africa's Rhino Horns*

ÖKONOMEN BEKÄMPFEN DEN HUNGER

Am Beginn des neuen Jahrtausends trafen sich in New York Vertreter aus 189 Ländern, um die Welt zu einem besseren Ort zu machen. Im Gebäude der Vereinten Nationen am Ufer des East River fand im September 2000 die 55. Generalversammlung der Vereinten Nationen statt. Die Jahrtausendwende war ein historisches Datum, und auch sonst war die Gelegenheit günstig, um Großes zu vollbringen. Noch nie zuvor saßen so viele Ländervertreter und Staatchefs gemeinsam in einem Raum. Die Delegierten wollten das volle Haus daher unbedingt nutzen.

Akribisch hatten sie sich auf das Treffen vorbereitet, Studien in Auftrag gegeben, Allianzen geschmiedet und an Erklärungen gefeilt. Am Ende sollte sich die Mühe auszahlen. Am 8. September 2000 verabschiedeten die Vertreter der Staaten ein historisches Dokument: Die Millenniumsziele der Vereinten Nationen. Eine ausführliche Liste, mit der sich die UN-Staaten das erste Mal konkrete Ziele für die Entwicklungspolitik setzten. Bis heute hängt die Liste im New Yorker Hauptquartier der Vereinten Nationen, damit die Delegierten ihre Versprechen nicht vergessen.

Die Pläne auf der Liste sind ehrgeizig, auch wenn sie eigentlich selbstverständlich sein sollten: Jedes Kind soll zum Beispiel eine grundlegende Schulbildung erhalten, die Ausbreitung von gefährlichen Infektionskrankheiten wie Aids soll gestoppt und die Zahl der Armen mehr als halbiert werden. Auf insgesamt acht große Ziele mit mehreren Unterkategorien haben sich die Delegierten aus den 189 Staaten damals geeinigt. Und sie legten auch ein Jahr fest, in dem die Ziele erreicht werden sollten: 2015.

Der Tag der Abrechnung kommt also langsam näher. Bei einigen Millenniumszielen sind die 189 Staaten auf einem guten Weg, zum Beispiel ist die Zahl der Frauen, die während einer Geburt sterben, inzwischen deutlich gesunken. Doch die meisten Ziele werden die Staaten bis 2015 wohl nicht erreichen. Und bei einem der wichtigsten stehen sie vor einem großen Rätsel: dem Hunger. Bis 2015 wollten sie eigentlich dafür sorgen, dass über 90 Prozent der Menschen jeden Tag genug zu essen bekommen. Momentan sieht es leider nicht so aus, als wenn die Weltgemeinschaft dieses Versprechen halten könnte. Der Hunger ist sehr viel hartnäckiger als gedacht.

Als Referenzwert für ihr Millenniumsziel verwenden die UN die Hungerquote aus dem Jahr 1990. Damals waren laut der Food and Agriculture Organization (FAO), einer UN-Organisation für Ernährung und Landwirtschaft, 16 Prozent der Weltbevölkerung unterernährt, insgesamt 848 Millionen Menschen. Um das Millenniumsziel zu erreichen, muss die Quote bis 2015 auf mindestens acht Prozent sinken.

Das wird schwierig, denn bisher sind die Staaten beim Kampf gegen den Hunger nicht allzu weit gekommen. Die aktuellsten Daten der FAO zeigen die Situation aus den Jahren 2011 bis 2013. Über ein Jahrzehnt nach der Verabschiedung der Milleniumsziele ist die Hungerquote weiterhin hoch. Sie liegt laut der FAO aktuell bei rund 12 Prozent. Damit ist die Quote zwar gesunken, aber nur sehr leicht um etwa vier Prozentpunkte. In absoluten Zahlen ist der Rückgang ebenfalls sehr gering. 1990 litten 848 Millionen Menschen unter Hunger, inzwischen sind es laut den Schätzungen der FAO rund 842 Millionen. Der Kampf der Staaten gegen den Hunger ist bisher ein ziemliches Trauerspiel.

Man kann nicht sagen, dass es Politiker, Stiftungen und Hilfsorganisationen nicht versucht hätten. Viele Milliarden Dollar fließen pro Jahr in Hilfsprojekte gegen Unterernährung. In Indien versucht die Regierung zum Beispiel momentan ein neues Subventionsprogramm durchzusetzen, durch das die

Preise für Reis und Weizen um bis zu 90 Prozent fallen würden. Das Programm könnte mehr als 20 Milliarden Dollar kosten. Biologen und Chemiker auf der ganzen Welt forschen derweil an neuen Pflanzensorten, die leichter anzubauen und ertragreicher sind. Und Agrarwissenschaftler versuchen, Kleinbauern neue Anbautechniken beizubringen. Es werden auch tatsächlich immer mehr Nahrungsmittel produziert, doch die scheinen trotz aller Subventionen häufig nicht bei den 850 Millionen Menschen anzukommen, die jeden Tag um ihr Überleben kämpfen.

Das asiatische Rätsel und eine brutale Diskriminierung

Dass im Kampf gegen den Hunger einiges schiefläuft, wird besonders deutlich, wenn man sich eine Kennzahl anschaut, die zu den Lieblingsvariablen von Ökonomen gehört: Das Bruttoinlandsprodukt (BIP). Das BIP misst, wie viel in einer Volkswirtschaft produziert wird, und drückt diesen Wert in Geld aus. Es ist eine gute Maßzahl, um zu schauen, wie reich die Bewohner eines Landes sind, und wie viel sie sich daher leisten können. Eigentlich müsste es nach dieser Messung fast allen Menschen inzwischen besser gehen als noch vor 30 Jahren, denn seitdem hat sich das weltweite BIP ungefähr versiebenfacht. Vor allem zahlreiche ehemals arme Länder haben in den vergangenen Jahren einen großen Sprung nach vorn gemacht. In China, Indien, Brasilien und auch in mehreren kleineren Ländern wie Guatemala, Bangladesch und Indonesien wächst die Wirtschaft jedes Jahr kräftig. Selbst in Afrika, jahrzehntelang eine der schlimmsten und ärmsten Krisenregionen der Welt, spricht man seit einiger Zeit von einem Wachstumswunder.

Eigentlich müsste sich das Problem mit dem Hunger also von selbst lösen. Die Wirtschaft wächst, die Menschen haben mehr Geld und können endlich genug Lebensmittel kaufen, damit alle satt werden. Doch irgendetwas stimmt da nicht, wie die Zahlen der FAO zeigen: Obwohl die Wirtschaft in vielen Ländern rasant wächst, haben dort noch immer viel zu viele Menschen nicht genug zu essen. Bestes Beispiel dafür ist Indien.

Das indische Wachstumswunder begann etwa Mitte der Neunzigerjahre, als die Wirtschaftskraft des riesigen Schwellenlandes mit seinen mehr als eine Milliarde Einwohnern immer stärker stieg. Zwischen 2003 und 2008 vergrößerte sich das indische BIP zum Teil um zehn Prozent pro Jahr, ein gewaltiger Zuwachs an Reichtum. Doch die wachsende Kraft der indischen Wirtschaft verbesserte paradoxerweise nicht die Situation vieler Inder. Vor der Zeit des großen Wachstumswunders waren etwa 50 Prozent der indischen Kinder unterernährt. Dieser Anteil sank bis 2006 nur leicht auf etwa 45 Prozent. Auch bei vielen indischen Frauen scheint das Wirtschaftswachstum nicht angekommen zu sein. 2006 hungerten noch immer 40 Prozent von ihnen, der Anteil hatte sich in den sieben Jahren des Aufschwungs kaum verändert. Die Kalorienmenge, die ein typischer Inder pro Tag zur Verfügung hat, verringerte sich während dieser Zeit sogar von 2150 auf 2050 Kilokalorien. Ein Armutszeugnis für einen Wirtschaftswunderstaat.

Bis heute hat sich am Hunger in Indien leider nicht viel geändert. Die Wirtschaft wächst weiter, doch insbesondere indische Kinder bekommen noch immer nicht genug zu essen. Noch immer ist jedes zweite indische Kind unterernährt, schätzt die Hilfsorganisation Naandi. In Indien leben inzwischen mehr unterernährte Kinder als in ganz Afrika.

Wissenschaftler bezeichnen die Situation in Indien als »Asiatisches Rätsel«. Obwohl die Wirtschaft wächst, müssen weiterhin viele Menschen hungern. Und Indien ist nur der prominenteste Fall. Auch andere Länder, etwa Pakistan oder Guatemala, schaffen es nicht, den Hunger zu besiegen, obwohl die Wirtschaft wächst. Seit Jahren beißen sich Entwicklungshelfer und staatliche Hilfsorganisationen am »Asiatischen Rätsel« die Zähne aus. Doch es gibt Menschen, die der Lösung des Rätsels auf der Spur sind: Ökonomen.

Einer von ihnen ist Derek Headey. Der US-Amerikaner forscht am International Food Policy Research Institute (IFPRI), einer Forschungseinrichtung, an der zahlreiche Wissenschaftler gegen den Hunger in der Welt kämpfen. Das IFPRI finanziert sich durch Spendengelder, bekommt aber auch Geld aus staatlichen Entwicklungshilfeprogrammen. Headey arbeitet momentan in Addis Abeba, der Hauptstadt Äthiopiens, einem der ärmsten Länder der Welt, in dem ebenfalls Millionen Menschen Hunger leiden. Auch für die Menschen in Äthiopien und anderen afrikanischen Ländern ist es wichtig, dass Forscher es endlich schaffen, das »Asiatische Rätsel« zu lösen. Denn auch in Afrika beginnt die Wirtschaft zu wachsen. In den Ländern südlich der Sahara stieg die Wirtschaftsleistung zwischen 1995 und 2009 durchschnittlich jedes Jahr um 4,3 Prozent. Wenn Politiker und Wissenschaftler es schaffen, dass auch die Armen des Kontinents etwas von diesem Wirtschaftswachstum abbekommen, könnten sie Millionen Menschenleben retten.

In den vergangenen Jahren hat Headey Unmengen an Daten zusammengetragen: Statistiken über das Wirtschaftswachstum, Ergebnisse aus Haushaltsbefragungen in der ganzen Welt, Berichte und Studien von Hilfsorganisationen. In diesen Daten, da war sich Headey sicher, lag die Lösung des Rätsels, warum Wirtschaftswachstum so oft nicht bei den Armen ankommt. Und als Ökonom hatte er die Werkzeuge, um die Lösung aus den Daten herauszufiltern.

Mit Hilfe einer Regression suchte Headey nach Zusammenhängen zwischen den Zahlen aus den unterschiedlichen Ländern. Er konzentrierte sich dabei auf Unterernährung bei Kindern, denn für sie hat der Mangel besonders schlimme Folgen. Mehrere Studien von Ökonomen und Medizinern zeigen, dass Menschen, die als Kind zu wenig zu essen bekommen, häufiger an chronischen Krankheiten leiden, öfter arbeitslos sind und niedrigere Löhne bekommen als Menschen, die sich im Kindesalter satt essen konnten. Viele dieser Erkenntnisse stammen aus Studien, bei denen Forscher die Hungersnot von 1944 in den Niederlanden untersucht haben. Die deutsche

Wehrmacht blockierte damals die Lieferung von Lebensmitteln an die Bewohner in den umkämpften Gebieten im Westen der Niederlande. Bis zum Ende des Zweiten Weltkriegs und der endgültigen Befreiung durch die Alliierten konnten viele Niederländer daher nicht genügend Nahrungsmittel bekommen. Vor allem für noch ungeborene Kinder war die Unterversorgung mit Nährstoffen fatal. Niederländer, die die Hungersnot noch im Bauch der Mutter erlebt hatten, litten später deutlich öfter an Krankheiten wie Bluthochdruck oder Fettleibigkeit. Drei Forscher um den Ökonomen Gerard van den Berg konnten außerdem zeigen, dass diese Menschen auch öfter arbeitslos waren. Selbst eine kurze Hungersnot kann also sehr schädliche Langzeitfolgen haben.

Deswegen wollte Headey mit seinen Daten unbedingt herausfinden, wie sich Unterernährung bei Kindern verhindern lässt. Das erste Ergebnis, das er auf seinem Computerbildschirm sah, bestätigte eine grundlegende Sichtweise von Ökonomen: Wirtschaftswachstum tut den Menschen gut. Wenn die Wirtschaftsleistung pro Einwohner in einem Land um 5,5 Prozent im Jahr wächst, geht der Anteil der hungernden Kinder um einen Prozentpunkt zurück, das zeigten die Daten. Allerdings gab es diese mysteriösen Ausnahmen: Länder, in denen der Hunger nicht weniger wurde, während die Wirtschaft wuchs, wie eben Indien. In vielen indischen Bundesstaaten war die Wirtschaft kräftig gewachsen, doch der Anteil der unterernährten Kinder unverändert hoch geblieben, stellte der Ökonom bei der Analyse seiner Daten fest.

Irgendetwas musste also zum Beispiel Indien von den anderen Ländern unterscheiden, in denen Wirtschaftswachstum durchaus dafür sorgte, dass die Menschen mehr zu essen hatten. Headey kombinierte die Wachstumsstatistiken und die Daten über die Ernährung von Kindern daher mit den Ergebnissen einer groß angelegten Haushaltsbefragung, der Demographic and Health Survey. Für diese Befragung gehen seit mehr als 20 Jahren Regierungsbeamte, Entwicklungshelfer und Mitarbeiter von privaten Beratungsfirmen in über 90 Ländern von Haus zu Haus und führen Interviews mit einer Gruppe repräsentativ ausgewählter Menschen. Die Antworten der Befragten werden anschließend in einer riesigen Datenbank gesammelt und so aufbereitet, dass man sie mit Statistikprogrammen auswerten kann.

Für Ökonomen wie Derek Headey ist diese Datenbank ein wertvoller Schatz, denn so kann er mehr über das Leben der Menschen erfahren, denen er helfen will. Als was arbeiten sie? Was haben sie für eine Ausbildung? Was machen sie mit ihrem Geld?

Als Headey die Ergebnisse aus der Befragungsrunde von 2010 zusammen mit all den anderen Daten durch den Computer laufen ließ, lieferte seine Regression ein eindeutiges Ergebnis: Vor allem Variable, die mit der Stellung der Frauen in der Gesellschaft zusammenhingen, hatten einen großen Einfluss auf die Ernährung von Kindern. In Ländern, in denen Frauen zum Beispiel eine gute Ausbildung hatten, gab es deutlich weniger Kinder, die nicht genug zu essen bekamen. Aber warum spielt es für Kinder eine derart große Rolle, wie gut ausgebildet Frauen sind? Ein wichtiger Faktor könnte die bessere Familienplanung sein. Mit seinen Daten konnte Headey zeigen, dass gebildete Frauen in vielen Ländern deutlich weniger Kinder bekommen. Und je weniger Kinder eine Frau im Durchschnitt hat, desto besser ernährt sind ihre Kinder.

Das ist nicht gerade überraschend: Kleine Familien kommen mit knappen Lebensmitteln nun mal besser aus als Großfamilien. Mit den niedrigeren Geburtenraten lässt sich allerdings nur ein Teil des Effektes erklären. Es muss noch eine andere Erklärung geben, warum für den Kampf gegen den Hunger der Bildungsgrad der Frauen so wichtig ist. Um dem auf den Grund zu gehen, lohnt es sich, noch einmal genauer nach Indien zu schauen. Denn in dem Wirtschaftswunderstaat, der seine Kinder nicht ernähren kann, geht es den Frauen sehr schlecht. Indien ist zwar, anders als viele Schwellen- und Entwicklungsländer, eine Demokratie mit freien Wahlen und Frauen haben formal die gleichen Rechte wie Männer. Mit Sonia Gandhi, die als Vorsitzende die regierende Kongresspartei leitet, hat es eine Frau sogar bis in die oberste

Reihe der indischen Politik geschafft. Doch der Normalfall ist das nicht. Viele indische Frauen werden noch immer diskriminiert und misshandelt.

Es war ebenfalls ein Ökonom, der das erste Mal das beklemmende Ausmaß der Misshandlung und Diskriminierung von Frauen in Indien deutlich machte. 1992 schätzte der Nobelpreisträger Amartya Sen, dass in Indien bereits 37 Millionen Frauen aufgrund von Diskriminierung gestorben seien. Sen hatte dafür die Geschlechterverhältnisse von verschiedenen Ländern miteinander verglichen und war im Fall Indien stutzig geworden. Da Frauen im Durchschnitt länger leben als Männer, müsste es normalerweise in einer Gesellschaft mehr Frauen als Männer geben. In westlichen Ländern wie Großbritannien, Frankreich und den USA lag das Verhältnis zur Zeit von Sens Studie ungefähr bei 1,05. In Indien jedoch nur bei 0,93.

Man kann ein Schwellenland wie Indien jedoch nur schlecht mit hochentwickelten Industrieländern vergleichen, in denen es zum Beispiel meistens ein deutlich besseres Gesundheitssystem gibt. Deswegen schaute sich Sen damals auch eine Reihe anderer Schwellenländer mit ähnlichen Lebensbedingungen wie Indien an. Und auch dort gab es deutlich mehr Frauen, stellte er fest. Aus seinen Daten errechnete er, wie groß die Lücke der fehlenden Frauen zwischen Indien und den anderen Ländern ist, und kam auf seine berühmte Zahl: 37 Millionen. So viele indische Frauen sind laut Sen an der Diskriminierung in der indischen Gesellschaft gestorben.

Die zwei Ökonominnen Siwan Anderson (Universität von British Columbia) und Debraj Ray (Universität New York) haben Sens Zahlen 2010 in einer Studie nochmals aktualisiert. Sie passten das Berechnungsmodell etwas an, kamen aber zu ähnlich erschreckenden Ergebnissen. Laut ihren Berechnungen sterben in Indien durch Diskriminierung pro Jahr etwa zwei Millionen Frauen.

Die tödliche Diskriminierung hat unterschiedliche Ursachen. Manchmal werden Mädchen gar nicht erst geboren, weil sich viele indische Familien vor allem einen Sohn wünschen. Für Töchter muss später bei der Hochzeit eine teure Mitgift bezahlt werden, die arme Familien ruinieren kann. Wenn es die Möglichkeit gibt, schon vor der Geburt das Geschlecht des Kindes zu erfahren, werden weibliche Föten daher manchmal abgetrieben.

Aber auch wenn sie es auf die Welt schaffen, haben es viele Frauen in Indien nicht leicht. Siwan Anderson und Debraj Ray hören immer wieder von Fällen, in denen Eltern ihre Töchter erst an den Esstisch lassen, wenn sich der Sohn der Familien satt gegessen hat. Diese Ungleichbehandlung ist nicht nur äußerst brutal, sie hat auch fatale Langzeitfolgen. Unterernährte Mädchen haben ein größeres Risiko, dass ihre eigenen Kinder später mit chronischen Krankheiten auf die Welt kommen. Außerdem leiden sie selbst lange unter den Folgeschäden des Mangels und verdienen wegen ihrer schlechten Gesundheit oft weniger Geld. Damit sind sie und ihre Kinder zur Armut verdammt. Und damit oft auch zum Hungern.

Mit diesen erschreckenden Berichten aus Indien und den Daten von Derek Headey lässt sich das »Asiatische Rätsel« ein Stück weit lüften. Wie gebildet Frauen sind, ist meistens ein Zeichen dafür, wie viele Rechte sie in einer Gesellschaft generell haben. Wenn Frauen keine Ausbildung machen dürfen, werden sie oft auch in anderen Bereichen diskriminiert. Wenn diese Diskriminierung dermaßen brutal ist wie in Indien, haben Mädchen auch von einem starken Wirtschaftswachstum meistens nichts, weil sich erst mal nur ihre Brüder »satt essen« dürfen. Und aufgrund der schlechten Ernährung können sie sich nicht optimal entwickeln und bleiben daher auch später oft arm.

Die massive und manchmal tödliche Diskriminierung von Frauen ist aber nicht nur ein indisches Problem. Der Ökonom Shenggen Fan, Direktor des International Food Policy Research Institute, hat beobachtet, dass in vielen südasiatischen Ländern Frauen nach wie vor stark benachteiligt werden. Würden Frauen und Männer überall gleichbehandelt, gäbe es allein in Südasien 13,4 Millionen weniger unterernährte Kinder, schätzt Fan.

13,4 Millionen – das wäre ein enormer Erfolg. Und diese Zahl ist nicht unrealistisch, denn wenn Frauen die gleichen Rechte wie Männer haben, können sie nicht nur besser für sich und ihre Kinder sorgen, sondern sie können auch darauf achten, dass die Familie ihr knappes Geld für die richtigen Dinge ausgibt. Denn erstaunlich viele Arme setzen bei ihrer Budgetplanung leider völlig falsche Prioritäten.

Rauchen macht hungrig

Mehrere Ökonomen haben in den vergangenen Jahren bei Studien in Entwicklungsländern einen überraschenden Effekt gefunden: Wenn Arme mehr Geld verdienen, ändert sich die Kalorienmenge, die sie pro Tag essen, oft nur sehr wenig. Manchmal nehmen sie sogar umso weniger Kalorien zu sich, je mehr Geld sie zur Verfügung haben. Die Erklärung für diesen paradoxen Zusammenhang: Auch Arme wollen Abwechslung auf dem Teller. Viele Menschen in Entwicklungsländern könnten zwar jeden Tag genügend Kalorien essen, doch dafür müssten sie sich fast ausschließlich von kalorienreichen Grundnahrungsmitteln wie Reis oder Weizen ernähren, die oft sehr günstig sind. Das ist den meisten Menschen verständlicherweise zu langweilig. Je mehr sie verdienen, desto häufiger kaufen sie daher teure Lebensmittel wie Fleisch oder Süßigkeiten, die zwar besser schmecken, aber auch einen geringeren Nährwert haben. Das erklärt auch, warum Subventionsprogramme für Grundnahrungsmittel, wie sie seit Jahren zum Beispiel in Indien ausprobiert werden, so oft scheitern. Wenn Reis und Weizen billiger werden, kaufen sich die Menschen nicht mehr davon, sondern investieren das eingesparte Geld in Fleisch, Fisch oder Früchte. Die Kalorienmenge, die sie pro Tag zu sich nehmen, steigt daher trotz der milliardenschweren Subventionen oft nicht an. Vielen Armen scheint Abwechslung und leckeres Essen einfach wichtiger zu sein als ein voller Magen. Ein weiteres Problem: Selbst Menschen, die manchmal nicht wissen, wo ihre nächste Mahlzeit herkommen soll, geben keinesfalls ihr gesamtes Geld für Essen aus.

In den meisten Entwicklungsländern verwenden die Menschen im Durchschnitt rund 65 Prozent ihres täglichen Einkommens, um damit Lebensmittel zu kaufen. Der Rest ist für andere Zwecke vorgesehen. Einige davon sind sehr sinnvoll, etwa Schulbücher oder Medikamente. Für Gesundheit und Bildung lohnt es sich durchaus, auf einige Kalorien am Tag zu verzichten. Doch es gibt leider einen großen Posten im Budget der Armen, der nicht nur ziemlich sinnlos, sondern auch extrem schädlich für die ganze Familie ist: Tabak.

Erstaunlich viele Arme rauchen. Man würde denken, dass man sich lieber etwas zu essen kauft als eine Zigarette zu rauchen, wenn der Magen knurrt, aber anscheinend denken viele Menschen anders. Vor allem in asiatischen Ländern ist den Tabakkonzernen in den vergangenen Jahren eine neue, sehr treue Kundschaft zugewachsen. China ist bereits das Land mit den meisten Rauchern auf der Welt. Etwa 360 Millionen der 1,3 Milliarden Chinesen rauchen. Vor allem chinesische Männer sind oft starke Raucher. Auch in Indonesien, einem der ärmsten Länder der Welt, rauchen inzwischen rund 60 Prozent der Männer. Sogar Menschen, die weniger als einen Dollar pro Tag zur Verfügung haben, geben einen Teil ihres knappen Budgets für Zigaretten und andere Tabakprodukte aus, wie die Ökonomen Esther Duflo und Abhijit Banerjee mit Daten aus mehreren Ländern zeigen konnte. Die Nikotinsucht ist in erster Linie für die Raucher selbst ein Problem. Mediziner befürchten, dass die Zahl der Krebsfälle in China und anderen asiatischen Ländern in den kommenden Jahren deutlich steigen wird. Das Rauchen hat aber auch fatale Folgen für die Ernährung von Kindern, wie die beiden Ökonomen Steven Block und Patrick Webb in einer beklemmenden Studie herausfanden.

Die Forscher hatten sich die Ergebnisse einer Haushaltsbefragung auf der Insel Java angeschaut, eine der vier Hauptinseln der Philippinen. Sie suchten nach Hinweisen, warum auch in Indonesien noch so viele Kinder unterernährt sind. Laut der Weltgesundheitsorganisation bekommt mehr als jedes dritte indonesische Kind nicht genügend zu essen. Anhand der Daten aus der Befragung konnten die Ökonomen genau rekonstruieren, wofür die Bewohner auf Java ihr Geld ausgaben. Als sie unterschiedliche Familien miteinander verglichen, machten sie immer wieder die gleiche Beobachtung: Wenn jemand in der Familie rauchte, gab es für die Kinder weniger zu essen. Dieser Zusammenhang zeigte sich schon im Budget der indonesischen Familien. Ohne Raucher im Haushalt gab eine Familie im Durchschnitt 75 Prozent ihres Einkommens für Nahrungsmittel aus, bei Rauchern waren es nur 68 Prozent. Diese Familien hatten auch absolut gesehen deutlich weniger Geld für Nahrungsmittel zur Verfügung. Ein deutliches Zeichen, dass das Geld für Zigaretten von den Essensausgaben abgezogen wurde.

Schon lange haben Ökonomen und Sozialwissenschaftler vermutet, dass es bei armen Menschen einen Zusammenhang zwischen Rauchen und einer mangelhaften Ernährung gibt. Denn wenn das Geld für Zigaretten ausgegeben wird, fehlt es nun mal zwangsläufig an einer anderen Stelle. Da Tabak stark abhängig macht, können viele Raucher auch nur schwer auf ihre Zigaretten verzichten und sind deswegen sogar bereit, das Essensbudget der Familie zu plündern und ihre eigenen Kinder hungern zu lassen. Steven Block und Patrick Webb konnten diesen Zusammenhang das erste Mal eindeutig nachweisen.

Ihre Studie zeigt Politikern in Entwicklungsländern, dass das Rauchen noch gefährlicher ist als angenommen. Es sorgt nicht nur für viele Krebstote und steigende Gesundheitskosten, sondern verschlimmert auch die Unterernährung von Kindern. Deswegen könnten Werbeverbote für Tabakunternehmen, höhere Steuern auf Zigaretten oder Informationskampagnen, die über die Gefahren des Rauchens aufklären, ein sehr effektives Mittel gegen den Hunger sein. Block und Webb haben damit einen ungewöhnlichen, aber vielversprechenden Weg aufgezeigt, wie man dafür sorgen kann, dass Kinder in Entwicklungsländern genug zu essen bekommen. Außerdem liefert ihre Studie weitere Hinweise, warum das Bildungsniveau von Frauen einen so großen Einfluss auf die Ernährung von Kindern hat. Wenn Frauen eine bessere Ausbildung haben und damit oft auch mehr verdienen, können sie sich bei wichtigen Entscheidungen innerhalb der Familie eher durchsetzen und besser beeinflussen, wie das knappe Budget aufgeteilt wird. Da Frauen in Entwicklungsländern deutlich seltener rauchen als Männer, sind sie wahrscheinlich nicht bereit, einen großen Teil ihres Geldes für Zigaretten auszugeben, und achten mehr darauf, dass genügend Lebensmittel eingekauft werden.

Die Forschungsarbeiten von Derek Headey, Steven Block und Patrick Webb zeigen: Mit ihren ausgefeilten statistischen Instrumenten, mit denen sie in der Lage sind, gewaltige Datensätze gezielt auszuwerten, sind Ökonomen wahre Helden im weltweiten Kampf gegen den Hunger. Sie kommen auch da weiter, wo sich Politiker und Entwicklungshelfer seit Jahren die Zähne ausbeißen, und konnten in den vergangenen Jahren das »Asiatische Rätsel« zumindest ein wenig entschlüsseln. Dabei haben sie neue Ansätze entwickelt, wie man das Problem mit der Unterernährung in den Griff bekommen kann, und den Politikern und Entwicklungshelfern wertvolle Hinweise gegeben. Ihre Forschungsarbeit ist alles andere als weltfremd und abgehoben, sie hat ein ganz klares Ziel: Dafür zu sorgen, dass mehr Menschen auf diesem Planeten genug zu essen haben.

Literatur

Derek D. Headey (2013). *Developmental Drivers of Nutritional Change: A Cross-Country Analysis*

Steven Block, Patrick Webb (2009). *Up in Smoke: Tobacco Use, Expenditure on Food, and Child Malnutrition in Developing Countries*

Siwan Anderson, Debraj Ray (2012). *The Age Distribution of Missing Women in India*

ÖKONOMEN HELFEN DEN ARMEN

Das Leben ist ziemlich hart, wenn man sich nicht mehr leisten kann als eine Packung Kaugummi am Tag. Leider ist genau das die Situation, in der sich viele Menschen auf der Welt momentan befinden. 1,2 Milliarden Menschen müssen mit weniger als umgerechnet 1,25 US-Dollar pro Tag auskommen, schätzt die Weltbank. Das ist ungefähr der Preis einer Packung Kaugummi in Deutschland. Natürlich leisten sich die Armen von ihrem Geld kein Kaugummi, sondern versuchen, mit dem einen Euro Essen und Medikamente zu kaufen, ihre Häuser zu reparieren und im besten Fall ihre Kinder zur Schule zu schicken. Der Vergleich mit dem Kaugummi macht aber deutlich, wie schwierig das ist. Denn eigentlich haben die Armen sogar noch weniger Geld zur Verfügung. Viele Menschen in Indien leben zum Beispiel von rund 15 indischen Rupien pro Tag, das sind in Euro umgerechnet gerade einmal etwas mehr als 20 Cent. Dafür sind die Preise in vielen Entwicklungsländern aber auch deutlich niedriger als in westlichen Industriestaaten. Man kann sich mit 20 Cent in Indien viel mehr kaufen als in Deutschland. Die Mitarbeiter der Weltbank berücksichtigen daher das Preisniveau in Entwicklungsländern, wenn sie Armutsstatistiken erstellen. Sie rechnen das Einkommen der Armen so um, dass sich die Menschen in reichen Ländern vorstellen können, wie hart das Leben der Armen wirklich ist. Diese Methode nennt man Kaufkraftparität. Mit 15 Rupien pro Tag in Indien zu überleben ist demnach ungefähr so schwierig wie mit einem Euro in Deutschland. Damit könnte man sich vier Brötchen und zwei Flaschen Mineralwasser kaufen. Oder eine Banane und einen Apfel. Satt wird man so kaum.

Jeder sechste Mensch auf der Erde hat also nicht genug Geld für die allerwichtigsten Bedürfnisse: Essen, Kleidung, ein Dach über dem Kopf. Und die 1,2 Milliarden in der Statistik der Weltbank sind nur die Ärmsten der Armen. Noch einmal rund 1,2 Milliarden Menschen leben von 1,25 bis zwei Dollar am Tag, wenn man ihr Einkommen mit der Methode der Kaufkraftparität umrechnet. Auch das ist wahrlich kein Luxusleben. Zum Vergleich: Ein US-Amerikaner hat im Durchschnitt rund 138 Dollar pro Tag zur Verfügung, ein Deutscher rund 114 und ein Brite rund 101. Die Zahlen in der Armutsstatistik sind erschreckend, wenn man bedenkt, dass die Menschheit als Ganzes eigentlich so reich ist wie nie zuvor in ihrer Geschichte. Die Wirtschaftsleistung der gesamten Weltwirtschaft lag 2012 bei über 71 Billionen Dollar, ein neuer Rekordwert. Theoretisch hätte jeder Mensch auf der Erde also rund 10 000 Dollar pro Jahr zur Verfügung, das sind etwas mehr als 27 pro Tag. Auf diese Zahl kommt man, wenn man die weltweite Wirtschaftsleistung durch die 7,1 Milliarden Menschen, die momentan auf der Erde leben, teilt. Daran sieht man: Eigentlich gibt es genug Reichtum auf der Welt, niemand muss arm sein. Armut ist aus dieser Perspektive vor allem ein Verteilungsproblem.

Dass ein Brite jeden Tag 101 Dollar ausgeben kann und ein Kenianer nur rund fünf Dollar, liegt an den sehr unterschiedlichen Entwicklungen, die diese beiden Länder in den vergangenen Jahrhunderten durchlaufen haben. Großbritannien hat vor allem seit Mitte des 19. Jahrhunderts ein rasantes Wirtschaftswachstum erlebt. Zwischen 1850 und 1900 verdoppelten sich der Reallohn eines durchschnittlichen Arbeiters und das GDP pro Kopf. Einen derartigen Wirtschaftsboom hat Kenia nicht erlebt und viele Menschen leben weiterhin bis heute in bitterer Armut. Insbesondere in den vergangenen rund 200 Jahren hat sich die Welt in wirtschaftliche Gewinner und Verlierer geteilt. Einige Länder sind sehr reich geworden und bieten ihren Bürgern staatliche Krankenversicherungen, klimatisierte Schnellzüge und riesige Einkaufszentren, während die Menschen in anderen Ländern manchmal nicht wissen, was sie am nächsten Tag essen sollen. Woher diese extremen Unterschiede kommen, darüber streiten Ökonomen und Sozialwissenschaftler bis heute. Einige glauben, dass die Geografie eine wichtige Rolle spielt. In Kenia ist es schließlich deutlich heißer und trockener als im verregneten Großbritannien. Das ist für Bauern ein großes Problem, denn in einem solchen Klima kommt es häufig zu Dürreperioden, die ganze Ernten zerstören. Da die Landwirtschaft jahrhundertlang überall auf der Welt der größte Wirtschaftssektor war, könnte das Klima durchaus einen großen Einfluss auf das Wirtschaftswachstum gehabt und das Schicksal von Nationen beeinflusst haben. Und ein warmes Klima hat noch einen weiteren Nachteil: Krankheitserreger verbreiten sich in heißen Ländern meistens schneller, etwa die Parasiten, die Malaria auslösen. Auch das kann die Entwicklung eines Landes und das Wachstum der Wirtschaft stören, weil kranke Menschen nicht arbeiten können.

Trotz dieser Argumente gilt die These, dass das Klima Schuld an der unfairen Verteilung des Reichtums auf der Welt ist, inzwischen aber als weitgehend überholt. Vor allem weil eventuelle historische Unterschiede in der Produktivität der Landwirtschaft den großen Graben, der die Staaten heute trennt, nicht ausreichend erklären können. Viele Wissenschaftler gehen davon aus, dass die Gründe für die unterschiedliche Entwicklung der Länder tiefer liegen. Für die Ökonomen Daron Acemoglu und James Robinson hängt es zum Beispiel von den Institutionen ab, ob ein Land reich wird oder arm bleibt. Unter dem Begriff Institutionen verstehen Ökonomen sehr unterschiedliche Dinge: Politische Entscheidungsmechanismen wie Parlamente und freie Wahlen, staatliche Behörden wie ein Patentamt, Gesetze und auch kulturelle Bräuche. Was all diese Dinge verbindet: Sie schaffen Anreize, die das Verhalten von Menschen steuern. Wenn sich ein Politiker alle vier Jahre einer freien Wahl stellen muss, wird er versuchen, die Interessen seiner Wähler zu berücksichtigen. Ein Diktator, der entweder gar nicht wählen lässt oder die Wahlergebnisse fälscht, muss sich nicht darum kümmern, was das Volk will. Wahlen und Parlamente zählen daher zu den wichtigsten politischen Institutionen, denn sie begrenzen die Macht von Staatschefs und haben einen großen Einfluss darauf, welche Gesetze erlassen werden. Aber auch ökonomische Institutionen spielen bei der Entwicklung eines Landes eine große Rolle. Wenn zum Beispiel ein Arbeiter seinen Lohn nicht behalten darf, hat er keinen Grund, sich bei der Arbeit besonders anzustrengen. Er hat auch keinen Anreiz, darüber nachzudenken, mit welchen Arbeitstechniken er vielleicht mehr produzieren und mehr verdienen könnte. In dieser Situation waren zum Beispiel die Sklaven, die im 18. und 19. Jahrhundert auf den Baumwollplantagen und Farmen in den USA arbeiteten, und die Bauern in Europa, die zur selben Zeit als Leibeigene einen Großteil der Ernte an ihren Herrn abgeben mussten. Sklavenarbeit und Leibeigenschaft bezeichnen Acemoglu und Robinson in ihrem Buch »Warum Nationen scheitern« als extraktive Institutionen. Mit der Hilfe dieser Institutionen bereichert sich eine kleine Elite an der Arbeit der großen Masse. Die Elite kann dadurch sehr reich werden, doch für die Wirtschaft als Ganzes sind extraktive Institutionen sehr schädlich. Denn die Arbeiter haben keine Anreize, sich anzustrengen oder neue Technologien zu entwickeln. Diese Anreize würden ihnen nur inklusive Institutionen geben. Eine solche inklusive Institution ist zum Beispiel das Patentrecht. Ein Patent gibt einem Erfinder das Recht, seine Erfindung ohne Konkurrenz zu vermarkten. Für einen bestimmten Zeitraum, meistens einige Jahre, darf niemand die Erfindung kopieren. Der Erfinder bekommt also ein Monopol und verdient dadurch oft sehr viel Geld. Die Aussicht auf Reichtum ist ein großer Anreiz, darüber nachzudenken, wie man Arbeitstechniken verbessern kann, oder an der Entwicklung eines neuen Medikaments zu forschen. Durch diese Anreize lassen inklusive Institutionen die Wirtschaft wachsen, sagen Acemoglu und Robinson. Sie motivieren Menschen, sich anzustrengen, und belohnen Erfolge wie eine neue Erfindung.

Tatsächlich lässt sich die Entwicklungsgeschichte vieler Länder gut mit den Eigenschaften ihrer Institutionen erklären. Zum Beispiel der Weg, den Großbritannien von einer Monarchie zu einem demokratischen System und zur Wiege der industriellen Revolution genommen hat. In Großbritannien gab es beispielsweise eines der ersten Patentsysteme der Welt und Unternehmer erkämpften sich im 18. Jahrhundert immer größere Freiheiten. Auch die ständigen Bürgerkriege und die weitverbreitete Armut in afrikanischen Ländern kann man mit Blick auf die Institutionen besser verstehen. In vielen afrikanischen Staaten, wie Simbabwe gibt es eher extraktive Institutionen, mit denen die herrschende Machtelite die Reichtümer des Landes, oft Bodenschätze, ausbeutet. Es lohnt sich deswegen sehr, die Macht zu erobern, denn dann kann man die extraktiven Institutionen nutzen, um reich zu werden. Deswegen versuchen immer wieder Rebellengruppen mit Bürgerkriegen die Regierung zu stürzen und selbst an die Macht zu kommen. In diesen Kämpfen sterben nicht nur jedes Jahr Tausende von Menschen, sie verhindern auch, dass die Wirtschaft wächst und die Bewohner dieser Länder ihrer Armut entkommen. Wenn die Menschen als Soldaten kämpfen, können sie nicht arbeiten, und durch die Kämpfe werden Felder und Fabriken zerstört. Außerdem bieten die extraktiven Institutionen den Menschen keine Anreize, viel zu arbeiten oder an Erfindungen zu forschen. So schaffen es diese Länder nicht, sich zu entwickeln, und der Armut zu entkommen.

Institutionen sind aber nicht alleine für den Aufstieg oder Niedergang von Ländern verantwortlich. Der Zufall spielt ebenfalls eine Rolle, das räumen auch Acemoglu und Robinson ein. Viele Ökonomen glauben inzwischen zum Beispiel, dass die Pest für Europa ein wichtiger Schritt nach vorne war. An der tödlichen und hochansteckenden Krankheit starben im 14. Jahrhundert rund ein Drittel aller Europäer. Ganze Landstriche wurden innerhalb von nur fünf Jahren nahezu entvölkert. Für die Überlebenden hatte die furchtbare Krankheit aber auch eine gute Seite. Weil plötzlich die Arbeitskräfte knapp wurden, konnten viele Arbeiter höhere Löhne aushandeln und bekamen auch sonst mehr Macht und Mitsprache. Die Pest gilt inzwischen als ein Hauptgrund, dass die Bauern in Europa mit ihrer neuen Verhandlungsmacht aus der Leibeigenschaft ausbrechen konnten und die Eigentumsrechte an ihrem Land zurückbekamen. Da sie fortan nicht mehr den Großteil ihrer Ernte an den Leibherrn abgeben mussten, hatten sie einen großen Anreiz, mehr zu arbeiten, und sorgten so dafür, dass die Produktivität der Landwirtschaft stieg.

Auch die Entdeckung des Seewegs nach Amerika durch Christoph Kolumbus im 15. Jahrhundert war ein Zufall mit weitreichenden Folgen. Von ihm profitierten vor allem europäische Länder, die den amerikanischen Kontinent besiedelten und ein weltweites Handelsnetzwerk aufbauten. Länder wie Portugal und Spanien wurden dadurch sehr reich. Für zahlreiche Staaten in Afrika war die Besiedlung Amerikas hingegen überhaupt kein Grund zur Freude. Um die neuen Überseegebiete mit Arbeitskräften zu versorgen, deportierten Portugiesen, Spanier und Briten mehrere Millionen Afrikaner als Sklaven nach Nord- und Südamerika. Unter den Spätfolgen des Sklavenhandels leiden einige afrikanische Länder bis heute. Staaten, in denen besonders viele Sklaven gefangen wurden, sind noch immer deutlich ärmer als Nachbarländer, die vom Sklavenhandel weitgehend verschont blieben, konnte Daron Acemoglu in einer Studie zeigen.

Klima, Institutionen oder Zufall – was auch immer die Entwicklung der Welt in den vergangenen Jahrhunderten beeinflusst hat: Das Ergebnis dieser Entwicklung ist eine sehr ungleiche Verteilung von Reichtum. Unglaublicher Wohlstand und bittere Armut existieren nebeneinander. Dass es so kommt, war allerdings kaum zu vermeiden, schließlich ist es sehr unwahrscheinlich, dass sich so viele Länder in so unterschiedlichen Teilen des Planeten über einen Zeitraum von mehreren Tausend Jahren Menschheitsgeschichte nahezu im Gleichschritt entwickeln. Doch es stellt sich die Frage: Sollte man an dem Ergebnis dieser Entwicklung vielleicht etwas ändern? Wäre es nicht gut, wenn die Gewinner den Verlierern etwas von ihrem Reichtum abgeben würden? Erstaunlicherweise war die Antwort auf diese Frage lange Zeit sehr umstritten.

Noch vor 200 Jahren hatten Politiker, Philosophen und Wissenschaftler oft wenig Mitleid mit den Armen. Und damals war Armut ein noch viel größeres Problem als heute. 1820 lebten über 80 Prozent der Weltbevölkerung in Armut, schätzen die Ökonomen François Bourguignon und Christian Morrisson. Zwar hatten schon damals die Westeuropäer einen höheren Lebensstandard als viele der Menschen in afrikanischen Ländern, doch die Unterschiede waren lange nicht so extrem wie heute. Selbst in Großbritannien, wo gerade die industrielle Revolution ausbrach und die Wirtschaft immer schneller wuchs, gab es im 18. und 19. Jahrhundert zahlreiche Armenviertel. Für Ökonomen wie Bernard de Mandeville war die weitverbreitete Armut aber nicht unbedingt ein Problem, sondern sogar eine wichtige Voraussetzung, dass sich die Wirtschaft gut entwickeln konnte. Denn Arme waren vor allem billige Arbeitskräfte, und das sollten sie aus Sicht von Mandeville auch bleiben. Würde man sie aus ihrer Armut befreien, hätten sie weniger Anreize, hart zu arbeiten. Der Pfarrer und Arzt Joseph Townsend schrieb 1786, dass nur der Hunger Arme zum Arbeiten bringe. Sie hätten kein Pflichtgefühl, keine Ehre und keine Ziele im Leben und könnten sich nur motivieren, wenn der Magen knurrt. Arme sollten daher besser arm gehalten werden, denn das sei nun einmal ihre Rolle im Leben. Wie Joseph Townsend dachten damals viele. Die Grundlagen dieser grausamen Denkweise hat der Ökonom Martin Ravallion von der Georgetown University in Washington ausgiebig in einer spannenden Studie zur Geschichte der Armutsbekämpfung beschrieben. Oft wurde auch argumentiert, dass die Armen selbst Schuld an ihrer Lage seien. Zum Beispiel, weil sie zu viele Kinder bekamen und ihre großen Familien dann nicht ernähren konnten. Eine ähnliche These wurde im 18. Jahrhundert von dem britischen Ökonomen Thomas Malthus vertreten.

Die Einstellung gegenüber den Armen änderte sich nur langsam, als Philosophen wie Immanuel Kant dafür eintraten, alle Menschen gleich zu behandeln, egal in welchen Umständen sie aufgewachsen waren und lebten. Das war ein starker Widerspruch zur damals gängigen These, Kindern aus armen Familien von Geburt an die Rolle als armer Arbeiter zuzuschreiben. Auch Adam Smith stellte sich mit seiner Meinung, der Staat solle die Schulgebühren für Kinder aus armen Familien bezahlen, damit sie eine Chance hätten, der Armut zu entkommen, gegen viele Ökonomen und Politiker.

Diese moralisch-ethische Sichtweise auf die Armut setzte sich jedoch erst im 19. Jahrhundert und vor allem im 20. Jahrhundert immer weiter durch. Nun wurde Armut als ein Problem gesehen, das gelöst werden musste. Der Staat, Unternehmen oder Hilfsorganisationen sollten armen Menschen helfen, mehr Geld zu verdienen, damit sie sich genug Nahrungsmittel kaufen und auch sonst ein menschenwürdiges Leben führen konnten. Und sie sollten die schlimmsten Folgen der Armut lindern, indem sie zum Beispiel Medikamente verteilten, die sich Arme nicht leisten konnten, und Kinder aus armen Familien gegen ansteckende Krankheiten impften.

Die Idee, die Armut zu bekämpfen, ist also noch gar nicht so alt. Inzwischen hat sie sich aber zum Glück überall durchgesetzt. Sie steht ganz oben auf der To-do-Liste vieler Staaten. Fast alle Länder in Westeuropa haben es bereits geschafft, zumindest extreme Formen der Armut zu beseitigen. Die Armenhäuser in Großbritannien kennt man nur noch aus den Romanen von Charles Dickens. Auch in den USA und anderen Industrieländern wie Australien oder Japan muss niemand mehr hungern. Doch wie wir bereits gesehen haben, ist das nur die eine Seite. In vielen Weltgegenden hat sich in den vergangenen 200 Jahren erschreckend wenig getan. Immer noch sind Milliarden Menschen extrem arm. Sie sterben an Krankheiten, die eigentlich ausgerottet wurden, wie Tuberkolose und Cholera, und sie leben teilweise unter ähnlichen Umständen wie die Europäer im Mittelalter: Ohne sauberes Trinkwasser, ohne Abwassersysteme und ohne die Möglichkeit, die Kinder zur Schule zu schicken. Noch immer ist die Armut eines der größten Probleme der Menschheit und angesichts des Reichtums auf der Welt umso unverständlicher. Regierungen und Hilfsorganisationen versuchen daher, so schnell wie möglich auch die restlichen 1,2 Milliarden Menschen aus der Armut zu befreien. Und dabei setzen sie auf die Hilfe von Ökonomen.

Der Finanzmarkt der Armen

In den reichen Ländern der Erde leisten sich die Menschen seit einigen Jahrzehnten einen unglaublichen Luxus: Sie denken darüber nach, ob Geld glücklich macht. Ganz neu ist diese Frage nicht, schließlich hat sich schon Aristoteles damit beschäftigt, wie wir gesehen haben. Aber seit einiger Zeit ist sie wieder so richtig populär. Psychologen beobachten in aufwendigen Studien, ob Menschen glücklicher werden, wenn sie mehr verdienen. Immer wieder erscheinen neue Forschungsberichte zum Zusammenhang zwischen Glück und Geld. Inzwischen gibt es sogar eine eigene wissenschaftliche Disziplin zu diesem Thema, die Glücksforschung. Die 1,2 Milliarden Menschen, die jeden Tag weniger als einen Dollar ausgeben können, kennen die Antwort auf die Frage bereits sehr genau: Geld macht enorm glücklich, denn es hilft zu überleben. Die weltweite Armut ist vor allem ein Geldproblem. Und zwar eines mit weitreichenden Folgen. Weil sie zu wenig verdienen, können sich die Armen keine Medikamente und Arztbesuche leisten und werden häufiger krank. Oft können sie auch kein Geld für schlechte Zeiten zurücklegen und müssen mit der ständigen Angst leben, nicht auch noch den letzten Dollar am Tag zu verlieren. Dieser Stress macht viele depressiv. Vor allem aber macht der Geldmangel hungrig. Zwar arbeiten viele der Armen als Bauern und versuchen sich selbst mit Nahrungsmitteln zu versorgen, aber nicht immer reicht das eigene Feld, um die Familie satt zu bekommen. Dann müssen zum Beispiel Reis oder Bohnen zugekauft werden. Immer mehr Arme geben ihre kleinen Farmen auf und ziehen in die Städte, wo sie sich ihr Essen mit ihrem kargen Einkommen dann komplett selbst kaufen müssen. Wir haben ja bereits im vorherigen Kapitel gesehen, wie schlimm das Problem mit dem Hunger auf der Welt noch immer ist, und was für verheerende Folgen die Unterernährung vor allem für Kinder hat.

Wer die Armut an der Wurzel bekämpfen und nicht nur ihre Symptome lindern will, sollte also dafür sorgen, dass das Einkommen der Armen steigt. Dafür muss man aber erst mal wissen, womit die Armen ihre wenigen Dollar eigentlich verdienen.

Erstaunlich viele der ärmsten Menschen auf der Welt sind selbstständig, viele von ihnen Bauern mit ein paar Quadratmetern Land und vielleicht einer Kuh. Andere verkaufen zum Beispiel in der Stadt Obst. Oder sie haben einen kleinen Laden, in dem sie von Lebensmitteln bis Autoreifen alles Mögliche anbieten. Die Gewinne sind meistens sehr klein, und wenn man krank ist und niemanden hat, der aushelfen kann, fällt das Einkommen komplett weg. Doch die Selbstständigkeit hat für die Armen einen großen Vorteil: Sie können selbst dafür sorgen, dass sie eine Gehaltserhöhung bekommen. Sie müssten es nur irgendwie schaffen, dass der Gewinn ihres Unternehmens steigt.

Wenn in einer entwickelten Volkswirtschaft wie Deutschland ein Unternehmen seinen Gewinn steigern möchte, kann es zum Beispiel eine neue Fabrikhalle bauen, um noch mehr Waren herstellen zu können. Das Geld dafür leihen sich die meisten Unternehmen bei einer Bank. Wenn sich die Investition nach ein paar Jahren auszahlt und das Unternehmen höhere Gewinne erwirtschaftet, kann es damit den Kredit zurückzahlen. Das wäre auch für die kleinen Unternehmen, mit denen viele Arme ihr Geld verdienen, eine gute Strategie. Wenn ein Bauer in Pakistan eine zweite Kuh kaufen würde, hätte er doppelt so viel Milch zur Verfügung und könnte mehr verkaufen. Der Besitzer eines kleinen Ladens könnte ebenfalls mehr verdienen, wenn er bei seinem Lieferanten mehr Produkte bestellen und sie an seine Kunden verkaufen könnte. Doch vielen armen Unternehmern fehlt das Geld für derartige Investitionen, denn keine Bank gibt ihnen einen Kredit. Für normale Banken lohnt sich das Geschäft mit den Armen einfach nicht. Weil die Armen nur kleine Kredite brauchen, zum Beispiel 100 Dollar, verdienen Banken damit nicht genug. Außerdem ist die Kreditvergabe an Menschen, die fast kein Geld haben, ein großes Risiko, denn es kann gut sein, dass sie irgendwann pleite sind und das Darlehen nicht zurückzahlen können. Die Unternehmen der Armen bleiben daher klein, genau wie die Gewinne und damit das Einkommen ihrer Besitzer.

Diese Situation ärgerte in den Achtzigerjahren einen jungen Ökonomieprofessor aus Bangladesch. Muhammad Yunus wollte dafür sorgen, dass die Armen Bankkredite bekommen, damit ihre kleinen Unternehmen wachsen können und mehr Geld einbringen. Dafür hatte er eine revolutionäre Idee. Kleinunternehmer, die sich Geld leihen wollen, mussten sich in einer Art Haftungsgemeinschaft zusammenschließen. Wenn ein Mitglied dieser Gruppe seinen Kredit nicht zurückzahlen konnte, würden die anderen für ihn einspringen müssen. Die Unternehmer mussten sich also sehr gut überlegen, mit wem sie eine Haftungsgemeinschaft gründen wollten, und hatten auch einen starken Anreiz, bei den anderen Mitgliedern der Gruppe darauf zu achten, dass sie die Kredite sinnvoll einsetzten. Die Banken konnten sich durch diesen Mechanismus eine aufwendige Prüfung der Kreditkunden und das Eintreiben ihrer Forderungen sparen. Dadurch sanken die Kosten und selbst kleine Kredite wurden für die Banken zu einem lohnenden Geschäft. Als Ökonom wusste Yunus, wie wichtig Anreize für das Handeln von Menschen sind. Er konstruierte sein System so, dass die Anreizwirkung einer Haftungsgemeinschaft perfekt genutzt wurde, um die Kreditkosten zu senken.

Yunus wollte aber nicht warten, bis die etablierten Banken das Geschäft mit den Armen entdeckten, und gründete daher kurzerhand seine eigene Bank, die Grameen Bank. Inzwischen hat diese Bank über sechs Millionen Kunden, an die sie Mikrokredite, also Darlehen über rund 100 Dollar, vergeben hat. Und sie ist längst nicht mehr allein. Die Erfindung hat eine kleine Revolution ausgelöst. Mehr als 1000 Mikrokredit-Banken sind in das Geschäft mit den Armen eingestiegen und haben einen neuen Finanzmarkt entstehen lassen. In abgelegenen Dörfern, in denen es früher überhaupt keine Bankfiliale gab, konkurrieren jetzt mehrere Banken um Kunden. 2006 wurde Muhammad Yunus für die Entwicklung der Mikrokredite sogar mit dem Friedensnobelpreis geehrt, als erster und bisher einziger Ökonom.

Hinter den Mikrokrediten steckt eine geniale Idee, und sie scheint bei den Armen gut anzukommen, wie das rasante Wachstum der Mikrokredit-Banken zeigt. Doch Ökonomen reicht es nicht, wenn eine Idee nur gut klingt und es dafür einen Nobelpreis gibt. Sie wollen genau wissen, ob sie wirkt und ihr Ziel auch tatsächlich erreicht. Und dabei vertrauen sie nur harten Zahlen.

Zahlreiche Wirtschaftswissenschaftler sind daher in den vergangenen Jahren durch die Slums von Bangladesch, Indien und Südafrika gereist, um herauszufinden, wie Mikrokredite wirken. Der Ökonom Dean Karlan flog

2006 zusammen mit seinem Kollegen Jonathan Zinman in die philippinische Hauptstadt Manila und unterzog das Mikrokreditprogramm der Bank First Macro einem Praxistest. First Macro benutzte zwar nicht das System mit den Haftungsgemeinschaften, das Muhammad Yunus entwickelt hatte, vergab aber ebenfalls hauptsächlich kleine Kredite an Unternehmer, die nur wenig Geld verdienten. Wer einen Kredit bekam und wer nicht, entschied ein Computerprogramm der Bank, das aus den persönlichen Daten der Unternehmer berechnete, mit welcher Wahrscheinlichkeit sie ihr Darlehen zurückzahlen würden. Viele der Kleinunternehmer, die sich bei First Macro um einen Kredit bewarben, konnten der Bank nur wenige Sicherheiten bieten und wurden von dem Computerprogramm daher als sehr riskant eingestuft. Karlan und Zinman überredeten die Bank, einigen dieser Unternehmer trotzdem einen Kredit zu geben. Sie ließen einen Zufallsmechanismus entscheiden, wer trotz einer schlechten Bewertung in dem Computersystem einen Kredit bekam und wer nicht. In den folgenden zwei Jahren beobachteten die Ökonomen, wie sich das Leben der ausgewählten Kreditnehmer durch die Darlehen veränderte. Dafür hatten sie Mitarbeiter einer Universität in Manila angeheuert, die von Tür zu Tür gingen und sowohl die Kreditnehmer als auch die Kleinunternehmer, die bei der Verlosung der Kredite leer ausgegangen waren, befragten. So konnten die Ökonomen beide Gruppen miteinander vergleichen und herausfinden, ob Mikrokredite einen Unterschied machen.

Auf den ersten Blick waren ihre Ergebnisse eine große Enttäuschung für die Anhänger von Mikrokrediten. Grundsätzlich ging es den Unternehmern, die einen Kredit bekommen hatten, nach einigen Monaten nicht besser als ihren Nachbarn, die weiterhin ohne Fremdkapital auskommen mussten. Die Ökonomen fanden zunächst keine klaren Anzeichen dafür, dass die Gewinne der Miniunternehmen und damit die Einkommen der Armen gestiegen waren. Doch als sie sich die Daten genauer anschauten, stellten sie fest, dass die Mikrokredite durchaus etwas bewirkt hatten. Einige Unternehmer hatten das Geld sehr gut eingesetzt und ihre Unternehmen tatsächlich profitabler gemacht. Erstaunlicherweise hatten sie aber nicht kräftig investiert, wie es die Theorie der Mikrokredite voraussagt, sondern ihre Unternehmen sogar verkleinert. Trotzdem war ihr Gewinn gestiegen. Die Forscher erklären sich diesen paradoxen Zusammenhang damit, dass die Kleinunternehmer unproduktive Arbeiter entließen. Durch die Kredite wurden sie unabhängiger von Familienmitgliedern und Freunden, die ihnen vorher eventuell Geld geliehen und dafür einen Job im Familienbetrieb eingefordert hatten.

Dass die Effekte der Mikrokredite trotz dieser Erfolgsgeschichten in dem gesamten Datensatz der Ökonomen so schwer messbar waren, lag daran, dass andere Kleinunternehmer aus der Gruppe der zufällig ausgewählten Kreditnehmer mit dem geliehenen Geld nichts anzufangen wussten und wegen der Zinsen sogar am Ende einen Verlust machten. Damit zogen sie den Durchschnitt nach unten und ließen die Mikrokredite komplett wirkungslos erscheinen. Ob Mikrokredite funktionieren oder nicht, scheint also zu einem großen Teil vom unternehmerischen Geschick der Kreditnehmer abzuhängen, zeigt die Studie von Karlan und Zinman. Nicht jeder ist fähig, das Geld gewinnbringend zu investieren. Eine Wunderwaffe, mit der alle Armen auf der Welt aus ihrer misslichen Lage befreit werden können, sind die Minidarlehen nicht. Doch sie können eine wichtige Hilfe für arme Menschen sein, und das nicht nur für Kleinunternehmer.

Zwei Jahre vor ihrer Studie in Manila waren Karlan und Zinman in Südafrika unterwegs. Auch dort wollten sie herausfinden, ob man Menschen mit Krediten wirklich aus der Armut befreien kann. Sie arbeiteten mit der Bank Credit Indemnity zusammen, die an Arbeiter mit einem festen Arbeitsplatz kleine Kredite vergab. Die Ökonomen verwendeten die gleiche Methode wie bei der Mikrokredit-Bank auf den Philippinen und ließen den Zufall entscheiden, welche Bewerber um einen Kredit akzeptiert wurden und welche nicht. So konnten sie erneut gut die Effekte der Kredite messen. Ein Jahr später verglichen sie die beiden Gruppen miteinander und stellten fest, dass die Arbeiter, die einen Kredit erhalten hatten, deutlich mehr verdienten. Aus der Gruppe der Kreditnehmer hatten auch nur wenige Menschen ihren Job verloren, während in der Kontrollgruppe ohne Kredite einige arbeitslos geworden waren. Auch den Familien der Kreditkunden ging es deutlich besser. Weil sie die Arbeiter, die einen Kredit bekommen hatten, ausführlich befragten, konnten die Ökonomen genau nachvollziehen, was sie mit dem Geld gemacht hatten. Karlan und Zinman fanden so zum Beispiel heraus, dass viele Arbeiter ihr Auto repariert hatten und dadurch seltener zu spät zur Arbeit gekommen waren. Außerdem hatten sie einen Teil der Kreditsumme Verwandten auf dem Land überlassen. Die Arbeiter ohne Kredit hatten ihren Verwandten nicht mit Geld helfen können und sie daher häufiger besuchen müssen, um zum Beispiel auf dem Feld zu helfen. In dieser Zeit fehlten sie dann bei der Arbeit. Weil ihre Chefs davon verständlicherweise nicht begeistert waren, hatten sie ein deutlich höheres Risiko, entlassen zu werden.

Die Studien von Karlan und Zinman in Manila und Südafrika haben gezeigt, dass Mikrokredite für Arme eine große Hilfe sein können. Gleichzeitig haben die Ökonomen mit ihrem ausgeklügelten Studiendesign, das auf einer Zufallsauswahl beruht, und ihrem unbestechlichen Blick auf die Daten aber auch aufgedeckt, dass Mikrokredite nicht die Wunderwaffe sind, für die sie oft gehalten werden. Nicht jeder kann mit dem geliehenen Geld etwas anfangen. Es ist daher sehr wichtig, Mikrokredite noch gezielter zu den Menschen zu bringen, die sie am dringendsten brauchen: Kleinunternehmer, die viel versprechende Investitionsmöglichkeiten haben, oder Arbeiter, die sich durch das geliehene Geld auf ihren Job konzentrieren können. In einigen Fällen sollte man dafür auch die Idee mit den Haftungsgemeinschaften aufgeben, die Muhammad Yunus so berühmt gemacht hat. Dean Karlan hat zusammen mit dem Weltbank-Ökonomen Xavier Giné in einer groß angelegten Studie auf den Philippinen verschiedene Modelle von Mikrokrediten getestet. Die beiden Ökonomen stellten dabei fest, dass eine Mischung aus dem Gemeinschaftsmodell von Yunus und einem klassischen Kredit am besten funktioniert. Die Haftungsgemeinschaften schreckten viele potenzielle Kreditnehmer ab, weil sie nicht für die Schulden anderer bürgen wollten. Wenn Mikrokredit-Banken auf das klassische Modell umstellen, bei dem ein Schuldner nur für seinen eigenen Kredit haftet, können sie deutlich mehr Kunden gewinnen. Gleichzeitig sollten sich die Kreditnehmer aber weiterhin in Gruppen zusammenschließen, die sich alle paar Wochen mit einem Angestellten der Bank treffen, um einen Teil ihres Kredits zurückzuzahlen. Denn dadurch sinken die Kosten für die Bank, deren Angestellte nicht zu jedem einzelnen Kreditnehmer nach Hause kommen müssen, sondern mehrere Kunden auf einmal bedienen können. So bleiben die kleinen Darlehen für die Banken weiterhin ein lohnendes Geschäft. Viele Mikrokredit-Banken befürchten allerdings, dass die Armen ihre Kredite nicht mehr zurückzahlen, wenn sie nicht durch Haftungsgemeinschaften dazu gedrängt werden. Doch diese Bedenken konnten Karlan und Giné mit ihrer Studie zerstreuen: Die Kreditnehmer, die nur für ihre eigenen Darlehen verantwortlich waren, zahlten sie genauso zuverlässig zurück wie die, die sich zu einer Haftungsgemeinschaft zusammengeschlossen hatten.

Wir haben bereits gesehen, dass Mikrokredite nicht immer so funktionieren, wie es in den Hochglanzprospekten der Banken beschrieben wird. Nicht jeder Kreditnehmer benutzt das Geld, um seinen kleinen Eckladen zu einem florierenden Warenhaus umzubauen. Oft helfen die Darlehen den Armen auf ganz unerwartete Weise, wie bei den Unternehmern auf den Philippinen, die ihre kleinen Firmen gesundschrumpften, oder bei den Arbeitern in Südafrika, die sich durch das geliehene Geld von der Verantwortung für ihre Verwandten loskauften. Auch eine Gruppe von Forschern um die Ökonomin Esther Duflo stellte bei einer Reise nach Indien fest, dass Mikrokredite manchmal erstaunliche Nebenwirkungen zeitigen. Sie helfen Menschen zum Beispiel, ihr Geld richtig auszugeben.

Die Ökonomen wollten ebenfalls herausfinden, ob Mikrokredite im echten Leben tatsächlich so gut funktionieren, wie es Banken und Hilfsorganisationen versprechen. Dafür bauten sie 2005 zusammen mit der Bank Spandana in Hyderabad im indischen Bundesstaat Andhra Pradesh ein großes Experiment auf. Spandana, einer der größten Anbieter von Mikrokrediten, wollte sein Filialnetz zu dieser Zeit deutlich ausbauen und hatte bereits 104 Stadtteile in Hyderabad ausgesucht, in denen eine neue Geschäftsstelle eröffnet werden sollte. Die Ökonomen überredeten die Bank, nur in der Hälfte der Stadtteile wirklich eine Filiale zu eröffnen und die andere Hälfte erst mal als Kontrollgruppe ohne Zugang zu Mikrokrediten zu lassen. Welche Stadtteile eine Spandana-Filiale bekamen, ließen die Ökonomen von einem Zufallsmechanismus entscheiden. 15 Monate später besuchten die Forscher einige der Bewohner in Hyderabad, die in Stadtteilen mit einer neuen Spandana-Filiale lebten und einen Mikrokredit aufgenommen hatten, um zu sehen, was sie mit dem Geld gemacht hatten.

Auch die Ergebnisse der Ökonomen um Esther Duflo waren auf den ersten Blick eine ziemliche Enttäuschung. Die Mikrokredite schienen viele der hohen Erwartungen nicht zu erfüllen. Die Kreditnehmer hatten es nicht geschafft, ihr Einkommen messbar zu steigern. Sie schickten ihre Kinder auch nicht öfter zur Schule oder gingen häufiger zum Arzt, obwohl viele Entwicklungshelfer und Banken glauben, dass Mikrokredite genau dafür genutzt werden sollten. Schnell wurde die Studie der Ökonomen als Beweis angeführt, dass Mikrokredite nicht funktionieren. Doch wer etwas genauer auf ihre Ergebnisse schaut, sieht ein anderes Bild. Die Kreditnehmer hatten zwar nicht mehr Geld zur Verfügung, doch sie gaben ihr Geld plötzlich für ganz andere Dinge aus. Duflo und ihre Kollegen stellten fest, dass jene, die einen Mikrokredit aufgenommen hatten, deutlich weniger Geld für Konsumgüter wie Alkohol, Zigaretten und Tee ausgaben und dafür häufiger Investitionsgüter für ihre kleinen Unternehmen kauften, zum Beispiel ein neues Regal für ihren Laden oder einen neuen Verkaufsstand. Viele der Unternehmer investierten den Kredit also tatsächlich in ihr Geschäft. Und damit sie die Zinsen bezahlen konnten, verzichteten sie auf einige Annehmlichkeiten, für die sie vorher einen beachtlichen Teil ihres geringen Einkommens ausgegeben hatten.

Das ist ziemlich überraschend, denn dafür hätten die Kleinunternehmer eigentlich gar keinen Kredit gebraucht. Mit einer einfachen Spardose wären sie deutlich günstiger weggekommen. Mikrokredit-Banken verlangen für die kleinen Darlehen oft sehr hohe Zinsen. Meistens sind es rund 60 Prozent pro Jahr. Einige Banken berechnen sogar 200 Prozent. Das klingt nach Wucher, doch oft geht es nicht anders. Viele Mikrokredite laufen nur ein paar Monate. Mit niedrigeren Zinsen würden die Banken bei den kleinen Summen sonst nicht genug Geld einnehmen, um ihre Kosten zu decken. Denn auch wenn Haftungsgemeinschaften und Gruppentreffen die Arbeit für die Banken deutlich einfacher machen, müssen sie trotzdem Mitarbeiter bezahlen, die die Kreditnehmer beraten und Zahlungen einsammeln. Außerdem bieten die Mikrokredit-Banken immer noch günstigere Zinssätze als die in vielen Entwicklungsländern sehr verbreiteten privaten Geldverleiher. Trotzdem ist ein Mikrokredit teuer, vor allem wenn man das Geld eigentlich auch anders zusammenbekommen könnte. Viele Kleinunternehmer leihen sich bei den Mikrokredit-Banken nur geringe Beträge, manchmal lediglich 50 Dollar. Die meisten hätten diesen Betrag auch ansparen können. Wer es schafft, die hohen Zinsen für Mikrokredite zu bezahlen, müsste eigentlich auch genug Geld haben, um zwischendurch mal einen Dollar zur Seite zu legen und damit am Ende die neuen Regale für seinen kleinen Laden selbst zu finanzieren. Dann hätte er sich die Zinszahlungen gespart und insgesamt mehr Geld zur Verfügung. Es gibt nur ein Problem: Viele Arme haben keine Seite, auf die sie ihr Geld sicher legen können.

Wir haben ja bereits im Kapitel über die Ökonomen, die Leben retten, gesehen, wie schwer sich Menschen damit tun, an die Zukunft zu denken. Am liebsten wollen wir alles immer sofort haben. Die langfristigen Konsequenzen unseres Handelns können wir uns nur schwer vorstellen. Deswegen fällt Sparen vielen Menschen ziemlich schwer. Denn das bedeutet, in der Gegenwart auf etwas zu verzichten, um sich in der Zukunft mehr leisten zu können. Dieses Problem haben die Menschen in reichen Ländern genauso wie die Bewohner von armen Staaten. Auch in Industrieländern, in denen die Menschen viel Geld verdienen, zahlen viele zum Beispiel zu wenig in ihre private Altersvorsorge ein. Den Reichen wird das Sparen aber meistens deutlich einfacher gemacht als den Armen. Banken bieten ihnen zum Beispiel Zinsen, damit sie ihr Geld möglichst lang auf einem Konto liegen lassen. Und manchmal werden sie sogar zum Sparen gezwungen, etwa durch staatliche Rentensysteme, bei denen die Beiträge gleich vom Lohn abgezogen werden.

All diese ausgeklügelten Mechanismen, die den menschlichen Fokus auf die Gegenwart zügeln und uns dazu zwingen, an die Zukunft zu denken, gibt es in den meisten Entwicklungsländern nicht. Banken, die Zinsen auf Einlagen zahlen, sind sehr selten. Ein staatliches Rentensystem gibt es so gut wie nie. Die Armen stehen mit ihrer »present bias« ziemlich alleine da. Viele schaffen es deswegen nicht, das Geld für eine wichtige Investition, die die Gewinne ihrer Farm oder ihres Ladens deutlich erhöhen würde, zusammenzusparen. Deswegen kommen Mikrokredite trotz der hohen Zinsen oft so gut an. Man bekommt das Geld sofort und wird dann durch die Zinsen zum Sparen gezwungen. Die Studie der Ökonomen um Esther Duflo hat gezeigt, dass Mikrokredite diesen unbeabsichtigten, aber sehr wichtigen Effekt haben: Sie dienen den Armen als Sparbuch. Und als die Ökonomen nach rund vier Jahren noch einmal durch Hyderabad zogen, um die Bewohner zu befragen, stellten sie fest, dass sich der Sparwille und die Investitionen in einigen Fällen durchaus ausgezahlt hatten. Zwar waren die Unternehmen derjenigen, die einen Kredit von Spandana aufgenommen hatten, im Großen und Ganzen nicht erfolgreicher als die aus den anderen Stadtteilen. Aber einige Kleinunternehmer hatten es tatsächlich geschafft, ihre Gewinne zu steigern. Wie bei der Studie von Dean Karlan in Manila schien es auch in Hyderabad vor allem von den unternehmerischen Fähigkeiten der Kreditnehmer abzuhängen, wie gut Mikrokredite wirkten. Nicht alle Kleinunternehmer konnten sie richtig einsetzen. Aber die meisten hatten es wenigstens geschafft, ihren Konsum umzustellen und mehr Geld für Dinge auszugeben, die sich langfristig rentieren.

Dass Mikrokredite von vielen Armen als Sparbuch benutzt werden, gefällt Ökonomen allerdings eigentlich überhaupt nicht. Denn das ist kein effizienter Einsatz von Ressourcen, wie es in der Ökonomen-Sprache heißt. Wer ein Sparbuch will, sollte auch ein Sparbuch bekommen und keinen Mikrokredit. Einige Wirtschaftswissenschaftler haben es sich daher zur Aufgabe gemacht, den Armen beim Sparen zu helfen und ihnen die gleichen Werkzeuge zu geben, mit denen die Menschen in reichen Ländern ihren natürlichen Hang zum spontanen Geldausgeben in Schach halten. Die beiden Ökonomen Pascaline Dupas und Jonathan Robinson sind zum Beispiel nach Kenia gefahren, um dort für Marktfrauen und Taxifahrer Bankkonten zu eröffnen. Zusammen mit einer lokalen Bank wählten sie auf einem Markt in Bumala, einer kleinen Stadt in Ostkenia, per Zufallsmechanismus mehrere Probanden für ein Experiment aus. Alle arbeiteten entweder als Händler auf dem Markt oder hatten ein Fahrrad-Taxi. Für einige der Teilnehmer richteten die Ökonomen anschließend ein Konto ein. Die Bank verlangte regelmäßig Gebühren und zahlte auf das eingezahlte Geld auch keine Zinsen, sodass auf dem Konto im Grunde Geld vernichtet wurde. Trotzdem machten die Händler und Taxifahrer von dem Angebot regen Gebrauch. Vor allem Frauen, die in der zufällig ausgewählten Versuchsgruppe in der Überzahl waren, zahlten auf das Konto ein. Die Ökonomen verteilten anschließend an die Teilnehmer des Experiments Tagebücher, in denen sie aufschreiben sollten, wie viel Geld sie jeden Tag ausgegeben und was sie sich dafür gekauft hatten. Einige Monate später sammelten die Forscher die Tagebücher wieder ein und werteten sie aus. Vor allem Frauen hatten von den Sparkonten profitiert, stellten die Ökonomen fest. Schon nach einigen Monaten hatten sie so viel Geld angespart, dass sie ihre Marktstände aufrüsten konnten. Und die Investitionen schienen sich schon rund fünf Monate nach der Kontoeröffnung auszuzahlen. Die Händlerinnen, die ein Bankkonto besaßen, hatten pro Tag deutlich mehr Geld zur Verfügung als Marktfrauen ohne Konto. Einige konnten bis zu 40 Prozent mehr ausgeben, und das, obwohl sie mit dem Konto eigentlich sogar Geld verloren. Die Ökonomen stellten auch fest, dass die Händlerinnen durch die Bankkonten besser mit plötzlichen Krankheiten umgehen konnten und sich schneller wieder erholten. Vermutlich, weil sie genug Geld gespart hatten, um sich direkt die passenden Medikamente zu kaufen. Dass der Effekt so groß war, zeigt, dass die Marktfrauen in Bumala vorher noch schlechtere Möglichkeiten zum Sparen gehabt hatten als ein Konto mit negativen Zinsen. Ein Konto, bei dem die Bank für das eingezahlte Geld Zinsen zahlt, wie es in reichen Ländern üblich ist, hätte das Einkommen der Händlerinnen wohl noch stärker steigen lassen.

Ein einfaches Bankkonto, selbst wenn die Konditionen sehr schlecht sind, kann also viel bewirken. Der Ökonom Dean Karlan will den Armen aber noch bessere Möglichkeiten zum Sparen geben. Zusammen mit seinen Kollegen Nava Ashraf und Wesley Yin erfand er in Butuan auf den Philippinen ein Konto, das wie ein unzerstörbares Sparschwein funktioniert. Die Forscher arbeiteten mit der Green Bank zusammen, die vor allem in kleinen Dörfern auf dem Land zahlreiche Filialen besitzt. Viele Kunden der Green Bank haben nur wenig Geld zur Verfügung. Trotzdem versuchen sie zu sparen. Etwa um die Schulgebühren für ihre Kinder zu bezahlen, in ihre kleinen Unternehmen zu investieren oder um die Verwandtschaft zu einem Fest einzuladen. Immer wieder kommt ihnen dabei aber, wie so vielen Menschen, etwas dazwischen. Ein Nachbar braucht dringend Geld oder man trifft sich mit Freunden in einer Bar und plötzlich ist das angesparte Geld wieder weg. Karlan und seine Kollegen entwarfen daher ein neues Konto, bei dem das Geld sicher weggeschlossen wird. So sicher, dass nicht mal mehr der Kontoinhaber selbst an seine Ersparnisse herankommt, jedenfalls für eine bestimmte Zeit. Wer ein solches Konto eröffnet, muss sich entweder auf einen Zeitraum festlegen, in dem er das Geld nicht abheben kann, zum Beispiel ein Jahr. Oder er wählt eine Summe aus, die er ansparen möchte. Erst wenn genug Geld auf dem Konto liegt, kann er sich die Ersparnisse auszahlen lassen. Die Konten sind also nicht gerade kundenfreundlich, doch in Butuan kamen sie erstaunlich gut an.

Die Ökonomen um Dean Karlan boten rund 2000 Kunden der Green Bank ein derartiges Konto an. Rund jeder Vierte nahm das Angebot an und sperrte sein Geld für einen bestimmten Zeitraum weg. Nach einem halben Jahr schauten die Forscher das erste Mal nach, wie sich die Kontostände der Teilnehmer in ihrem Experiment entwickelt hatten. Die Ergebnisse waren bemerkenswert: Im Durchschnitt hatten diejenigen, die sich für das neue Konto entschieden hatten, bereits nach einem halben Jahr fast doppelt so viel Geld angespart wie jene, die ein ganz normales Konto besaßen und ihr Geld jederzeit abheben konnten. Nach einem Jahr waren die Unterschiede noch größer. Inzwischen hatten es die Kunden dank der Idee der Ökonomen geschafft, ihre Spareinlagen im Vergleich zu den anderen Sparern zu vervierfachen. Die Ergebnisse des Experiments zeigen, dass viele Arme trotz ihres kleinen Einkommens die Möglichkeit haben zu sparen. Was ihnen fehlt, ist lediglich ein Platz, an dem sie ihr Geld vor anderen und manchmal auch vor sich selbst in Sicherheit bringen können. Mit einem Bankkonto und festen Sparplänen können sie es schaffen, genug Geld zurückzulegen, um ihre Kinder zur Schule zu schicken und ihre kleinen Unternehmen zu vergrößern, damit sie mehr Geld einbringen.

Ungewöhnliche Verhütungsmittel

Ob das Geld reicht, um alle satt zu bekommen, die Schulgebühren für die Kinder zu bezahlen und wichtige Medikamente zu kaufen, hängt aber nicht nur davon ab, wie hoch das Einkommen ist. Eine wichtige Rolle spielt die Größe der Familie. Mit fünf Dollar am Tag zu überleben, ist für eine dreiköpfige Familie schwierig. Für ein Paar mit sechs Kindern ist es schlicht unmöglich. Oft bekommen aber gerade die Menschen in Entwicklungsländern besonders viele Kinder. Länder wie Niger und Somalia haben die höchsten Geburtenraten der Welt und zählen gleichzeitig zu den ärmsten Staaten. Hohe Geburtenraten sind zwar nicht die einzige Ursache für die weltweite Armut, schließlich haben wir bereits zu Beginn des Kapitels gesehen, dass es im Grunde genügend Reichtum auf der Welt gibt, um jeden der sieben Milliarden Menschen ausreichend zu versorgen. Doch weil die Ressourcen eben nicht dort ankommen, wo sie am dringendsten gebraucht werden, sind hohe Geburtenraten in einzelnen Ländern durchaus ein großes Problem. Viele Menschen haben zu wenig Geld und Nahrungsmittel, um ihre Großfamilien satt zu bekommen. Und das Problem wird sich in den kommenden Jahren noch verschärfen, denn die Weltbevölkerung wächst weiterhin rasant. Nach UN-Schätzungen könnten 2050 über neun Milliarden Menschen auf der Erde leben. Seit Jahrzehnten versuchen deswegen Politiker und Entwicklungshelfer in Indien, Bangladesch und vielen afrikanischen Ländern, die Menschen zu überzeugen, weniger Kinder zu bekommen. Zum Teil haben sie dabei zu drastischen Mitteln gegriffen. In Indien gab es in den Siebzigerjahren eine Kampagne, die Männer und Frauen überzeugen sollte, sich mit einer Operation unfruchtbar machen zu lassen, damit sie keine weiteren Kinder mehr bekommen konnten. Es gab sogar Gerüchte, dass Menschen gegen ihren Willen operiert wurden. Und in China verbietet die Regierung vielen Familien seit Anfang der Achtzigerjahre per Gesetz, mehr als ein Kind zu bekommen.

Zum Glück sind radikale Maßnahmen wie die Ein-Kind-Politik in China inzwischen die Ausnahme. Die Sterilisationskampagne in Indien war verständlicherweise sehr unpopulär und wurde schnell wieder gestoppt. Trotzdem glauben viele Armutsforscher weiterhin, dass es den Menschen in armen Ländern deutlich besser gehen würde, wenn sie weniger Kinder bekämen. Auch Ökonomen erforschen daher seit einigen Jahren, wie sich die Geburtraten senken lassen, und haben dabei einige ungewöhnliche »Verhütungsmittel« gefunden. Statt auf Gesetze und Strafen setzen sie auf kostenlose Schuluniformen und Fernsehserien.

Um das Problem mit den hohen Geburtraten zu lösen, versuchen Ökonomen zu verstehen, warum die Armen überhaupt so viele Kinder bekommen. Haben sie einfach Freude an großen Familien? Gibt es vielleicht Traditionen und gesellschaftliche Regeln, die von Frauen verlangen, viele Kinder zu bekommen? Oder schaffen sie es einfach nicht zu verhüten, weil es in ihrem Dorf keine Verhütungsmittel gibt oder sie zu teuer sind?

Um diese Fragen zu beantworten, hilft ein Rückblick in die Siebzigerjahre. Für Bevölkerungsforscher war das eine sehr spannende Zeit, denn die Kurven in ihren Diagrammen bekamen plötzlich einen seltsamen Knick. In vielen Industrieländern brachen die Geburtraten förmlich ein. Etwa seit Mitte der Sechzigerjahre bekamen die Frauen immer weniger Kinder. Schuld war eine kleine Pille. Bereits in den Zwanzigerjahren hatte der österreichische Mediziner Ludwig Haberlandt an einem Hormonpräparat geforscht, mit dem Frauen eine Schwangerschaft verhindern konnten. Nach dem Zweiten Weltkrieg führten andere Wissenschaftler die Forschungen des inzwischen verstorbenen Haberlandt weiter und brachten 1960 in den USA das erste hormonelle Verhütungsmittel für Frauen auf den Markt. Die Anti-Baby-Pille, wie das Mittel bald genannt wurde, war ein riesiger Erfolg, weil sie leichter anzuwenden war als andere Verhütungsmittel und sehr zuverlässig funktionierte. Seit der Erfindung dieser Pille haben die Geburtenraten in vielen Ländern nie mehr das alte Niveau erreicht. An den Entwicklungsländern ging diese medizinische Revolution jedoch fast spurlos vorbei. Die meisten Frauen in diesen Ländern hatten keine Chance, an eine Anti-Baby-Pille zu kommen, denn das Medikament war zum einen zu teuer und zum anderen gab es in vielen Dörfern keinen Arzt, der die Pille angeboten hätte. Die Geburtenraten blieben daher hoch und stiegen zum Teil sogar noch weiter an. Eigentlich schien die Lösung daher ganz einfach zu sein: Man musste nur die Anti-Baby-Pille und andere moderne Verhütungsmittel verteilen, dann würden die Geburtenraten schon sinken. Viele private und staatliche Hilfsorganisationen haben genau das versucht. Allerdings mit eher mäßigem Erfolg, wie der Psychologe und Sozialwissenschaftler Grant Miller am Beispiel Kolumbien gezeigt hat.

Miller, der an der renommierten US-Universität Stanford forscht, nahm 2004 die Arbeit von Profamilia in Kolumbien genauer unter die Lupe. Die Schwesterorganisation der deutschen Pro Familia wurde 1965 von dem Arzt Fernando Tamayo gegründet, der als einer der Ersten Verhütungsmittel an Frauen aus armen Verhältnissen verteilte. Zunächst gab es Profamilia nur in der Hauptstadt Bogotá, doch in den folgenden Jahren eröffnete die Organisation in immer mehr Regionen Kolumbiens Filialen. Die Nachfrage nach Verhütungsmitteln war also anscheinend sehr groß. Und die Expansion von Profamilia schien schon bald Wirkung zu zeigen: Die Geburtenrate in Kolumbien fiel zwischen 1965 und 1975 deutlich. Es sah so aus, als wenn es tatsächlich nicht mehr brauche, als ein paar fleißige Entwicklungshelfer, die Verhütungsmittel verteilen, um die Kinderzahlen zu senken. Doch die Studie von Miller zeigt, dass Profamilia nur für einen kleinen Teil des Rückgangs der Geburtenrate verantwortlich war. Für seine Studie nutz-

te er geschickt aus, dass die Expansion von Profamilia sehr chaotisch ver-
lief. Die Hilfsorganisation wählte ziemlich willkürlich Regionen aus, in denen sie neue Filialen eröffnete. Miller konnte zum Beispiel zeigen, dass sie
sich nicht nach der Nachfrage nach Verhütungsmitteln richtete, und etwa
nur dort Filialen eröffnete, wo die Frauen ohnehin weniger Kinder bekommen wollten. Die Organisatoren erzählten ihm sogar offen, dass sie meistens
eher zufällig entschieden, in welche Region sie als Nächstes gehen wollten.
Für Miller war das Chaos ein Glücksfall, denn die Expansion der Hilfsorganisation ähnelte dadurch den Zufallsexperimenten, mit denen Ökonomen
wie Esther Duflo oder Dean Karlan so gerne arbeiten. In welcher Region eine neue Filiale eröffnet wurde, schien weitgehend vom Zufall abzuhängen.
Ökonomen nennen so etwas ein natürliches Experiment.

Für seine Studie suchte sich Miller mehrere Regionen aus, in denen Prof-
amilia gerade neue Filialen eröffnet hatte, und verglich sie mit ähnlichen
Regionen, in denen die Organisation bisher noch nicht aktiv war. Große
Unterschiede in den Geburtenraten fand er dabei nicht. Auch in den Regionen, in denen keine Profamilia-Mitarbeiter unterwegs waren, gingen die
Geburtenraten zurück. Wo es Filialen und damit Verhütungsmittel gab,
war der Rückgang zwar etwas stärker, aber einen großen Effekt schien die
Arbeit der Organisation nicht gehabt zu haben. Gerade einmal zehn Prozent des Rückgangs der Geburtenrate in Kolumbien zwischen 1964 und
1993 lassen sich laut Miller mit der besseren Verfügbarkeit von Verhütungsmitteln erklären. Bei Studien über ähnliche Programme in Indonesien und Bangladesch fanden Forscher ebenfalls nur sehr geringe Effekte. Allein mit dem Verteilen von Kondomen und Anti-Baby-Pillen lassen
sich die hohen Geburtenraten in vielen Entwicklungsländern also nicht
senken.

Dass die Menschen in Entwicklungsländern oft so große Familien haben,
scheint also nicht daran zu liegen, dass sie nicht an Verhütungsmittel kommen. Offenbar wollen viele Arme ganz bewusst so viele Kinder bekommen,
auch wenn sie dann große Probleme haben, alle satt zu bekommen. Eine

Erklärung für diese paradoxe Situation ist, dass Kinder in vielen Ländern als eine Art Altersvorsorge dienen, denn sie kümmern sich um ihre Eltern, wenn die alt sind und nicht mehr arbeiten können. Für viele Menschen in armen Ländern ist das ein starkes Argument bei der Familienplanung. Dass an dieser Theorie etwas dran ist, konnten die Ökonomen Abhijit Banerjee, Xin Meng und Nancy Qian anhand der Ein-Kind-Politik in China zeigen. Paare, die durch die in den Achtzigerjahren eingeführte Politik nur ein bis zwei Kinder haben durften, legten deutlich mehr Geld zur Seite als ältere Paare, die noch mehrere Kinder bekommen hatten. Die Chinesen schienen ihre großen Familien tatsächlich als Altersvorsorge zu benutzen. Als sie nur noch ein Kind bekommen konnten, mussten sie daher mehr sparen, um sich mit Geld für die Zeit als Rentner abzusichern. Dass die Geburtenraten in vielen reichen Industrieländern in den vergangenen Jahrzehnten so stark gesunken sind, liegt also nicht nur an der Pille. Dank staatlicher Rentensysteme und privater Altersvorsorge ist in Ländern wie Deutschland und den USA niemand darauf angewiesen, dass ihn seine Kinder im Alter versorgen. Daher können sich die Menschen dort auch kleine Familien leisten. Die Ergebnisse der Ökonomen um Banerjee zeigen, dass die Angst, im Alter alleine dazustehen, für zahlreiche Menschen ein wichtiger Grund ist, viele Kinder zu bekommen, besonders in Ländern, die noch ärmer als China sind und in denen es sich die Menschen schlicht nicht leisten können, für die Rente Geld zurückzulegen. Um die Geburtenrate zu senken, muss man daher nicht gleich das Kinderkriegen verbieten, wie es Indien versucht hat und China noch immer macht. Man sollte besser bei den Alten ansetzen. Wenn es zum Beispiel eine staatliche Rentenversicherung gibt, müssen nicht mehr Kinder als Altersvorsorge herhalten.

Die Angst, im Alter alleine zu sein und zu verarmen, ist aber nicht der einzige Grund, warum gerade die Menschen in Entwicklungsländern so viele Kinder bekommen. Manchmal werden Frauen nur deshalb schwanger, weil sie keine bessere Alternative haben. Gerade in vielen afrikanischen Ländern bekommen Frauen ihr erstes Kind oft, wenn sie selber noch sehr jung sind und sogar noch zur Schule gehen. Pascaline Dupas und Esther Duflo haben zusammen mit Michael Kremer und Samuel Sinei in einem Experiment in Kenia untersucht, wie man die jungen Frauen dazu bringen kann, seltener und vor allem erst später schwanger zu werden. Sie probierten in über 300 Schulen in Kenia unterschiedliche Strategien aus, um die Zahl der Teenager-Schwangerschaften zu reduzieren. Die Forscher verteilten zum Beispiel an die Lehrer spezielles Material für eine Unterrichtsstunde über sexuell übertragbare Krankheiten wie Aids und über die Anwendung von Verhütungsmitteln oder sie luden einige Schülerinnen zu ausgiebigen Informationsstunden zu diesen Themen ein. In einigen Schulen boten die Ökonomen den Schülerinnen zusätzlich noch an, ihnen die Schuluniformen zu bezahlen, damit sie auf eine höhere Schule gehen konnten. Für jede der drei Strategien Unterrichtsmaterialien verteilen, Aufklärungsstunden organisieren und Schuluniformen bezahlen verglichen die Forscher nach einem Jahr Schülerinnen, bei denen sie eine der Strategien ausprobiert hatten, mit anderen, die ähnlich alt waren und aus vergleichbaren Familien kamen, aber von den Ökonomen in Ruhe gelassen worden waren. Sie wollten vor allem wissen, ob die Schülerinnen inzwischen schwanger geworden waren. Das Ergebnis war ziemlich überraschend: All die gut gemeinten Aufklärungsstunden hatten an den zahlreichen Teenager-Schwangerschaften wenig geändert. Doch die kostenlosen Schuluniformen hatten wie ein starkes Verhütungsmittel gewirkt. Von den Schülerinnen, denen die Ökonomen die Uniformen bezahlt hatten, waren nach einem Jahr nur sehr wenige schwanger. Anscheinend wussten die Schülerinnen also durchaus gut über Verhütungsmittel und das Risiko von Krankheiten wie Aids Bescheid. Deswegen hatte der Aufklärungsunterricht wenig an ihrer Entscheidung geändert, ungeschützten Sex zu haben und schwanger zu werden. Die meisten Schwangerschaften waren keine Unfälle, sondern die Mädchen wollten tatsächlich ein Kind bekommen, zeigt das Experiment der Ökonomen. Und bei ihrer Entscheidung schien vor allem die Möglichkeit, weiter zur Schule gehen zu können, eine große Rolle zu spielen. Schülerinnen, die sich keine Schuluniform leisten und daher nicht auf eine höhere Schule gehen konnten, entschieden sich anscheinend häufig dafür, ein Kind zu bekommen und eine Familie zu gründen.

Dass es einen Zusammenhang zwischen Bildungsgrad und Familienplanung gibt, haben Bevölkerungsforscher nicht nur in Kenia beobachtet. In reichen Ländern findet man einen ähnlichen Effekt: Unter Akademikerinnen sind die Geburtenraten in Deutschland seit Jahren besonders niedrig. Wenn Politiker in Indien, Kenia oder dem Niger ihre Bürger überzeugen wollen, weniger Kinder zu bekommen, sollten sie daher in das Bildungssystem investieren. Je leichter es Frauen in Entwicklungsländern gemacht wird, zur Schule zu gehen und später vielleicht auch zu studieren, desto unattraktiver wird ein Leben mit zehn Kindern. Und manchmal braucht man dafür sogar nicht mehr zu tun, als ein paar kostenlose Schuluniformen zu verteilen.

Schulbildung und Karriereaussichten scheinen für Frauen in Entwicklungsländern also eine sehr wichtige Rolle bei der Familienplanung zu spielen. Aber auch gesellschaftliche Traditionen und Rollenvorbilder haben einen Einfluss auf den Kinderwunsch, wie die Ökonomin Eliana La Ferrara in Brasilien herausgefunden hat. Seit China massenhaft Rohstoffe von brasilianischen Unternehmen kauft, ist das Land zu einer aufstrebenden Wirtschaftsnation geworden. Und auch an den Geburtenraten lässt sich ablesen, dass Brasilien den reichen Industrieländern in den vergangenen Jahrzehnten ein gutes Stück näher gekommen ist. 1960 bekam jede Brasilianerin im Durchschnitt noch über sechs Kinder. Im Jahr 2000 lag die Geburtenrate bei nur noch zwei Kindern pro Frau und damit auf einem ähnlichen Niveau wie in Frankreich.

An dieser Entwicklung ist auch das Fernsehen Schuld, behauptet Eliana La Ferrara. Zusammen mit ihren Kollegen Alberto Chong und Suzanne Duryea hat sie untersucht, wie sich die Verbreitung des Kabelfernsehens auf Wertvorstellungen und Verhaltensmuster der Brasilianer ausgewirkt hat. Für ihre Studie konnten die Ökonomen auf Daten des Fernsehsenders Rede Globo und die Ergebnisse einer mehrjährigen Haushaltsbefragung zugreifen. Rede Globo ist der größte Fernsehsender Brasiliens. Als er 1965 den Betrieb aufnahm, war sein Programm nur in wenigen Städten zu empfangen. Um die Zuschauerzahl zu vergrößern, baute Globo jedoch schon bald überall im Land Verteilerstationen auf und schloss auch kleinere Städte an das Kabelnetz an. Um zu analysieren, wie das Fernsehen das Leben der Menschen verändert hat, arbeiteten sich die Ökonomen durch die Datenbank eines staatlichen Zensus. Für die großangelegte Haushaltsbefragung waren zahlreiche Brasilianer befragt worden. Dabei mussten sie auch angeben, wie viele Kinder sie hatten und wann diese geboren waren. Die Ökonomen verglichen für mehrere Regionen die Ergebnisse der Haushaltsbefragung aus der Zeit, als es dort noch kein Kabelfernsehen gab, mit den Statistiken aus den Jahren, als dort bereits jedes Haus das Programm von Rede Globo empfangen konnte. Sie entdeckten einen verblüffenden Effekt: Nachdem eine Region Zugang zur bunten Welt des Kabelfernsehens bekommen hatte, sanken dort die Geburtenraten deutlich schneller als in vergleichbaren Regionen, die nicht an das Netz von Rede Globo angeschlossen waren.

Die Ökonomen hatten schnell einen Verdacht: Zu den beliebtesten Sendungen von Rede Globo gehörten damals Telenovelas. Die täglich ausgestrahlten Serien hatten Traumquoten und erreichten Millionen Zuschauer. Das Leben der Hauptpersonen in diesen Telenovelas sah allerdings völlig anders aus als der Alltag vieler Brasilianer. Besonders deutlich war der Unterschied bei den Frauen. Die Serienheldinnen waren oft erfolgreiche Geschäftsfrauen mit höchstens einem Kind. Fast drei Viertel der weiblichen Charaktere in den Serien war sogar komplett kinderlos. Von den in den Sechzigerjahren noch typischen Großfamilien war in den Telenovelas wenig zu sehen. Weil die brasilianischen Frauen im TV weibliche Charaktere sahen, die ohne Kinder glücklich und erfolgreich waren, betrieben sie auch die eigene Familienplanung behutsamer, glauben die Ökonomen um Eliana La Ferrara. Es gibt einige starke Indizien, dass diese These tatsächlich stimmt. Besonders stark war der Geburtenrückgang bei Frauen, die in einem ähnlichen Alter wie die Serienfiguren waren. Bei ihnen dürfte die Vorbildfunktion der Telenovela-Heldinnen am stärksten gewirkt haben. Außerdem deutet auch die Namensgebung vieler Eltern darauf hin, dass es die Fernsehserien waren, die die Brasilianerinnen beim Kinderkriegen bremsten. In Regionen, in denen die Telenovelas ausgestrahlt wurden, benannten Eltern ihre Kinder häufig nach Charakteren aus der Serie. Offenbar hatten es die populären Sendungen also tatsächlich geschafft, das traditionelle Bild von der Großfamilie zu verändern und Frauen davon zu überzeugen, dass man auch mit weniger Kindern glücklich sein kann.

Mit ihren Studien über chinesische Eltern, Teenager-Schwangerschaften in Nigeria und brasilianische Fernsehserien haben Ökonomen gezeigt, wie man es schaffen kann, die Geburtenraten in Entwicklungsländern zu senken. Sie haben den Mythos entkräftet, dass die Menschen in Entwicklungsländern unkontrolliert Kinder bekommen, weil sie nicht wissen, wie Verhütungsmittel funktionieren, oder sich Kondome und Anti-Baby-Pillen nicht leisten können. Viele Arme treffen die Entscheidung für eine große Familie ganz bewusst. Manchmal wollen sie einfach jemand haben, der sich im Alter um sie kümmert. Oder sie sehen keine andere Chance für sich selbst als ein Leben als Hausfrau und Mutter. Und manchmal eifern sie lediglich einem traditionellen Rollenbild nach, wie die Frauen in Brasilien. Doch diese Entscheidungen kann man beeinflussen, wie die Experimente der Forscher um Esther Duflo in Kenia und die verblüffende Wirkung der brasilianischen Telenovelas zeigen. So kann man das rasante Bevölkerungswachstum, das in vielen Entwicklungsländern die Armut der Menschen noch verschlimmert, auf sanfte Art stoppen. Wenn man die Anreize von Menschen versteht, braucht man keine drakonischen Gesetze wie in China oder drastische Ideen wie die Sterilisationskampagnen in Indien.

Um die Armut zu bekämpfen, sind Ökonomen in den vergangenen Jahren um den ganzen Erdball gereist. In Indien und auf den Philippinen konnten sie zeigen, dass Mikrokredite tatsächlich vielen Menschen helfen, mehr zu verdienen und ein besseres Leben zu führen. Auch wenn sie mit den Mikrokrediten manchmal unerwartete Dinge tun, zum Beispiel ihre kleinen Unternehmen noch kleiner machen. Auf den Philippinen haben die Forscher um Dean Karlan auch bewiesen, dass Bankkonten manchmal wahre Wunder bewirken können. Und mit den Experimenten in kenianischen

Schulen und den überraschenden Erkenntnissen aus der bunten Welt der brasilianischen Telenovelas haben Ökonomen gezeigt, wie man die Geburtenraten in armen Ländern senken und so den Menschen helfen kann, aus der Armut zu entkommen.

Literatur

Martin Ravallion (2013). *The Idea of Antipoverty Policy Expanding Microenterprise Credit Access*

Dean Karlan, Jonathan Zinman (2010). *Using Randomized Supply Decisions to Estimate the Impacts in Manila*

Esther Duflo, Abhijit Banerjee, Rachel Glennerster, Cynthia G. Kinnan (2013). *The Miracle of Microfinance? Evidence from a Randomized Evaluation*

Pascaline Dupas, Jonathan Robinson (2012). *Savings Constraints and Microenterprise Development:Evidence from a Field Experiment in Kenya*

Esther Duflo, Pascaline Dupas, Michael Kremer, Samuel Sinei (2006). *Education and HIV/AIDS Prevention: Evidence from a Randomized Evaluation in Western Kenya*

Eliana La Ferrara, Alberto Chong, Suzanne Duryea (2012). *Soap Operas and Fertility: Evidence from Brazil*

EINE NEUE ÖKONOMIK ENTSTEHT

Auch wenn es sich korrupte Politiker, skrupellose Nashornjäger und gewiefte Schmuggler oft wünschen würden: Ökonomen sind nicht die weltfremden Theoretiker, für die sie oft gehalten werden. Sie vergraben sich keineswegs in abstruse Modelle, die mit dem echten Leben nichts zu tun haben. Wir konnten es auf unserer Reise durch indonesische Regenwälder, abgelegene indische Dörfer, US-amerikanische Transplantationsklinken, kenianische Nationalparks, russische Wahllokale, mexikanische Schmugglerstädte und chinesische Zollstationen beobachten: Ökonomen vollbringen mit ihrer Forschung wahre Heldentaten.

Dafür benutzen sie die Erkenntnisse aus Tausenden Jahren Wirtschaftsforschung und hochmoderne Werkzeuge. Ihr klarer Blick für die Anreize, die das Verhalten von Menschen steuern, hilft ihnen, überraschende und effektive Lösungsansätze für große Probleme zu finden, wie die brutale Jagd auf seltene Tierarten oder die Rodung des Regenwaldes. Mit zufallskontrollierten Feldexperimenten testen sie, welche Entwicklungshilfsprojekte den Armen tatsächlich helfen, und sorgen so dafür, dass Spendengelder dort ankommen, wo sie etwas bewirken. Ökonomen können mit Regressionen aus riesigen Datenbergen Zusammenhänge herauslesen und so verstehen, warum noch immer Millionen Kinder nicht genug zu essen haben, obwohl viele Länder eigentlich reich genug sind, um ihre Bevölkerung ausreichend zu ernähren. Anhand von Börsenkursen decken sie Korruption auf und mit den Erkenntnissen aus Laborexperimenten finden sie verdächtige Zahlenreihen in Wahlstatistiken und überführen Wahlfälscher. Sie erschaffen neue Märkte, die dabei helfen, Spenderorgane effizienter zu verteilen, und unterstützen mit mathematischen Modellen die Polizei im Kampf gegen mächtige Drogenkartelle.

All das zeigt: Wir brauchen Ökonomen mehr denn je. Sie sind keineswegs überflüssig, nur weil sie die Finanzkrise nicht vorhergesehen haben. Die Wirtschaftswissenschaften sind eine bunte, vielschichtige Disziplin. Wer nur auf ungenaue BIP-Prognosen, realitätsfremde Makromodelle und widersprüchliche Vorschläge zur Lösung der Eurokrise schaut, übersieht einen Großteil der Disziplin. Ob in Cambridge, Wien, New York, London, Zürich oder Kapstadt, überall auf der Welt sitzen Ökonomen, die mit ihren Formeln, Experimenten und Statistiken das Leben der Menschen verbessern. In diesem Buch konnten leider nur einige wenige von ihnen gewürdigt werden. Das Lager der Helden-Ökonomen ist noch viel größer und jeden Tag vollbringen diese Forscher neue große Taten. Auf dem Blog **superheroeconomics.com** wird die Reise mit ihnen daher weiter fortgesetzt.

Die Krise der Ökonomik ist noch längst nicht vorbei. Aber die Disziplin scheint gestärkt aus ihr hervorzugehen. Die Wirtschaftswissenschaften sind gerade dabei, sich neu zu erfinden. Dass viele der alten Modelle durch die Finanz- und Wirtschaftskrise bloßgestellt wurden, macht den Weg frei für eine neue Generation von Ökonomen und neue Ansätze. Forscher, deren Ideen lange Zeit belächelt wurden, werden plötzlich auf renommierte Lehrstühle berufen und mit Preisen überhäuft. So wie der Marktdesigner Alvin Roth, dessen Themen früher als exotisch galten, und der nun ein gefeierter Nobelpreisträger ist. Immer mehr Universitäten richten Labore ein, in denen Ökonomen das Verhalten von Menschen beobachten und ihre Theorien testen können. Gleichzeitig boomt die Entwicklungsökonomik und sorgt dafür, dass Ökonomen ihre geheizten Büros verlassen und in staubigen Dörfern in Indien und Afrika versuchen, den Menschen zu helfen.

Dabei öffnet sich die Ökonomik auch immer mehr den Methoden und Erkenntnissen aus anderen Wissenschaften. Einige der jüngeren Ökonomen waren früher Physiker oder Ärzte, wie Stefan Thurner von der Medizinischen Universität Wien oder der US-Forscher Kevin Volpp von der Universität Pennsylvania. Diese Forscher kümmern sich nicht um Fächergrenzen und abgesteckte Reviere. Sie bringen frischen Wind, neue Methoden und ungewöhnliche Denkansätze in die Wirtschaftswissenschaften. Und auch viele klassische Ökonomen arbeiten inzwischen ganz selbstverständlich mit Psychologen, Medizinern, Politikwissenschaftlern und Hirnforschern zusammen. Es entstehen neue Forschungszweige wie Psychoeconomics, Neuroeconomics, Geneconomics und Econophysics, und Universitäten gründen Studiengänge, die die Ökonomik mit anderen Disziplinen verbinden, wie der Studiengang Politics, Philosophy and Economics an der Universität Hamburg.

Außerdem befreit sich die Ökonomik immer mehr von ihren Dogmen und bricht aus den Lagerkämpfen aus. Die Zeit, in der es Ökonomen wichtiger war, die eigene Weltanschauung zu verbreiten, als Ideen zu entwickeln, die wirklich funktionieren und Menschen helfen, geht langsam zu Ende. Den Forschern aus der neuen Ökonomen-Generation geht es nur noch um die Sache. Sie unterziehen jede ihrer Theorien einem harten Praxistest. Wenn eine gute Idee im echten Leben nicht funktioniert, wird sie ohne Abschiedsschmerz verworfen. Oder noch besser: Es wird umso härter weitergeforscht, um zu verstehen, warum die Idee scheitert, und einen Weg zu finden, sie vielleicht doch noch nutzbar zu machen. Dabei trauen sich Ökonomen auch, unpopuläre Lösungen vorzuschlagen. Die modernen Helden-Ökonomen halten sich nicht an die alten Denkverbote des Umweltschutzes oder der Entwicklungshilfe. Sie vertrauen vor allem auf ihre eigenen Daten und wollen Mittel finden, die wirklich wirken, um die Welt zu retten, bevor es zu spät ist.

Daneben besinnen sich immer mehr Ökonomen auf ihre Wurzeln und entdecken die Gründerväter und alten Texte ihrer Disziplin neu. Die Wirtschaftsgeschichte erlebt gerade ein furioses Comeback. Viele Universitäten richten neue Lehrstühle für Wirtschaftsgeschichte ein und zahlreiche Forscher versuchen, wieder mehr aus der Vergangenheit der Wirtschaft und der Wirtschaftswissenschaften zu lernen. Das ist eine große Stärke der Ökonomik: Sie ist wandlungsfähig und bereit, Fehler einzugestehen. Auch wenn es dafür manchmal erst einer großen Krise bedarf, die zeigt, dass man so wie bisher nicht weitermachen kann.

Selbst nach einer derart tiefgreifenden Krise wie man sie in den vergangenen Jahren durchlebt hat, braucht der Wandel aber Zeit. Als in den Zwanzigerjahren das erste Mal eine Wirtschaftskrise die Wirtschaftswissenschaften in ihren Grundfesten erschütterte und John Maynard Keynes die Disziplin neu erfand, dauerte es ebenfalls einige Jahre, bis Ökonomen ihre Skepsis gegenüber den neuen Ideen überwunden hatten und erkannten, welch brillante Gedanken Keynes da formuliert hatte. Die Neuorientierung der modernen Ökonomik, die wir gerade erleben, ist daher noch lange nicht vollendet. Auch weil sich, ähnlich wie damals bei Keynes, an vielen Stellen heftiger Widerstand regt. Nicht alle Ökonomen sind bereit, sich von liebgewonnenen Modellen zu trennen, selbst wenn sie offensichtlich nicht funktionieren. Noch immer klagen innovative Forscher, dass sie es mit neuen Ideen und Ansätzen nur schwer in die renommierten Fachzeitschriften schaffen und deshalb innerhalb der Disziplin nicht gehört werden.

Doch die Chancen stehen gut, dass sich die neue Ökonomen-Generation am Ende durchsetzen wird, denn ihre Heldentaten sprechen für sich. Alvin Roth, der mit seinem System für die Verteilung von Spendernieren Menschenleben rettet, oder Melissa Dell, deren Modelle der mexikanischen Polizei im Kampf gegen die Drogenkartelle helfen, beweisen, wie wertvoll ökonomische Forschung ist, und verschaffen der hart kritisierten Disziplin eine neue Legitimation. Sie haben auch den Nachwuchs auf ihrer Seite: Die Schwerpunkte zur Verhaltens- und Entwicklungsökonomik sind an vielen Universitäten gnadenlos überlaufen. Junge Ökonomen wachsen inzwischen ganz selbstverständlich mit Laborexperimenten, Feldversuchen und interdisziplinären Forschergruppen auf. Dass trotz aller Skandale und heftiger Kritik an der Wirtschaftswissenschaft sich jedes Jahr allein in Deutschland über 80 000 Schulabgänger für ein Ökonomie-Studium entscheiden, liegt auch an Helden-Ökonomen wie Esther Duflo, Dean Karlan und Stefan Thurner. Sie haben gezeigt: Wer die Welt retten will, muss Ökonomik studieren.

STICHWORTVERZEICHNIS

Buhse, Malte

Malte Buhse, Jahrgang 1986, arbeitet als freier Wirtschaftsjournalist und Autor für das Handelsblatt, die ZEIT, den Tagesspiegel, ZEIT Online und Spiegel Online. Er hat Volkswirtschaftslehre an der Universität Köln studiert und ist Absolvent der Kölner Journalistenschule für Politik und Wirtschaft. Zudem ist er Gesellschafter des Journalistenbüros Weitwinkel Reporter in Köln. 2012 zählte das Medium Magazin das Team der Weitwinkel Reporter zu den besten 30 Journalisten unter 30 Jahre.

Die Zukunft des Euro und des Dollar

Daniel D. Eckert

Der Euro ist die große Unbekannte im internationalen Devisengefüge. Schwere Konstruktionsfehler drohen die Währungsunion zu sprengen. Wird es die Gemeinschaftswährung in fünf oder zehn Jahren noch geben?

Mehr dazu in der erweiterten und aktualisierten Auflage mit dem Wichtigsten des aktuellen Weltgeschehens.

ca. 304 Seiten | Hardcover | 19,99 € (D) | 20,60 € (A) | sFr. 28,90 | ISBN 978-3-89879-684-2
Mehr Informationen zu Tradingthemen finden Sie unter www.tradersjournal.de

Dieses Mal ist alles anders

Kenneth S. Rogoff
Carmen M. Reinhart

Dieses Mal ist alles anders, dieses Mal kann es gar nicht so schlimm werden wie beim letzten Mal. Wann immer es in der Geschichte der Menschheit zu Krisen kam, diese oder ähnliche Sätze waren jedes Mal zu hören. Doch was ist dran an derartigen Behauptungen?

Nicht besonders viel, haben Kenneth Rogoff und Carmen Reinhart herausgefunden. In akribischer Arbeit haben die beiden Autoren die Finanzkrisen der letzen acht Jahrhunderte in über 66 Ländern analysiert und kommen zu dem Ergebnis: Es ist dieses Mal eben doch nicht anders.

576 Seiten | Hardcover mit Schutzumschlag | 34,90 € (D) | ISBN ISBN 978-3-89879-564-7
Mehr Informationen zu Investmentthemen finden Sie unter www.portfoliojournal.de